教育部职业教育与成人教育司推荐教材
中等职业学校现代物流管理专业教学用书

集装箱运输实务

第2版

汪益兵　主编

机械工业出版社

本书主要内容有：集装箱运输概述、集装箱、集装箱水路运输、集装箱公路运输、集装箱铁路运输、集装箱航空运输、集装箱货物的装载方法、集装箱货物的交接、集装箱运输业务、集装箱运输多式联运、集装箱运费计算、集装箱货运事故处理、国际国内集装箱货物运输相关法规等内容。每章前有本章知识要点，每章后有本章小结。每节后有各种类型的练习题，便于教学参考和学生自学、自我检查之用。

本书内容新颖，案例突出，能结合中等职业教育的特点和市场对物流人才需求的情况，传播新观点、新方法，并注重对学生实际操作能力的培养。本书可作为中等职业学校物流管理专业、运输管理专业等相关专业的教学用书，也可作为各类工商企业员工在职培训教材和自学参考用书。

图书在版编目（CIP）数据

集装箱运输实务/汪益兵主编. —2版. —北京：机械工业出版社，2009.1（2025.7重印）

教育部职业教育与成人教育司推荐教材. 中等职业学校现代物流管理专业教学用书

ISBN 978-7-111-17514-8

Ⅰ.集…　Ⅱ.汪…　Ⅲ.集装箱运输-专业学校-教材

Ⅳ.U169

中国版本图书馆CIP数据核字（2009）第010405号

机械工业出版社（北京市百万庄大街22号　邮政编码100037）

策划编辑：朱　华　王英杰

责任编辑：王华庆　封面设计：马精明

责任校对：魏俊云　责任印制：常天培

河北虎彩印刷有限公司印刷

2025年7月第2版·第11次印刷

184mm×260mm·15.5印张·381千字

标准书号：ISBN 978-7-111-17514-8

定价：45.00元

电话服务　　网络服务

客服电话：010-88361066　机　工　官　网：www.cmpbook.com

010-88379833　机　工　官　博：weibo.com/cmp1952

010-68326294　金　　书　　网：www.golden-book.com

封底无防伪标均为盗版　机工教育服务网：www.cmpedu.com

第2版前言

随着全球经济一体化和信息技术的迅速发展，社会生产、物资流通、商品交易及其管理方式正在发生深刻的变化，现代物流发展已经成为一个国家或地区综合竞争力的重要标志之一，被喻为促进经济增长的“加速器”和“第三利润源泉”。在我国，物流基础战略地位也日益显现出来，发展现代物流业已成为各级政府和各类企业高度重视的热点问题。物流业的快速发展使得物流人才的培养成为一项十分紧迫的任务，加强中等职业学校的现代物流管理专业的建设发展亦迫在眉睫，这套“中等职业学校现代物流管理专业教学用书”便是在这种背景下进行修订的。

“中等职业学校现代物流管理专业教学用书”（第1版）是由全国26所职业院校的专家、学者共同规划、共同编写的，整套教材从物流基础理论入手，系统地阐述了物流的基本概念、基本理论、基本方法和操作技能，是一套较为适合中等职业学校物流管理专业培养目标和教学特点的教材。该套教材自面市以来，深受广大师生和业界读者的欢迎。通过几年的使用、实践，我们对物流企业的岗位技能要求及用人需要做了深入的调查和了解，并广泛收集了各院校和读者对本套教材的反馈意见和建议，深感有必要在新的形势下对第1版教材从结构到内容进行调整与修订，以使本套教材更能适应物流行业对人才实际要求的变化，更方便广大师生的使用，更适合中等职业学校学生的培养目标和教学特点。

本套教材的修订是在借鉴和吸收国内外物流学的基本理论和最新研究成果基础上，密切结合我国物流业的发展与物流职业教育的实际，充分体现“以就业为导向”的职业教育思想，适应行动导向教学方法的需要。本套教材以物流的基本知识和基本能力的培养为主要内容，突出应用能力的培养，本着“理论够用，技能过硬，实践为主”的原则进行修订，使其内容与结构均更加适合职业学校的要求及中等职业学校学生的年龄特征。

第2版教材的主要特点是：

1）为了适应不同行业、不同地区学校物流管理专业办学及学生就业要求，在原来规划的第1版13本教材的基础上，增加了《现代物流实训指导》、《职业学习与就业指导》两本书。

2）教材各章增加了学习目的要求或教学要点，并附有本章小结，以方便读者“提纲挈领”地了解并掌握各章节的内容。

3）尽量避免理论阐述泛泛而谈的不足，减少理论分析，理论知识阐述只注重解决“是什么”的问题；技能训练方面则重点解决“怎么干”的问题，突出了实用性和操作性，更能适合中等职业学校学生基本素质和技能培养目标要求，也使读者能更好地掌握物流相关的基本技能。

4）对一些必须掌握的知识点和重要资料在书中用“知识卡”，“资料库”、“动动脑”、“想一想”等小图框标示出来，以便读者重点了解阅读知识。

5）增加了大量的图片、表格、图画等来阐述专业术语和技能知识，图文并茂，趣味性与知识性有机结合，以增强读者对所学知识的感性认识。

6）每章节后均设有“训练与提高”思考题，可用于随时检查学习效果，案例分析题则突出运作管理方法与技能技术实训，有利于培养学生动手操作和解决实际问题的能力，便于读者理解巩固所学知识。每节后的练习题都在教参资料中配有标准答案，可供查对。

7）为了方便广大教师的备课和教学，每本教材增加了助教多媒体课件电子教案和参考图片资料等。为了适应中等职业教育课程改革的需要，配给的教案中介绍了20多种常用的教学方法（如项目教学法）的运用，以帮助教师组织教学过程，使教学更生动直观，提高教学效率。

8）各本教材内容基本上独立，可根据实际情况进行选择教学。

本套教材既可作为中等职业学校物流类专业课程的教材，也可作为物流企业开展岗位短期培训的教材，也适合广大物流业界人员作为学习参考用书。

《集装箱运输实务》一书由汪益兵主编，马焕方为副主编。具体编写情况是：第一章、第二章、第三章、第十章和第十二章由汪益兵编写；第五章、第七章、第八章由马焕方编写；第六章由黄伟编写；第四章、第九章由覃冠华编写；第十一章由卢艳编写；第十三章由汪益兵、卢艳编写。

上海海事大学林国龙教授、广西柳州上汽通用五菱股份公司李薇旻高级工程师热情接受邀请，担任本教材的主审。二位主审在百忙中认真仔细地审阅了全书，并提出了许多宝贵的修改意见，在此，谨致诚挚的谢意。

本套教材在编写过程中，参考或引用了不少专家学者的研究成果与资料，谨在此对这些专家学者们表示衷心的感谢，也有些资料的引用可能由于疏忽没有指出资料出处，若有此类情况发生，表示万分歉意。

物流学的理论与方法仍在发展之中，有待不断充实与完善。编者们意在奉献给读者一本具有特色的实用教材，限于编者的水平，书中难免有不妥之处，敬请广大专家和读者批评指正。

中等职业学校现代物流管理
专业教材编审委员会

第1版前言

当今科学技术的发展日新月异，经济全球化趋势明显增强，给世界各国经济发展带来了前所未有的发展机遇。现代物流产业作为现代经济的组成部分，在国民经济建设与社会发展中发挥着愈来愈重要的作用。发展现代物流产业对改善投资环境，优化资源配置，降低生产成本，提高经济效益，促进产业结构的调整，具有十分重要的意义。目前，物流产业被认为是国民经济发展的动脉和基础产业，其发展程度成为衡量一个国家现代化程度和综合国力的重要标志之一，被喻为经济发展的加速器。

物流研究的是生产领域与流通领域所产生的物品流动现象，将运输、储存、装卸、搬运、包装、流通加工、配送、信息处理等基本功能进行有机结合，研究物品从供应地向接收地的实体流动过程。现代物流是多学科、多技术的综合性强的专业领域。尽管物流概念传入我国已经多年，但对物流的研究相对滞后，物流技术水平相对落后。改革开放以来，随着高新技术的发展与应用，企业生产效率极大提高，产品研发周期缩短，市场竞争加剧，流通领域结构的变革和零售业的发展，生产系统与流通系统产业紧密结合已成为趋势。企业在产品供应链活动中，不再是利益对立的，而是在伴随着信息流、资金流和物流的交往中，成为物流一体化中的利益共享者和战略同盟者。一方面，通过物流一体化，物流配送不仅加快了物品的流通速度，而且可以大大降低企业的经营成本；另一方面，信息技术的广泛应用为物流业的发展注入了强大的生命力。计算机网络的普及与信息技术的发展实现了数据快速、准确传递，大大提高了订单处理、仓储、装卸、运输、采购、订货、配送的自动化水平，使物流各环节实现一体化运作。同时，信息技术的飞速发展，能对流通渠道中的商流进行有效管理，并对商流活动中的物流成本进行精确计算，这就完全可能打破传统的企业关系束缚，把原来在企业内部完成的物流作业交由专业公司运作。专业物流公司——第三方物流企业的蓬勃兴起，物流新技术的推广应用，以及国际物流市场的迅速发展，将使物流市场竞争面更广、起点更高，同时，竞争也将变得十分激烈。

根据我国加入WTO的承诺，物流业是最先开放的行业之一。要实现物流一体化，发展第三方物流，与国际物流企业竞争，必须引起各级政府部门的重视，出台有效的政策措施加以引导，改革分散的物流管理体制，提高物流现代化水平，加快培养物流经营管理、物流技术应用等现代物流人才。为保证物流产业发展所需要的各类技术人才，在加强高层次物流经营与管理人才培养的同时，要大力发展物流职业技术教育，通过各种途径培养一大批物流管理和物流技术人才，特别是造就大批物流生产第一线技术操作和运作管理的应用型人才，推行物流从业人员职业资格制度，建立多层次、多样化的物流人才培养体系。

为了适应我国物流产业发展，培养应用型物流职业技术人才，全国26所职业院校于2004年6月在广西桂林召开了“职业院（校）现代物流管理专业教学研讨会”，规划编写这套“中等职业学校现代物流管理专业教学用书”，其中《供应链管理》等6本教材被国家教育部职业教育与成人教育司列为推荐教材。同时，成立了“中等职业学校现代物流管理专业教材编审委员会”。参与这套教材编写的同志大多数是长期从事物流研究、物流企业经营管理、物流技术开发应用和物流教学的第一线专家、企业人员和教师。这套教材介绍了现代物流经营理念与物流实用新技术，吸收了国内外物流研究成果与物流实践经验。在编写过程中，针对职业教育的特点与物流岗位从业要求，参考了大量国内外物流专业书刊，使整套教材尽量反映专业学科前沿的最新理论与实用技术，并附有案例介绍与分析，具有简明、系统、实用等特点。这套教材既可作为中等职业学校物流管理专业教材，也可作为我国物流企业和其他企事业单位从事物流工作的在职人员的培训用书，也可供广大青年、学生、再就业人员作学习参考。

由于时间仓促，编者水平所限，加之物流产业处于迅速发展时期，新理论层出不穷，新技术不断涌现，教材中难免有误，敬请国内外同行和广大读者提出宝贵意见，共同商榷，以期再版时改进，不断提高编写水平，促进我国中等职业学校物流专业教材建设与发展。

中等职业学校现代物流管理
专业教材编审委员会

目 录

第一章　集装箱运输概述

本章知识要点

◇集装箱运输的产生与发展简要历程

◇集装箱运输的优越性

◇集装箱运输的发展趋势

第一节　集装箱运输的产生与发展

集装箱运输是指货物装在集装箱内进行运送的运输方式。集装箱外形的构思起源于货车的车斗。如果追溯集装箱运输发展的历史，那么集装箱的使用首先是从铁路、公路运输开始的。19 世纪，美国铁路曾经用集装箱装载木材进行运输。1900 年，英国的铁路运输已出现使用集装箱进行货物运输。1928 年在罗马召开的世界公路会议上，已就集装箱运输进行了专门的探讨，并在欧洲铁路公司之间实施集装箱运输的标准。至 1930 年，这种陆上运输方式已扩展到日本、意大利等国，并于 1931 年在巴黎成立了国际集装箱协会（Bureau of International Container，BIC），负责制定统一的集装箱标准，以协调各国的集装箱运输。

海上集装箱运输开始于军事物资的运输。第二次世界大战中，美国军队利用集装箱在海上进行军用物资的运输，证明使用集装箱能够大量、迅速和安全地运输货物。然而，真正现代意义上的集装箱运输起源于 20 世纪 50 年代后期。战后，各国的经济得到恢复和发展，国际贸易量大幅提高，集装箱运输方式也逐渐为海运和空运所采用。海洋运输采用集装箱运输的构想是由美国人马尔康·马克林（Malcom Mclean）首先提出。1956 年，由马克林收购的泛大西洋轮船公司（Pan-Atlantic Steamship Corp.）在一艘未经改装的油轮甲板上装载了 60 只集装箱，从纽约驶往休斯敦，首开了海上集装箱运输的先河。首航成功后，在 1957 年 10 月第一艘经改装的全集装箱船盖脱威城（Gateway City）号在马克林的泛大西洋轮船公司投入营运，由此开创了集装箱运输的新纪元。

集装箱海上运输发展至今，已经历了五个不同的时期，三次突变性发展。

一、第一时期（1955 年 ~ 1965 年）**集装箱运输开发、探索和试验阶段**

本阶段范围以国内沿海运输航线为主，最初只有美国和澳大利亚本国的国内沿海运输航线。在此期间，国际标准化组织（ISO）关于集装箱的标准尚未出现，大多使用 17ft、24ft 和 35ft 长度的集装箱，海上集装箱运输船舶大多是将原来的杂货船、油船改装为能在其甲板上或舱内装载集装箱的改装船。1958 年在美国加州阿拉美达港研制了世界第一台岸边集装箱装卸桥，额定能力 25.4t，外伸距 27.85m。码头堆场采用叉车或拖挂车进行集装箱装卸搬运作业。

二、第二时期（1966 年~1970 年）集装箱运输的初级阶段，航线扩大到跨越一个大洋的短途国际集装箱运输

在这一时期，国际标准化组织关于国际集装箱标准大纲已基本形成，逐步开始采用 20ft 和 40ft 长度的集装箱，这是第一次突破性发展。除改装的全集装箱船、半集装箱船外，一批新建造的吊上吊下型、滚装型专用集装箱船相继投入营运，集装箱船的箱位量为 700~1500TEU(20ft 换算标准集装箱)。在以集装箱化的主要港口，建造了一批安装有岸边集装箱装卸桥的专用集装箱码头。码头堆场采用三种不同的装卸工艺：集装箱跨运车、轮胎式集装箱龙门起重机（RTG）和集装箱叉车装卸工艺系统。同时，还出现少量的滚上滚下的底盘车工艺系统，开始使用计算机辅助码头内集装箱装卸作业的管理工作。

三、第三时期（1971 年~1983 年）国际集装箱运输大发展时期

本阶段主要班轮航线均由集装箱船运输，工业发达国家基本上实现了集装箱化，并推向发展中国家和地区，实现跨越多个海洋的长距离的国际集装箱运输。20 世纪 70 年代前期，开始使用第三代集装箱船，集装箱箱位量为 2 000TEU 以上。20 世纪 70 年代后期，集装箱运输范围更加扩大，使得铁路运输与远洋运输相结合形成海铁联运的陆桥运输，集装箱船舶向更加大型化发展，形成了国际集装箱运输的第二次突破性发展。集装箱的箱型进一步标准化，高体箱高度为 9ft 和 9. 5ft 的 40ft 集装箱在美国的一些船公司开始使用。世界集装箱保有量大幅度上升，1970 年仅有 51 万 TEU，而到了 1983 年已增至 440 万 TEU。至 1983 年，世界集装箱船的运输能力已达 208 万 TEU，集装箱运输航线已遍布全球。与此同时，集装箱专用泊位也发展较快，至 1983 年已有 983 个，码头前沿已安装有大型的集装箱装卸桥，堆场普遍采用轮胎式龙门起重机。为了更好地发挥专业化码头的作用，集装箱码头的管理手段也在不断地完善，最突出的是采用了计算机信息管理系统。

四、第四时期（1984 年~1995 年）环球国际集装箱运输的新时期

在这一时期，集装箱运输也在向内陆不断延伸，“门到门”的多式联运已成为普遍采用的运输方式。本阶段集装箱船舶箱位量达 3 000TEU 以上，这些大型集装箱船舶航行在环球干线上，只停靠干线大港。本阶段的集装箱船包括两大类型，一类是巴拿马型船，船舶尺度达到了巴拿马运河所允许通过的极限值，也就是第四代的集装箱船；另一类是早期的超巴拿马型船，称之为第五代集装箱船舶。超巴拿马集装箱船舶的营运引起了世界集装箱运输的第三次突破性发展。进入 20 世纪 90 年代以来，更多国家参与了世界范围的集装箱运输，集装箱运量有了迅猛的发展，从 1970 年至 1995 年世界总货运量年均增长 2. 5%，而同期的集装箱年运量则增长 12%。在发达国家，件杂货的集装箱化程度已超过 80%。

这个时期港口的装卸设备朝着大型、高效、自动化的方向发展，形成了堆场集装箱装卸工艺，欧洲以跨运车为主，亚洲则以轮胎式集装箱龙门起重机为主流的模式。随着港口集装箱吞吐量的迅速增长，堆场堆箱层数逐步提高，使得堆 3 过 4 跨运车和堆 4 过 5、堆 5 过 6 的轮胎式集装箱龙门起重机成为集装箱码头堆场的主要装卸机械。同时，轨道式集装箱龙门起重机也开始展现其堆装率高的优越性。1993 年，鹿特丹港 ECT 码头开始采用自动导向车和轨道式自动堆码起重机，开始出现当代先进的自动化控制的集装箱码头装卸搬运系统。在这一时期，集装箱尺寸增大，出现长 45ft、48ft 和 53ft 的超长集装箱。箱重也在增加，国际标准化组织再次修改集装箱标准，重新颁发国际标准 ISO668：1995。标准规定 20ft 集装箱额定重量由 20 320kg 改为 24 000kg，且在特殊情况下其最大总重量不超过 30 480kg。

五、第五时期（1996 年 ~）集装箱船舶继续向高速大型化发展

本阶段大型集装箱船舶剧增，尺度骤长。超巴拿马型集装箱船舶趋于成熟，在第四时期形成的环球集装箱运输开始衰退，取而代之的是钟摆式连接欧洲、亚洲和美国港口。这个时期的特点是世界航运公司在各自经营的基干线上，纷纷投入巨型集装箱船舶。在这一时期，集装箱航运公司纷纷组成全球联盟或强者兼并弱者形成大的船公司。世界大部分国家或地区都将实现集装箱化，世界将进入高级的集装箱化时代，特别是亚洲的集装箱运输得到了空前的发展。为满足世界船舶大型化发展的需求，世界各大港口均在加快规划、建设新的集装箱码头或改造现有码头，通过扩大港口规模、浚深航道和港口水域，添置大型高效的码头前沿和堆场集装箱装卸作业设备，提高码头管理水平等措施，增强港口竞争力，以达到长期稳定和吸引大型集装箱船舶挂靠的目的。与此同时，装卸设备的大型化更加突出。就集装箱装卸桥而言，目前最大的装卸桥起重能力可达 70t，外伸距最大达 67.5m，可以装卸甲板载箱 22 列的集装箱船。

在集装箱码头自动化方面也得到了一定程度的发展。新加坡港新建的集装箱码头前沿配备了自动化控制的大型集装箱装卸桥，堆场配置了全自动化控制的高架式起重机进行堆场集装箱作业。另外，欧洲、美国和亚洲许多集装箱码头还采用激光、雷达、差分全球定位系统和光学字符识别系统等，应用范围包括堆场集装箱装卸搬运设备的自动驱动和转向以及港口大门作业。

我国的集装箱运输发展较晚，但发展速度迅猛。1955 年，我国开始在铁路运输中采用集装箱，由当时的总重 3t，载重 2.5t 的铁木制集装箱发展到后来的国际标准的 20ft 集装箱。20 世纪 70 年代初，国际上先进国家的集装箱运输经过 20 余年的运行、实施，展示了巨大的优越性，与此同时，我国大陆的集装箱运输也开始兴起。1980 年天津港建成了我国第一座集装箱专用泊位之后，相继又在天津港、上海港、黄埔港、青岛港建设数座第二代集装箱专用泊位。进入 20 世纪 90 年代以来，我国的集装箱运输得到了迅猛地发展。2007 年，我国内地港口集装箱吞吐量突破 1 亿 TEU，连续第 5 次位居世界第一，有 12 个港口先后迈入年吞吐量达百万标箱的港口行列，其中上海、深圳 2 个港口的集装箱吞吐量超过 1 500 万 TEU。目前，我国港口集装箱码头已步入世界一流水平，港口基础设施不断向专业化、大型化发展，港口装卸技术和效率走在世界前列，为我国从海运大国向海运强国迈进奠定了坚实基础。今后我国大陆集装箱将重点向三个方向发展：一个是向网络化发展，即通过多式联运，促进集装箱、公路、铁路、水铁等联运；二是促进集装箱的梯度发展，将集装箱由沿海向中西部地区、向内陆地区发展；三是不断加强功能提升，集装箱运输将从传统的运输业向现代物流方向调整，重点发展现代服务业。

训练与提高

一、填空题

1. 集装箱运输是指____________________的运输方式。

2. 集装箱外形的构思起源于__________，最早将其用于铁路运输的是__________，最早将其用于海上运输的是__________。

3. 我国从__________年开始集装箱吞吐总量位居世界第一位，到 2007 年，我国内地港口集装箱吞吐量突破__________ TEU。

二、讨论分析题

分析我国集装箱事业近年来飞速发展的主要原因。

第二节　集装箱运输的优越性

集装箱运输之所以能如此迅速地发展，是和集装箱运输具有其他运输形式无可比拟的优越性分不开的。

一、提高装卸效率，减轻劳动强度

由于集装箱运输扩大了运输单元，规范了单元尺寸，为实现货物的装卸和搬运机械化提供了条件，机械化乃至自动化的发展明显提高了货物装卸和搬运的效率。例如，在港口普通码头上装卸件杂货船舶，其装卸效率一般为35t/h，并且需要配备装卸工人约17人，而采用集装箱运输，一台装卸桥的工作效率可达50TEU/h，按箱载货10t计，生产效率已达400～500t/h，而配备的装卸工人至多只有4人，工效提高了几十倍。又如，据铁路部门测算，用工人装车，平均一个车皮需要2h，而采用铁路专用集装箱运输方式，用机械作业，一般只需要20min。在提高装卸效率的同时，工人的体力劳动强度大幅度降低，而对作业人员的知识和技能要求则在不断提高。

二、减少货损货差，提高货运质量

采用件杂货运输方式时，由于在运输和保管过程中货物不易保护，尽管也采取了一些措施，但货损货差情况仍较严重，特别是在运输环节多、品种复杂的情况尤其如此。采用集装箱运输方式后，由于使用强度较高、水密性较好的箱体对货物进行保护，从发货人装箱、铅封到收货人收货，一票到底，既能防止恶劣天气对箱内货物的侵袭，又有利于防止盗窃。因此，在货物的整个搬运、装卸和保管过程中不易损坏，也不易产生缺失事故，货物的完好率大大提高。例如，据统计，用火车装运玻璃器皿的破损率有时高达30%，改用集装箱运输后，破损率下降到5%以下，甚至可达0.01%以下。

三、加快车船周转，提高运输能力

集装箱化给港口场站的货物装卸、堆码的全机械化和自动化创造了条件。标准化的货物单元使装卸搬运动作变得简单和有规律，因此，在作业过程中能充分发挥装卸搬运机械设备的能力，便于实现自动控制的作业过程。机械化和自动化可以大大缩短车船在港站停留时间，加快货物的送达速度。另外，由于集装箱运输方式减少了运输中转环节和收发货的交接手续，方便了货主，提高了运输服务质量。一般件杂货船舶装卸时间往往是几天甚至一周以上，而一条集装箱船舶在港装卸时间很少需要几天时间的，有时只需12h甚至更少。

四、节省包装费用，简化理货手续

集装箱箱体作为一种能反复使用的包装件，虽然一次性投资较高，但与一次性包装方式相比，其单位货物运输分摊的包装费用投资反而降低。例如，采用集装箱装运电视机可比原先件杂货运输节省包装费用约50%。在运输场站，由于集装箱对环境要求不高，节省了场站在仓库方面的投资。件杂货由于包装单元较小，形状各异，理货核对较为困难。而采用标准集装箱，理货按箱清点，大大节省了检查时间，同时也节约了理货费用。此外，集装箱运输也促使许多货物的包装标准与集装箱标准箱相适应，推动了货物包装的标准化。

五、减少营运费用，降低运输成本

除了节省车船运输费用外，由于采用统一的货物单元，使换装环节设施的效能大大提高，从而降低了装卸成本。从总费用上分析，由于加快货物的送达速度，减少货损、货差，节省包装费用和仓储费用，集装箱运输的全程费用比较低廉。同时，采用集装箱运输方式，货物运输的安全性明显提高，使保险费用有所下降。据报道，英国在大西洋航线上开展集装箱运输后，运输成本仅为普通杂货船的1/9。

六、简化货运手续，便于货物联运

由于各种运输工具各自独立地发展，装载容积无统一考虑的依据，因此，传统的运输方式给货物的换装带来了困难。随着集装箱作为一种标准运输单元的出现，使各种运输工具的运载尺寸向统一的满足集装箱运输需要的方向发展。因此，根据标准化的集装箱设计的各种运输工具将使运输工具之间的换装衔接变得更加便利。集装箱运输最适于组织多式联运。集装箱作为运输单元，由一种运输方式换装到另一种运输方式时，只需搬移集装箱而不需移动箱内货物，大大地简化和加快换装作业。另外，由于集装箱具有坚固和密封的特点，一国的口岸监管部门检验加封放行后，另一国家的口岸监管部门只需验封，即可转关放行。这样就有可能通过国际运输中各国法规的统一（制定国际公约），简化货物过境报关手续，而使迅速、安全、价廉的“门到门”运输成为可能。

知识卡　　**集装箱运输需要大量的初始投资**

开展集装箱运输需要一系列新的设施与设备，这都需要有大量资金投入。如港口，需要投资装备集装箱桥吊、跨运车、轮胎式龙门吊等机械，需要专门铺设集装箱场地；铁路运输需要投资集装箱车皮，能装卸集装箱的办理站；公路运输需投资集装箱卡车，能处理集装箱的公路中转站等。而且各种运输方式的投资还必须配套，集装箱运输是一种多式联运，只在一种运输方式上配备必要的设备，还是无法形成完整的运输能力，这就需要非常大的初始投资。就以上海大小洋山深水港为例，洋山港将是我国最大的集装箱枢纽港，该项工程投资巨大，仅一期工程总投资就达120亿元人民币。整个发展项目要到2020年才能完成，到时共提供50个泊位和一座长30km的跨海大桥，总投资额高达1 000亿元人民币。

训练与提高

简答题

集装箱运输的优点有哪些？

第三节　集装箱运输系统

集装箱运输是一个复杂的大系统，这个大系统可从“基本要素”和由“基本要素”不同组合方式而形成的各个子系统等两个层面上去认识。

一、集装箱运输的基本要素

1. 适箱货源

并不是所有的货物都适合于集装箱运输。从是否适用于集装箱运输的角度，货物可分成四类：第一种货物称为“最佳装箱货”；第二种货物称为“适于装箱货”；第三种货物称为“可装箱但不经济的装箱货”也称“边缘/临界装箱货”；第四种货物称为“不适于装箱货”。

集装箱运输所指的适箱货源，主要是前两类货物。

2. 标准集装箱

除了国际标准集装箱外，各国还有一些国内和地区标准集装箱，如我国国家标准中，就有两种适于国内使用的标准集装箱（5D 与 10D）。

3. 集装箱船舶

集装箱船舶经历了一个由非专业到专业转化的过程。最早的集装箱船舶是件杂货与集装箱混装的，没有专门的装载集装箱的结构。发展到现在，在国际海上集装箱运输使用的集装箱船舶，均已专业化。

4. 集装箱码头

集装箱港口码头是集装箱水路运输的两端。早期的集装箱码头也与件杂货码头交叉使用，是在件杂货码头的原有基础上配备少量用于装卸集装箱的机械，用于处理混装的件杂货船舶上的少量集装箱。现代化的集装箱码头已高度专业化，码头前沿岸机配置、场地机械配置、堆场结构与装卸工艺配置均完全与装卸集装箱配套。

5. 集装箱货运站（CFS）

集装箱货运站在整个集装箱运输系统中发挥了“承上启下”的重要作用，是一个必不可少的基本要素。

6. 集装箱货车

集装箱货车主要用于完成集装箱陆上水平运输。

7. 集装箱铁路专用车

集装箱铁路专用车主要用于铁路集装箱运输。铁路集装箱专用车主要用于集装箱的陆上中、长距离运输和所谓的陆桥运输。

二、集装箱运输的子系统

集装箱运输的各个基本要素组成以下子系统：

1. 集装箱水路运输子系统

集装箱船舶、集装箱码头与集装箱货运站等基本要素，可组合成集装箱水路运输子系统。集装箱水路运输子系统由集装箱航运系统和集装箱码头装卸系统两个次级系统组成。

2. 集装箱铁路运输子系统

集装箱铁路专用车、集装箱铁路办理站与铁路运输线等组成了集装箱铁路运输子系统。

3. 集装箱公路运输子系统

集装箱货车、集装箱公路中转站与公路网络构成了集装箱公路运输子系统。

4. 集装箱航空运输子系统

近年来，随着世界经济整体的增长，航空运输速度加快，对需求响应及时，从而可缩短资金占用时间等优越性逐渐显现，集装箱航空运输子系统的地位正在逐渐提高。

训练与提高

一、填空题

1. 集装箱运输系统可从__________和__________等两个层面上去认识。

2. 集装箱运输的基本要素包括：__________、__________、__________、集装箱码头、__________、__________、__________等。

二、简答题

集装箱运输的子系统有哪些？

第四节　集装箱运输的发展趋势

综观集装箱运输的发展轨迹以及运输技术的进步，我们可以看出或者预测集装箱运输的发展趋势。

一、集装箱运输量持续增长

由于国际集装箱运输方式具有巨大的优越性，它自出现以来便得到了飞速的发展。近10年来，世界集装箱港口吞吐量以每年9%的速度增长，它在整个运输中承担越来越大的市场份额。这种增长主要来自于全球经济的增长，世界贸易量的增加，适箱货的进一步集装箱化以及短途的沿海集装箱运输量的增加。据一份北欧专业杂志的资料统计显示，全球集装箱港未来十年，随着世界经济成长而快速增长，亚洲区港口集装箱吞吐量所占全球市场份额，由2002年的47.5%，上升至2010年56.9%。而欧洲地区港口集装箱吞吐量在2000年是4 679万 TEU，到2010年时将达到8 775 万 TEU，占全球市场份额为16.7%。北美地区港口集装箱吞吐量到2010年时是4 910 万标箱或4926 万 TEU，占全球市场份额的9.4%。其他地区港口则占全球市场份额17%。世界港口集装箱总吞吐量在1996年至2000年间增长幅度为40%，2010年将上升为4.07亿~5.25亿TEU。

二、集装箱船舶的大型化趋势

根据规模经济的规律，生产规模的扩大能使生产成本降低，这成为集装箱船大型化加速发展的内部驱动力。而加速发展的外部驱动力则是跨国公司的生产经营活动已经成为全球经济活动的主导力量。为了参与国际范围内的竞争，减少运输成本，各大航运公司纷纷投资，大力发展大型化集装箱船舶，使世界集装箱船舶的平均载箱量逐年上升。通常以“代”表示集装箱船舶的发展过程，但是因为没有统一的分代标准，分代的结果也不一致。本书将集装箱船舶的大型化进程分为几个发展阶段：①普通货船改装成集装箱船；②早期集装箱船；③早期巴拿马型船；④极限巴拿马型船；⑤超巴拿马型船；⑥特超巴拿马型船。表1-1列出了各发展阶段中典型集装箱船舶的有关参数。

表1-1　各发展阶段中典型集装箱船舶的有关参数

船型	出现年份	船长/m	船宽/m	吃水/m	载箱量/TEU	载重量/t
第一代	1965年前	约150	约22	8~9	1 000以下	约10 000
第二代	1967年~1970年	175~225	25~30	9.5~10.5	1 000~2 000	15 000~20 000
第三代	1971年~1983年	240~275	约32	10.5~12	2 000~3 000	约30 000
第四代（极限巴拿马型）	1984年后	275~295	32.2	11.5~12.5	3 000~4 000	40 000~50 000
第五代（超巴拿马型船）	1988年后	280~300	32.2~39.4	11.5~13.5	4 000~6 500	50 000~75 000
第六代（特超巴拿马型船）	1996年后	300以上	40以上	13.5以上	6 500以上	75 000以上

近几年来，众多造船公司、各大船级社以及航运界人士关注的焦点是开发新一代苏伊士型集装箱船。受苏伊士运河通航条件制约，新一代超大型集装箱船（ULCS）的船宽为50m，吃水限制在14.5m，载箱数为10 000～14 000TEU，称为“苏伊士型”集装箱船。

船舶的进一步大型化，意味着适应船舶的港口土工建筑规模、港口设备尺度和性能以及航道和港口水域水深都要进一步增加。可能会由于船舶大型化降低的运输成本方面而获得的效益，难以抵偿为适应这类船舶改扩建港口、添置大型设备以及浚深航道和港口水域需要巨额投资从而导致的港口费用的提高，届时会制约船公司采用更大型船舶。

三、集装箱码头的深水化、大型化和高效化

随着世界集装箱运输需求量的增长和集装箱运输船舶大型化趋势的加快，世界集装箱港口也相应出现了大型化趋势，同时对港口集疏运系统也提出了相应的要求，如铁路运输、高速公路运输、内河运输等也必须相应发展。特别是对6 000TEU以上的超大型船舶来说，水深越来越成为船公司选择港口的重要因素。船舶的大型化要求有自然条件良好的处于干线附近的深水港与之配套，因此全球运输中的枢纽港的作用日益重要，而枢纽港的非直接腹地的货源所占比重不断增加。集装箱码头规模的扩大，码头深水化、高效化已成为枢纽港的必要条件。为此，集装箱码头将向着全自动化作业方向发展，装卸工艺将有突破性改进，作业设备将更新换代；同时，枢纽港将拓展航道和码头水深，增加泊位能力，大幅度扩展堆场面积，进一步提高集疏能力等，以满足大船挂靠的需要。

四、航线布局轴心化

航运公司运力优化配置带来的最大效果就是运输服务质量的提高，这表现为航线挂靠港减少，服务密度增加，交货期缩短。另外，由于大型集装箱船舶造价昂贵，船公司在营运过程中，为挂靠一个港口而增加的船舶成本所占比例上升，支线衔接成本比重下降。因此，船公司会选择减少大型船舶干线挂靠港，发展干线/支线运输，以便把其他港口的货物转移到大型主干航线船上。这势必导致班轮公司的航线布局形成围绕主干线挂靠港铺设支线的格局，这种主干线轴心化已成为当今国际集装箱运输的主要趋势之一。

航线布局轴心化战略对港口发展是十分巨大的。为了提高经济效益，船公司就必须尽可能减少挂靠港口，以增加航行时间和降低港口费用。许多班轮公司通过国际枢纽港将区域网络和干线运输连接起来，可以开发利润丰厚的当地货运市场。

五、国际班轮运输趋于集中化和垄断化

由于托运人对承运人的要求越来越高，各大班轮将寻找进一步优化资源配置、实现联合配船、优势互补、减少中转、信息共享、扩大规模经济、降低运输成本、提高服务质量等作为增强市场竞争能力的有效途径。随着航运企业间的联盟与并购越来越多，现已导致船公司的运输能力迅速聚集，国际班轮运输趋向集中化和垄断化已成为当前和今后的一个重要发展趋势。据统计，全球前20大集装箱班轮公司船队运力占全球运力份额从2003年的60%上升到2006年的83%，国际集装箱运输市场的竞争格局将趋于由大型船公司及大联盟垄断，而大规模航运企业的涌现必然对航运服务机构产生重大影响，特别是对港口产生直接而深远的影响。

现代集装箱运输系统要求铁路、公路、水运、航空、港口、机场、场站、仓储以及相关的海关、三检、货主企业等方面协同组织，这正是提高运输效率，降低运输成本的关键。这种需求与人们追求运输系统整个过程的效率，降低整个过程的运输成本的要求是一致的。因

此，集装箱运输系统组织的进一步集成化将是未来发展的一种趋势。

六、全球集装箱运输中心继续东移

全球经济中占有重要地位的东亚地区经济（包括东北亚和东南亚地区）总体走势看好，特别是我国加入 WTO 对该地区贸易发展的有利刺激，使整个东亚地区海运业前景更加明朗。东北亚和东南亚地区的许多港口抓住该地区的贸易发展高峰，及时发展集装箱码头基础设施建设，使港口集装箱吞吐量发展达到前所未有的增长速度。1970 年，在排名前 20 的世界集装箱港口中只有 1 个亚洲港口，而 2007 年排名前 30 的世界集装箱港口中有 20 个位于亚洲，其中有 8 个是我国内地港口。同时，东亚地区集装箱的持续增长，也激励越来越多的国际集装箱船挂靠该地区的港口。该地区已成为全球港口集装箱吞吐量最大、增速最快的地区。

七、从单纯的海运服务转向综合物流服务

全球经济一体化的发展，使国际间货物交流更为活跃，国际集装箱运输市场货源日益充足，这使得沿海地区、广大内陆地区形成更丰富的货运市场，因而使单纯的海洋运输服务已无法满足货主日益增长的运输需求，在供大于求的航运市场中，船公司为了增强竞争力，必须不断提升服务水平和扩展服务范围。

目前大多数班轮公司都在调整自身的经营与发展战略，其核心就是注重对客户的服务水准和制订物流战略目标。客户对于运输的多样化需求，预示着运输方式应具有更大的适应性，对客户的需求能够做出敏捷反应，为客户提供更为柔性的服务系统。集装箱多式联运将集装箱这种现代运输方式的触角一直伸至物流的始末端，伸向客户，伸向消费市场，集装箱运输是实现现代物流的重要手段。

训练与提高

一、简答题

1. 集装箱运输的发展趋势如何？
2. 开展集装箱运输的条件有哪些？

二、案例分析题

集装箱曾经带来的混乱

埃及开罗港刚开始进行集装箱运输时，由于码头管理人员仍然采用件杂货运输的管理方式曾经导致混乱。在件杂货运输的情况下，货物的物理、化学性质很容易被观察到，所以货物的信息管理不是那么重要，当找不到某票货物时，码头管理人员可以凭视觉或嗅觉等到码头上去寻找。当货物被装入集装箱后，情况就不同了，货物的理化性质无法再被人的感官感知。开罗港的码头管理人员陷入困境，他们不得不将集装箱打开，去寻找或区分不同的货物，码头一片狼藉，箱子都堆叠在一起。

分析：以上案例告诉我们什么道理？

本章小结

✓我国经济的持续快速增长，有力地促进我国集装箱运输的高速发展，并将使我国成为全球集装箱运输中心成为可能。本章介绍了世界集装箱运输的产生与发展的简要历程，集装箱运输的优越性，以及集装箱运输的发展趋势，同时也介绍了我国集装箱的发展情况与前景。

第二章　集　装　箱

本章知识要点

◇集装箱的定义及其标准化

◇集装箱的尺寸、结构

◇集装箱分类

◇集装箱标记

第一节　集装箱的定义和标准化

一、集装箱的定义

集装箱（Container），从英文词义上解释是一种容器，在我国香港、台湾地区称之为“货箱”、“货柜”，是具有一定规格和强度的用以装运货物并可周转使用的一种容器。这种容器和货物的外包装与其他容器不同之处在于，除了能装载货物外还需要满足许多特殊要求。国际标准化组织不仅对集装箱的尺寸、术语、试验方法等有所规定，而且就集装箱的构造、性能等技术特征也作了某些规定。集装箱的标准化促进了集装箱在国际间的流通，对国际货物流转的合理化起到了重大的作用。

知识卡　　**集装箱的定义**

根据国际标准化组织 104 技术委员会（简称 ISO—TC104）的规定，集装箱是一种运输设备，应具有如下条件：

1）具有耐久性，其坚固强度足以反复使用。

2）便于商品运送而专门设计的，在一种或多种运输方式中运输无需中途转换。

3）设有便于装卸和搬运的装置，特别是便于从一种运输方式转移到另一种运输方式。

4）设计时应注意到便于货物装满或卸空。

5）内容积为 $1m^3$ 或 $1m^3$ 以上。

二、集装箱标准化

在集装箱运输初期，集装箱的规格混乱，阻碍了集装箱运输的交换使用和推广。自从 1961 年 6 月国际标准化组织建立 104 技术委员会（ISO—TC104）以后，国际标准化就以 TC104 为中心开展工作。按照国际标准化组织 ISO 的定义，标准化是为了所有有关方面的利益，特别是为了求得最佳的、全面的经济效果，并适当考虑到产品使用条件与安全要求，在所有有关方面的协作下，进行有秩序的特定活动制定并实施各项规则的过程。所谓集装箱的标准化即指集装箱在外形、结构、标志和强度等方面的标准化。国际标准集装箱（简称标准集装箱）是指按国际标准化组织 ISO 制定的标准设计和制造的集装箱。

集装箱国际标准化是以下多方面因素对集装箱提出的必然要求：

1. 国际间运输的要求

集装箱运输是一种国际间的运输方式，为保证集装箱设备在所经过的不同国家、地区都能通过，使各个国家的装卸设备、运输工具均能适应，要求集装箱在其外形、结构、标志等方面必须标准化。

2. 多式联运的要求

在多式联运中，一个集装箱要经过两种或两种以上运输工具的运用。所以集装箱的外形和结构必须标准化，才能方便地在船舶、火车、货车、飞机之间实施快速地换装，并且便于紧固和绑扎。

3. 集装箱运输自身特点的要求

在集装箱运输中，外形、特征各异的具体货物，都装在千篇一律的金属箱子中，为便于在货主、箱主、装卸的物流结点、各种运输工具之间相互识别，便于记录与传递信息，这就要求集装箱有一些标准化的标记。

4. 集装箱运输过程安全的要求

集装箱是用来运输货物的，本身必须承载较大的负荷。集装箱经常在较为恶劣的环境下运营，如必须能承受远洋运输途中船舶的剧烈摇晃；火车、货车起动与刹车的冲击；装卸过程中的冲击等。所以集装箱在强度上也必须有相应的标准规定，并有必要的检验与准用程序和规定。

知识卡 **世界上最早的集装箱标准**

世界上最早的集装箱标准是 1933 年欧洲“国际铁路联盟”（UIC）制定的标准，它是欧洲地区铁路上使用的集装箱标准。该标准包括 3 种集装箱：①小型集装箱（A 类）：容积为 $1m^3$（$35ft^3$），总重为 1.5t 以下；②中型集装箱（B 类）：容积为 $1 \sim 3m^3$（$35 \sim 106ft^3$），总重为 $1.5 \sim 5.2t$；③大型集装箱（C 类）：容积为 $3m^3$（$106ft^3$）以上，总重为 $5.2 \sim 7t$。

三、国际标准集装箱的尺寸

国际标准集装箱的尺寸可分为外部尺寸和最小内部尺寸。

目前世界上 95% 的海运集装箱都符合 ISO 标准，即集装箱规格尺寸主要是第一系列的 4 种箱型，即 A 型、B 型、C 型和 D 型。表 2-1 列出的 ISO 制定的第一系列集装箱的外部尺寸和总重量。

表 2-1 ISO 第一系列集装箱规格尺寸和总重量

规格/ft	箱型	长		宽		高		最大总重量	
		米制/mm	英制	米制/mm	英制	米制/mm	英制	kg	lb
40	1AAA	12 192	40ft	2 438	8ft	2 896	9ft6in	30 480	67 200
	1AA					2 591	8ft6in		
	1A					2 438	8ft		
	1AX					<2 438	<8ft		

（续）

规格/ft	箱型	长		宽		高		最大总重量	
		米制/mm	英制	米制/mm	英制	米制/mm	英制	kg	lb
30	1BBB	9 125	29ft11.25in	2 438	8in	2 896	9ft6in	25 400	56 000
	1BB					2 591	8ft6in		
	1B					2 438	8ft		
	1BX					<2 438	<8ft		
20	1CC	6 058	19ft10.5in	2 438	8ft	2 591	8ft6in	24 000	52 900
	1C					2 438	8ft		
	1CX					<2 438	<8ft		
10	1D	2 991	9ft9.75in	2 438	8ft	2 438	8ft	10 160	22 400

从表 2-1 中可以看出，国际集装箱的宽度均为 8ft，长度有 40ft、30ft、20ft 和 10ft 四种，高度有 9.5ft、8.5ft、8ft 和小于 8ft(表中未列出）四种。目前国际集装箱运输中，最多采用的是 1AA(最小内部容积 65.7m³，箱容系数为 2.433m³/t）和 1CC（最小内部容积 32.1m³，箱容系数为 1.493m³/t）两种箱，其次是 1AAA、1A、1C 箱型。

为了便于计算集装箱数量，可以以 20ft 的集装箱作为换算标准箱（简称 TEU，Twenty-foot Equivalent Units），即 40ft 集装箱 = 2TEU，30ft 集装箱 = 1.5TEU，20ft 集装箱 = 1TEU，10ft 集装箱 = 0.5TEU，第一系列集装箱长度之间的相互比例关系可用图 2-1 表示。因此，TEU 是集装箱的国际计量单位，也称为国际标准箱单位，通常用来表示船舶装载集装箱的能力，也是集装箱和港口吞吐量的重要统计、换算单位。

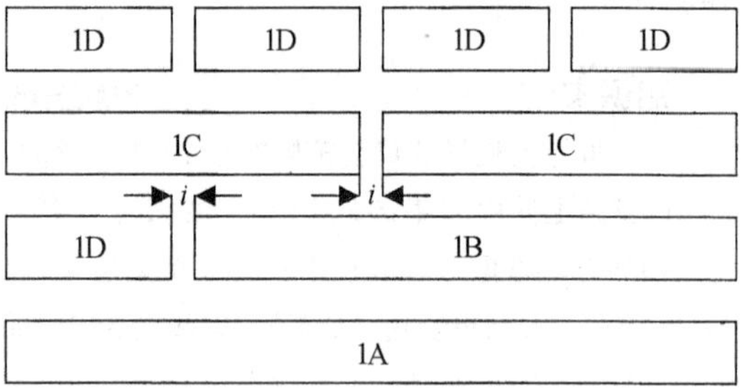

图 2-1　第一系列各类型集装箱长度之间比例关系示意图

另外，在实践中也会用到自然箱（NU，Natural Unit）的概念。自然箱也称实物箱，自然箱是不进行换算的实物箱，即不论是 40ft 集装箱，30ft 集装箱，20ft 集装箱或 10ft 集装箱均作为一个集装箱统计。它也是统计集装箱数量时用到的一个术语。

为了使国际标准集装箱的内部能合适地装载托盘和一定数量货物，对于国际集装箱（主要为干货集装箱）也规定了内部尺寸标准。集装箱内尺寸和内容积是物资部门或其他装箱人必须掌握的重要技术资料，其中集装箱内尺寸（Containers Internal Dimensions）是指集装箱内部的最大长、宽、高尺寸。高度为箱底板面至箱顶板最下面的距离，宽度为两内侧衬板之间的距离，长度为箱门内侧板量至端壁内衬板之间的距离。它决定集装箱内容积和箱内货物的最大尺寸。集装箱内容积（Containers Unobstructed Capacity）按集装箱内尺寸计算的装货容积。同一规格的集装箱，由于结构和制造材料的不同，其内容积略有差异。第一系列集装箱的最小内部尺寸和箱门开口尺寸见表 2-2，各类集装箱常用技术规范见附录 A。

表 2-2 第一系列集装箱的最小内部尺寸和箱门开口尺寸

<table>
<tr><th rowspan="2">箱型</th><th colspan="3">最小内部尺寸</th><th colspan="2">最小箱门开口尺寸</th></tr>
<tr><th>长/mm</th><th>宽/mm</th><th>高/mm</th><th>宽/mm</th><th>高/mm</th></tr>
<tr><td>1AAA</td><td>11 998</td><td rowspan="9">2 330</td><td rowspan="9">外部尺寸
减去 241mm</td><td rowspan="9">2 286</td><td>2 566</td></tr>
<tr><td>1AA</td><td>11 998</td><td>2 261</td></tr>
<tr><td>1A</td><td>11 998</td><td>2 134</td></tr>
<tr><td>1BBB</td><td>8 931</td><td>2 566</td></tr>
<tr><td>1BB</td><td>8 931</td><td>2 261</td></tr>
<tr><td>1B</td><td>8 931</td><td>2 134</td></tr>
<tr><td>1CC</td><td>5 867</td><td>2 261</td></tr>
<tr><td>1C</td><td>5 867</td><td>2 134</td></tr>
<tr><td>1D</td><td>2 802</td><td>2 134</td></tr>
</table>

在图 2-1 中，1A 型—40ft(12192mm)；1B 型—30ft(9125mm)；1C 型—20ft(6058mm)；1D 型—10ft(2991mm)；i(间距) = 3in(76mm)；各类集装箱箱型之间的尺寸关系：

$1A = 1B + 1D + 1i = (9125 + 2991 + 76)\,mm = 12192\ mm$

$1B = 3D + 2i = (3 \times 2991 + 2 \times 76)\,mm = (8973 + 152)\,mm = 9125mm$

$1C = 2D + 1i = (2 \times 2991 + 76)\,mm = 6058mm$

资料库 **集装箱标准化**

除了集装箱箱体本身外，还需有一系列装卸、搬运等配套设备及组织管理措施；不然，集装箱到达港口、车站后，会出现卸不下、装不上、拉不走的现象。随着国际贸易和国内运输的不断发展，为使集装箱更好地适应各种不同运输方式之间的通用性和互换性，更好地实现与各种装卸搬运工具的协调配套，集装箱必须标准化。

训练与提高

一、填空题

1. 所谓集装箱的标准化是指集装箱在__________、__________、__________和__________等方面的标准化。

2. 在 ISO 制定的第一系列集装箱中，目前国际集装箱运输中最多采用的是 1AA 和 1CC 两种箱，它们的宽度都是______ft，长度分别为______ft、______ft。

3. 集装箱内容积是______________________________。

二、判断题

1. 国际标准规定，40ft 集装箱的最大允许总重为 30 480kg，20ft 集装箱的最大允许总重为 24 000kg。(　　)

2. 换算标准箱 TEU 通常用来表示船舶装载集装箱的能力，也是集装箱和港口吞吐量的重要统计单

位。(　　)

3. 最常见的1AA和1CC集装箱的长度分别是6 058mm和12 192mm。(　　)

4. ISO制定的第一系列集装箱共分为4种箱型，各种箱型的宽度是相同的。(　　)

5. 根据标准，40ft集装箱的内容积要求不少于65.7m^3，20ft集装箱的内容积要求不少于32.1m^3。(　　)

三、简答题

1. 集装箱国际标准化的必要性和目的是什么？

2. 什么是标准换算箱？什么是自然箱？

第二节　集装箱的结构

集装箱的结构根据其箱子种类不同而有差异，占集装箱85%以上的通用干货集装箱是一个六面长方箱体，一端设门，另一端是盲端。

一、集装箱的方位性术语

集装箱的方位性术语主要是指区分集装箱的前、后、左、右以及纵、横的方向和位置的定义。通用集装箱的方位性术语如下：

1）前端（Front）：指没有箱门的一端。

2）后端（Rear）：指有箱门的一端。

如集装箱两端结构相同，则应避免使用前端和后端这两个术语，若必须使用时，应依据标记、铭牌等特征加以区别。

3）左侧（Left）：从集装箱后端向前看，左边的一侧。

4）右侧（Right）：从集装箱后端向前看，右边的一侧。

由于集装箱在公路上行驶时，有箱门的后端都必须装在拖车的后方，因此有的标准把左侧称为公路侧，右侧称为路缘侧。

5）路缘侧（Gurbside）：当集装箱底盘车在公路上沿右侧向前行驶时，靠近路缘的一侧。

6）公路侧（Roadside）：当集装箱底盘车在公路上沿右侧向前行驶时，靠近马路中央的一侧。

7）纵向（Longitudinal）：指集装箱的前后方向。

8）横向（Transverse）：指集装箱的左右与纵向垂直的方向。

二、通用干货集装箱上主要部件

通用干货集装箱由一个框架结构、两个侧壁、一个箱顶、一个箱底和一对箱门组成，在每个箱角上都设有角件。它主要由以下一些部件构成，如图2-2和图2-3所示。

1）角件（Corner Fitting）：位于集装箱八个角端部，用于支承、堆码、装卸和拴固集装箱。角配件在三个面上各有一个长孔，孔的尺寸与集装箱装卸设备的扭锁相匹配。

动动脑

通用干货集装箱有几个柱？几个面？几个角？

2）角柱（Corner Post）：位于集装箱四边垂直边，起连接顶部角配件和底部角配件的支柱作用。

3）上（下）横梁（Top/Bottom End Transvere Member）：位于箱体端部连接顶部（或底部）角配件的横梁。

4）上（下）侧梁（Top/Bottom Side Rail）：位于箱体端部连接顶部（或底部）角配件的纵梁。

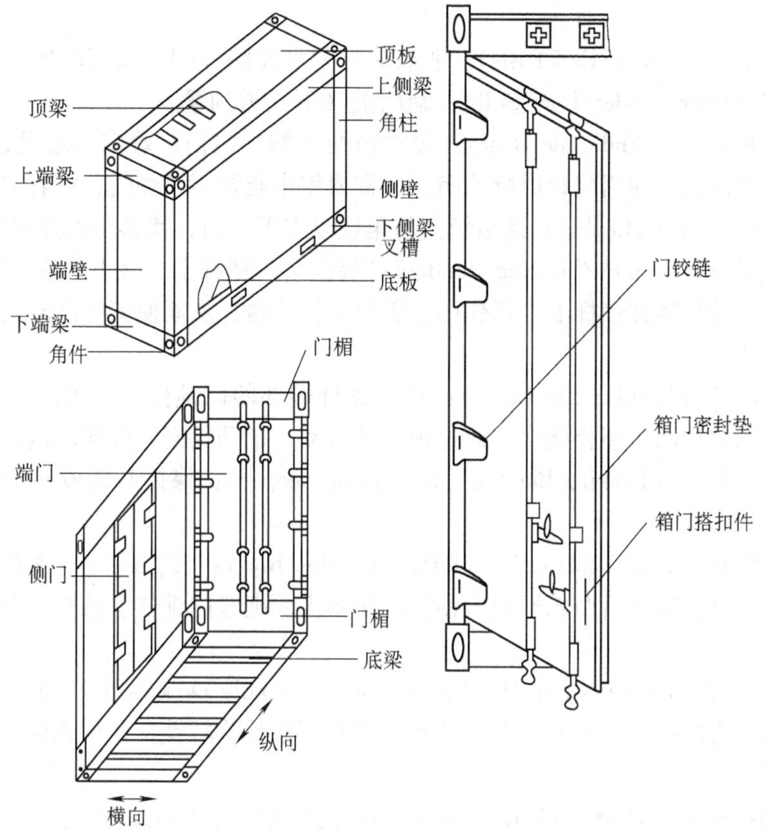

图 2-2 通用干货集装箱各主要部件位置示意图

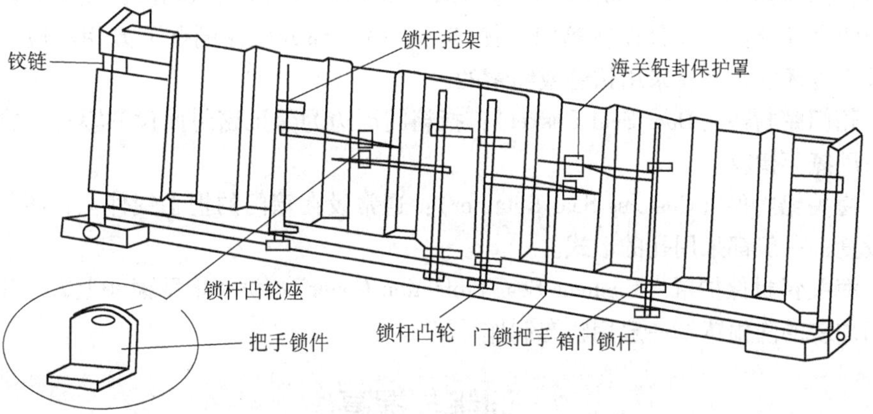

图 2-3 海关铅封保护罩和门锁装置图

5）顶（底）板（Roof Sheet/Floor）：箱体顶部（底部）的板。

6）顶（底）梁（Roof Bows/Floor Bearers or Cross Member）：支撑顶板（底版）的横向构件。

7）叉槽（Fork Pockets）：贯穿箱底结构，供叉举集装箱用的槽。

8）侧（端）壁板（Side/End Panel）：与上下侧（端）梁和角结构相连的，形成封闭的板壁。

9）侧（端）柱（Side/End Posts）：垂直支撑和加强侧（端）壁板的构件。

10）门楣（Door Header/Door Still）：箱门上（下）方的梁。

11）端（侧）门（End/Side Door）：设在箱端（侧）的门，端门一般设在箱的后端部，用铰链安装在角柱上，并用门锁进行关闭。通常通用集装箱不设侧门，只有必要时才设置。

12）门铰链（Door Hingle）：连接箱门与角柱以支承箱门，使箱门能开闭的零件。

13）门把手（Door Link/Locking Handle）：装在箱门锁杆上，在开关箱门时用来转动锁杆的零件。其一端焊接在锁杆上，抓住门把手使锁杆旋转，从而使锁杆凸轮与锁杆凸轮柱嵌合，把锁门锁住。

14）锁杆凸轮（Locking Bar Cams）：设于锁杆端部的门锁件，是锁门装置中的零件之一，与门楣上的锁杆凸轮座相嵌合，通过锁件的转动，把凸轮嵌入凸轮座内，将门锁住。

15）锁杆凸轮座（Locking Bar Cam Retainer or Keeper）：保持凸轮成闭锁状态的内撑装置，又称卡铁。

16）箱门锁杆（Door Locking Bar or Door Locking Rod）：设在箱门上垂直的轴或杆。锁杆两端有凸轮，锁杆转动后凸轮即嵌入锁杆凸轮座内，把箱门锁住。锁杆还起着加强箱门承托力的作用。

17）把手锁件（Door Locking Handle Retainer or Handle Lock）：是门锁装置中的零件之一，锁杆中央带有门把手，两端部带有凸轮，依靠门把手旋转锁杆，用来保持箱门把手使它处于关闭状态。

18）门锁杆托架（Door Lock Rod Bracket）：是门锁装置中的零件之一，焊接在箱门上用以托住锁杆并使之能转动的装置。

19）箱门搭扣件（Door Holder）：进行装、卸货物作业时，保持箱门呈开启状态的零件，它分两个部分：一部分设在箱门下侧端部，另一部分设在侧壁下方相对应的侧壁位置上。有采用钩环的，也有采用钩链或绳索的。

20）箱门密封垫（Door Seal Gasket）：指箱门周边为保证密封而设的零件。密封垫的材料一般采用氯丁橡胶。

21）海关铅封件（Customs Seal Retainer）：通常设在箱门的把手锁件上，海关用于施加铅封的设置，一般都采用孔的形式。

22）海关铅封保护罩（Customs Seal Protection Cover）：设在把手锁件上方，用于保护海关铅封而加装的防雨罩，一般用帆布制作。

训练与提高

一、填空题

1. 标准集装箱有________个角件和________根角柱，每个角件在________个面上各有一个长孔。

2. 通用干货集装箱是一个__________柱__________面__________角的长方箱体。

二、术语翻译

1. Max Gross Weight：
2. Net Weight：
3. Corner fitting：
4. Corner post：

三、简答题

集装箱角件的作用是什么？

第三节 国际标准集装箱的分类

一、按集装箱使用材料分类

根据箱子主体部件（侧壁、端壁、箱顶等）采用什么材料，就叫做什么材料制造的集装箱，按使用材料分类，集装箱可分成三种：

1）铝合金制集装箱。其优点是重量轻、外表美观、防腐强、弹性好、加工方便以及加工费低、修理费低、使用年限长；缺点是造价高，焊接性差。

2）钢制集装箱。其优点是强度大、结构牢、焊接性高、水密性好、价格低廉；缺点是重量大、防腐性差。

3）玻璃钢制集装箱。其优点是强度大、刚性好、内容积大、隔热、防腐、耐化学性好、易清扫、修理简便；缺点是重量大、易老化、拧螺栓处强度降低。

二、按集装箱结构分类

按集装箱结构分类，集装箱可分为三类：

1）内柱式（Interior Post Type Container）与外柱式集装箱（Outside Post Type Container），主要指铝合金集装箱，内柱式集装箱是指侧柱（或端柱）位于侧壁或端壁之内；外柱式集装箱是指侧柱（或端柱）位于侧壁或端壁之外。

2）折叠式集装箱（Collapside Container），是把集装箱的主要部件（侧壁、端壁、箱顶等）能简单地折叠或分解，再次使用时可以方便的再组合起来。

3）薄壳式集装箱（Monocoque Container），是把所有部件组成一个刚体，它的优点是重量轻，可以适应所发生的扭力而不会引起永久变形。

三、按集装箱的使用目的分类

为适应不同货物的装载要求，出现了多种类型的集装箱，从运输家用物品的小型折叠式集装箱直到40ft 标准集装箱，以及航空集装箱等，不一一介绍。这里仅介绍在海上运输中常见的几种不同用途的国际货运集装箱类型。

1. 通用干货集装箱（Dry Cargo Container）

这种集装箱也称为杂货集装箱（见图 2-4），用于运输无需控制温度的件杂货。这是最常用的集装箱，据统计，世界上这类集装箱占总数的 85%。其使用范围极广，绝大多数的件杂货都可使用这种集装箱，如文化用品、化工用品、电子机械、工艺品、医药、日用品、纺织品及仪器零件等。这种集装箱样式较多，通常为封闭式，在一端或侧面设有箱门，均为水密性，可 270°开启。使用时应注意箱子内部容积和最大负荷；特别在使用 20ft、40ft 集装箱时更应注意这一点。

图 2-4 通用干货集装箱

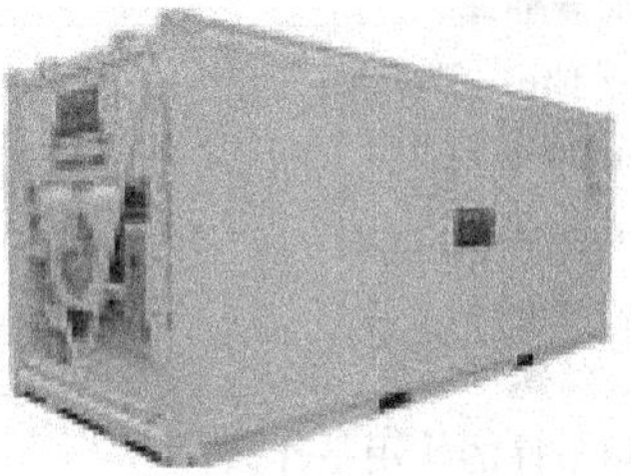

图 2-5 冷藏集装箱

2. 保温集装箱（Keep Constant Temperature Container）

又称控温集装箱，它们是为了运输需要冷藏或保温（能使箱内温度保持在 +25℃ ~ -25℃间的某一指定温度）的货物，所有箱壁都采用热导率低的材料进行隔热。这类集装箱可分为以下三种：

（1）冷藏集装箱（Reefer Container） 它是以运输冷藏货为主、能保持所定温度的保温集装箱，如图 2-5 所示。它专为运输如鱼、肉、新鲜水果、蔬菜等食品而特殊设计的，箱内顶部装有挂肉类、水果的钩子和轨道。目前国际上采用的冷藏集装箱基本上分为两种：一种是集装箱内带有冷冻机的叫机械式冷藏集装箱（又称内置式冷藏集装箱）；另一种箱内没有冷冻机而只有隔热结构，即在集装箱端壁上设有进气孔和出气孔，箱子装在舱中，由船舶的冷冻装置供应冷气，这种叫做离合式冷藏集装箱（又称外置式或夹箍式冷藏集装箱）。

在国际冷藏货运中，使用冷藏集装箱方式的比重不断上升，并已超过使用冷藏船方式的比重。但同普通箱比较，这种集装箱的营运费用较高，除因支付修理、洗涤费用外，每次装箱前应检验冷冻装置，并定期为这些装置大修而支付不少费用。

在实际营运过程中，冷藏集装箱的货运事故较多，原因之一是由于箱子本身或箱子在码头堆场存放或装卸时所致，另一主要原因是发货人在进行装箱作业时，对箱内货物所需要的温度及冷冻装置的操作缺乏足够的谨慎所致。

（2）隔热集装箱（Insulated Container） 它是为载运水果、蔬菜等货物，防止温度上升过高，以保持货物鲜度而具有充分隔热结构的集装箱，如图 2-6 所示。通常用冰作为制冷剂，保温时间为 72h 左右。

（3）通风集装箱（Ventilated Container） 它是为装运水果、蔬菜等不需要冷冻而具有呼吸作用的货物，在端壁和侧壁上设有通风孔的集装箱，如将通风口关闭，同样可以作为杂货集装箱使用。

图 2-6 隔热集装箱

3. 罐式集装箱（Tank Container）

它是专门用以装运酒类、油类（如动植物油）、液体食品以及化学品等液体货物的集装箱，如图 2-7 所示。它还可以装运其他液体危险货物。这种集装箱有单罐和多罐数种，罐体四角由支柱、撑杆构成整体框架。前者由于侧壁强度较大，故一般装载麦芽和化学品等相对密度较大的散货，后者则用于装载相对密度较小的货物。散货集装箱顶部设有装货口以及水密性良好的盖（以防雨水侵入箱内），货物由液罐顶部的装货口进入，卸货时，货物由排出孔靠重力作用自行流出，或者由装货口吸出。

4. 台架式集装箱（Platform Based Container/Flat Rack Container）

台架式集装箱也称框架集装箱，它的箱体设有能承受载荷的四个角柱，但箱顶、侧壁和（或）端壁可以拆除或根本不设的一种非水密型集装箱，如图 2-8 所示。这种集装箱可以从前后、左右及上方进行装卸作业，适合装载一定限度超标准箱尺度的货物，如重型机械、钢材、钢管、木材、钢锭等。台架式的集装箱没有水密性，怕水湿的货物不能装运，或用帆布遮盖装运。

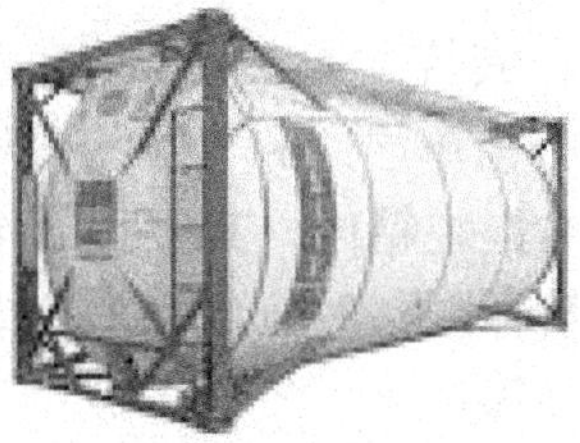

图 2-7 罐式集装箱

图 2-8 台架式集装箱

在目前使用的集装箱种类中，该类集装箱有其独到之处，这是因为其他许多集装箱的容积和重量均受到箱子规格的限制，而台架式集装箱则可用于那些形状不一的货物，如废钢铁、货车、叉车等。另外，相当一部分的集装箱船直接装运散装货，采用台架集装箱就较方便。但由于该类集装箱因为自身较重、密封程度差等原因，因此在运输过程中，必须装在舱内，在堆场存放时也应用毡布覆盖，当然，货物本身的包装也应适应这种集装箱运输。

5. 平台集装箱（Platform Container）

这种集装箱是在台架式集装箱上再简化，四个角柱被去掉或可折叠而只保留具有较强承载能力（有些 40ft 平台式箱的额定总承载量达 54t）的下底板组成的一种特殊集装箱，如图 2-9 所示。平台的长度与宽度与国际标准集装箱的箱底尺寸相同，可使用与其他集装箱相同的紧固件和起吊装置。在集装箱船的舱面上，若将多个平台式集装箱组成一个大平台，适合于装载重大件货物。这种集装箱的采用打破了过去一直认为集装箱必须具有一定容积的概念。

6. 敞顶集装箱（Open Top Container）

敞顶集装箱又称开顶集装箱（见图 2-10），这是一种没有刚性箱顶的集装箱，但有由可折叠式或可折式顶梁支撑的帆布、塑料布或涂塑布制成的顶篷，其他构件与通用集装箱类似。这种集装箱适于装载大型货物和重货，如钢铁、木材，特别是像玻璃板等易碎的重货，利用起重机从顶部吊入箱内不易损坏，而且也便于在箱内固定，然后用防水布覆盖。在没有月台、叉车等设备的仓库无法进行装箱，在装载较重的货物时还需使用起重机。目前，开顶集装箱多用于装运较高货物或用于代替尚未得到有关公约批准的集装箱种类。

图 2-9　平台集装箱

图 2-10　敞顶集装箱

7. 汽车集装箱（Car Container）

这是一种运输小型轿车用的专用集装箱（见图 2-11），其特点是在简易箱底上装一个钢制框架，通常没有箱壁（包括端壁和侧壁）。这种集装箱分为单层的和双层的两种。因为小轿车的高度为 1.35～1.45m，如装在 8ft(2.438m) 的标准集装箱内，其容积要浪费 2/5 以上，因而出现了双层集装箱。这种双层集装箱的高度有两种：一种为 10.5ft(3.2m)，一种为 8.5ft 高的 2 倍。因此汽车集装箱一般不是国际标准集装箱。

8. 散货集装箱（Bulk Container）

不受温度变化影响的各类固体散货、颗粒或粉末状的货物都可以由这种集装箱装运。在结构上，散货集装箱基本上类似于杂货集装箱，不同之处在于其顶部有为装散货提供的装货口，在箱门下方设有卸货的卸货口，如图 2-12 所示。对装运谷物的散货集装箱还设有投放熏蒸药品的投放口和排除熏蒸气体的排除口。该类集装箱在船上配载时应考虑所装货物来定位，如装谷物时，为预防进口国要求卸货前熏蒸，则所配载位置不能将投放熏蒸药品的开口和排除熏蒸气体的出口挡住；且不能将箱配装于舱内，以免妨碍熏蒸气体的及时排放。

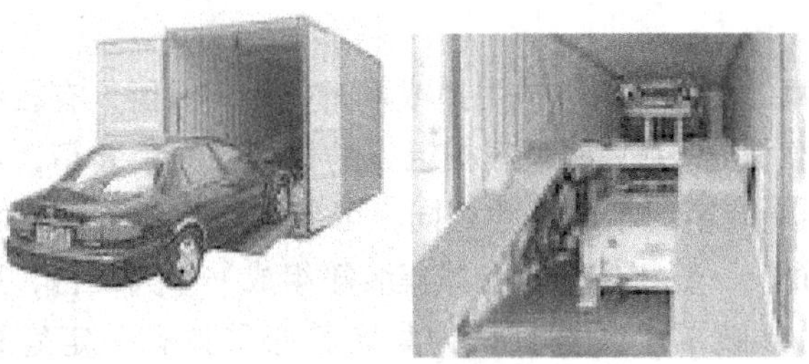

图 2-11　汽车集装箱

图 2-12　散货集装箱

9. 动物/牲畜集装箱（Pen Container or Live Stock Container）

这是一种装运鸡、鸭、鹅等活家禽和牛、马、羊、猪等活家畜用的集装箱。为了遮蔽太阳，箱顶采用胶合板露盖，侧面和端面都有用铝丝网制成的窗，以求有良好的通风。侧壁下方设有清扫口和排水口，并配有上下移动的拉门，可把垃圾清扫出去，还装有喂食口。动物集装箱在船上一般应装在甲板上，因为甲板上空气流通，便于清扫和照顾，如图 2-13 所示。

图 2-13　动物/牲畜集装箱

图 2-14　服装集装箱

10. 服装集装箱（Garment Container）

这种集装箱的特点是在箱内上侧梁上装有许多根横杆，每根横杆上垂下若干条皮带扣、尼龙带扣或绳索，成衣利用衣架上的钩直接挂在带扣或绳索上，如图 2-14 所示。这种服装装载法属于无包装运输，它不仅节约了包装材料和包装费用，而且减少了人工劳动，提高了服装的运输质量。随着我国成品服装的出口增加，该类集装箱在我国贸易运输中的使用也有所增加。

图 2-15　流动电站集装箱

11. 其他用途集装箱

目前，集装箱的应用已经越来越广泛，不但用于装运货物，还广泛被用于其他用途，如流动电站集装箱，可在一个 20ft 集装箱内装置一套完整的发电机组，装满燃油后可连续发电 96h，供应 36 只 20ft 或 40ft 冷藏集装箱的耗电，如图 2-15 所示。其他还有流动舱室集装箱、流动办公室集装箱等。

训练与提高

一、判断题

1. 按制造材料分，集装箱可分为钢制集装箱、铝合金制集装箱、玻璃钢制集装箱三种。(　　)
2. 我国出口的冷冻海产品都是用普通干货集装箱装运的。(　　)
3. 罐式集装箱是专门用于运输液体产品的。(　　)
4. 在集装箱船舱面上，若将多个平台集装箱组成一个大平台，适合于装载重大件货物。(　　)
5. 敞顶集装箱允许所装货物高于 2.9m。(　　)
6. 在顶部有为装散货提供的装货口，在箱门下方设有卸货的卸货口，这样的集装箱是散货集装箱。(　　)

二、术语翻译

1. Reefer Container：
2. Flat Rack Container：

3. Platform Container：

4. Open Top Container：

5. Bulk Container：

三、简答题

按使用目的分，集装箱的主要类型有哪些？

第四节　集装箱标记

为了便于对集装箱在流通和使用中识别和管理，便于单据编制和信息传输，所以国际标准化组织（ISO）制定了集装箱标准，此标准即《集装箱的代号、识别和标记》[ISO6346—1981(E)]。该标准规定了集装箱标记的内容、标记字体的尺寸、标记位置等。国际标准化组织规定的集装箱标记有必备标记和自选标记两类，每一类中又分为识别标记和作业标记。集装箱标记代号的位置如图 2-16 所示。

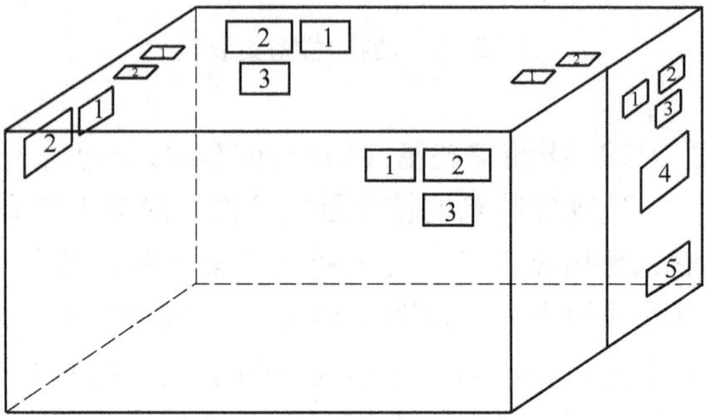

图 2-16　集装箱标记代号的位置
1—箱主代号　2—箱号或顺序号、核对数字
3—集装箱尺寸及类型代号　4—集装箱总重、自重和容积　5—集装箱制造厂名及出厂日期

一、必备标记

1. 识别标记

它包括箱主代号、设备识别代号、顺序号和核对数字。

（1）箱主代号　集装箱所有者的代号，它由 3 位大写拉丁字母表示。为防止箱主代号出现重复，所有箱主在使用代号之前应向国际集装箱局（BIC）登记注册，登记时不得与登记在先的箱主有重复。

（2）设备识别代号　用 1 位大写拉丁字母表示，U 表示常规集装箱，J 表示带有可拆卸设备的集装箱，Z 表示集装箱拖车和底盘车。

箱主代号和设备识别代号一般由 4 位字母连续排列，如“COSU”为中国远洋运输（集团）总公司箱主代码和设备识别代号，其中 COS 是箱主代码，U 表示常规集装箱。

（3）顺序号　为集装箱编号，用 6 位阿拉伯数字表示，如数字不足 6 位时，在数字前补 0，补足 6 位。

（4）核对数字　用于计算机核对箱主号与顺序号记录的正确性。核对数一般位于顺序号之后，用 1 位阿拉伯数字表示，并加以方框以示醒目。

知识卡　**集装箱标记中的核对数字**

设置集装箱的核对数字的目的，是为了防止箱号在记录时发生差错。运营中的集装箱频繁地在各种运输方式之间转换，不断地从这个国家到那个国家，进出于车站、码头、堆场、集装箱货运站。每进行一次转换和交接，就要记录一次箱号。在多次记录中，如果偶然发生差错，记错一个字符，就会使该集装箱从此“不知下落”。为了不致出现这类“丢失”集装箱及所装货物的事故，在箱号记录中设置一个自检测系统，即设置一位核对数字。

核对数字是由箱主代号和设备组别代号的4位字母与顺序号的6位数字通过以下方式换算而得。具体换算步骤如下：

1）将表示箱主号的4位字母转化成相应的数字，字母和数字的对应关系如表2-3所示。

表2-3 核对数计算中箱主号字母与数字转换表

字母	A	B	C	D	E	F	G	H	I	J	K	L	M
数字	10	12	13	14	15	16	17	18	19	20	21	23	24
字母	N	O	P	Q	R	S	T	U	V	W	X	Y	Z
数字	25	26	27	28	29	30	31	32	34	35	36	37	38

从表2-3可以看出，表中去掉了11及其倍数的数字，这是因为后面的计算将把11作为模数。

2）将前4位字母对应的数字加上后面顺序号的数字，共计10位。例如，以中国远洋运输（集团）总公司COSCO的某箱为例，箱主号与顺序号为COSU 800121，对应的数字是：13-26-30-32-8-0-0-1-2-1。

3）采用加权系数法进行计算，计算公式为：$S = 2^i \sum_{i=0}^{9} C_i$

式中，C_i为10个数字中第i个数字。

4）将S除以模数11，再取其余数，即得核对数。

以COSU 800121箱为例：

$S = 13 \times 2^0 + 26 \times 2^1 + 30 \times 2^2 + 32 \times 2^3 + 8 \times 2^4 + 0 \times 2^5 + 0 \times 2^6 + 1 + 2^7 + 2 \times 2^8 + 1 \times 2^9 =$ 1 721，除以11，取余数：

1721/11 =156…，余数为5。

所以核对数字为5，外加方框。

2. 作业标记

它包括以下四个内容：

（1）最大总量和箱重标记 最大重量用MAX GROSS表示，是集装箱的自重与最大载货量之和，它是一个常数，任何类型的集装箱装载货物后，都不能超过这一重量；箱重用TARE表示，是指集装箱的空箱重量。最大总量和箱重同时用千克（kg）和磅（lb）标示，如：

MAX GROSS	24 000kg
	52 920lb
TARE	2 060kg
	4 550lb

（2）超高标记 凡高度超过2.6m(8.5ft）的集装箱均应有如图2-17所示的超高标记，该标记为在黄色底上标出黑色数字和边框。通常位于集装箱每侧的左下角，其他主要标记下方，距箱底约0.6m处。

（3）空陆水联运集装箱标记 此类集装箱具有与飞机机舱内系固系统相匹配的系固装置，适用于空运，并可与地面运输方式相互交接联运。为适合于空运，该类集装箱自重较轻，结构强度较弱，海上运输禁止在船舶甲板上堆装，舱内堆码时应配置在最上层，在陆上堆码时最多允许堆码2层。国际标准化组织对该集装箱规定了特殊的标记，该标记为黑色，位于侧壁和端壁的左上角，并规定标记的最小尺寸为：高127mm，长355mm，字母标记的字体高度至少为76mm，具体如图2-18所示。

图 2-17　集装箱超高标记

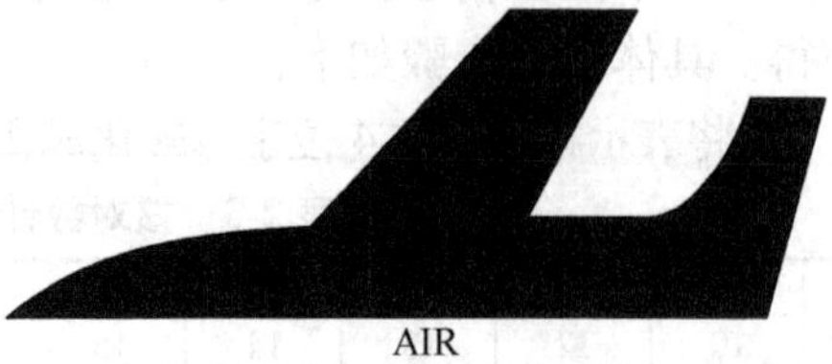

图 2-18　空陆水联运集装箱标记

（4）登箱顶触电警告标记　该标记形式如图 2-19 所示，一般设在罐式集装箱上和位于邻近登箱顶的扶梯处，以警告登箱顶者有触电的危险。标记在黄色底上标出黑色三角形和闪电箭头。

二、自选标记

1. 识别标记

包括国籍代码、尺寸代码和类型代码。

（1）国籍代码　用 3 个或 2 个阿拉伯数字表示，用以表示集装箱登记的国家或地区，如 PRC、CN 表示登记国为中华人民共和国，GBX GB 表示登记国是英国。国籍代码可以从附录 B 中查得。

注：三角标志内的底色为黄色

图 2-19　集装箱登箱顶触电警告标记

（2）规格尺寸和箱型代码　集装箱的箱型尺寸代码是集装箱运输业务的需要，同时也是国际集装箱运输 EDI（电子数据交换）业务中最重要的代码之一。代码使用的是 UN/ISO 标准代码，代码库提供了 1984 年和 1995 年版本，现已逐渐使用 1995 年版的数字—字符型代码。

1）集装箱尺寸代码结构。该代码由两位字符表示：XX，第 1 个字符表示箱长，即箱长代码，如 2 表示 20ft 箱，4 表示 40ft 箱，M 表示 48ft 箱等；第 2 个字符表示箱宽和箱高，即箱高和箱宽代码，如 2 表示宽 8ft、高 8. 5ft 的箱，5 表示宽 8ft、高 9. 5ft 的箱等。集装箱尺寸代码表本组代码等同采用 ISO 6346. 2 附录 C 中的表 C1 和表 C2，详见附录 C。

2）箱型代码结构。该代码由两位字符表示，分成总代码（Type Group Code）和细代码（Detailed Type Code）两种。总代码用于在集装箱特性尚不明确或不需要明确的场合。细代码用于对集装箱特性要有具体标示的场合。细代码的第 1 位由一个拉丁字母表示箱型，即箱型编号；第 2 位由一个数字表示该箱型的特征，即箱型标识符。在新出厂的集装箱上必须标注细代码。例如“GP”是无通风设备的通用箱总代码，而“G0”是该类中一端或两端开门箱的细代码。集装箱类型代码表详见附录 D。

箱型和尺寸代码应作为一个整体在集装箱上标识，其组配代码结构为：X X X X，前 2 位是尺寸代码，后 2 位是箱型代码。例如：22G1 指箱长为 20ft（6068mm），箱宽为 8ft（2438mm）和箱高为 8ft6in（2591mm），上方有透气罩的通用集装箱。

2. 作业标记（如国际铁路联盟标记）

凡符合《国际铁路联盟条例》规定的技术条件的集装箱，可获得国际铁联标记，如图 2-20 所示，该标记是在欧洲铁路上运输集装箱的必要通行标记。标记方框上部的“ic”表示国际铁路联盟（Union International del chemins de Fer）标记下方的数字表示各铁路公司代码（33 是中华人民共和国铁路的代码）。

另外，集装箱在运输过程中能顺利地过境，箱上必须贴有按规定要求的各种通行标志，否则，必须办理繁琐证明手续，延长了集装箱的周转时间。集装箱上主要的通行标记有；安全合格牌照、集装箱批准牌照、防虫处理板、检验合格徽等。

图 2-20　国际铁路联盟标记

CSC SAFETY APPROVAL
(GB-L/749/2/7/75)
DATE MANUFACTURED----------
IDENTIFICATION No. -------------
MAXIMUM GROSS WEIGHT------kg------lb
ALLOWABLE STACKING WEIGHT
FOR 1. 8g------kg------lb
PACKING TEST LOAD VALUE------kg------lb

图 2-21　集装箱批准牌照（国际海关公约牌照）

对符合《国际集装箱安全公约》（简称为 CSC）要求主管机关对符合人身安全检验的集装箱结构要求并通过安全检验的集装箱，加贴“CSC 安全合格”金属标牌，如图 2-21 所示。为确保集装箱对运输工具的安全，国际标准化组织要求检验机关（多为船舶检验机关）对符合该组织所制定标准并经试验合格的集装箱，在箱门处加贴该检验机关的检验合格徽记，如中国船级社的检验合格牌见图 2-22。《集装箱海关公约》（简称为 CCC）要求经批准符合运输海关加封货物技术条件的集装箱增加标有“经批准作为海关加封货物运输”字样的金属标牌（常与“CSC 安全合格牌”合二为一），以便集装箱进出各国国境时，不必开箱检查箱内货物，以加速集装箱的流通。对运往澳大利亚和新西兰的集装箱，还应增加表明集装箱所用的裸露木材已经免疫处理的“免疫牌”等。

动动脑

图 2-23 中集装箱上的这些标记，你都认识了吗？

图 2-22　中国船级社检验合格牌

图 2-23　集装箱标记的识读

图中内容由上而下分别是：CSC 安全合格；批准国/批准证书号/批准日期；出厂年月；制造厂商产品号；最大总重（kg，lb）；对 1.8g 的允许堆码重量（kg，lb）；横向挤拉实验载荷值（kg，lb）。

训练与提高

一、填空题

1. 40DC 表示的是________集装箱，40HC 表示的是________集装箱，20GP 表示的是________集装箱，40RH 表示的是________集装箱，40OT 表示的是________集装箱，20RF 表示的是________集装箱，40TK 表示的是________集装箱。

2. 在集装箱必备标记中，识别标记由________、________、________和________四部分组成。

二、判断题

1. 集装箱箱号属于集装箱的必备标记，由 11 位字母和数字组成。(　　)

2. 箱高超过 2.6m 的集装箱必须标出标注，该标注属于必备标记。(　　)

3. 从事国际运输的集装箱必须带有通行标记。(　　)

三、简答题

集装箱标记中有哪些内容？

【阅读材料】

国际集装箱运输监督存在严重缺陷

国际海事组织（IMO）危险品、固体货物和集装箱小组委员会（DSC）专门研究了来自各个成员国政府的危险品集装箱货运检查工作报告，从中发现如下问题：

1）在国际集装箱运输过程中明明存在危险品，却秘而不宣，隐瞒事实，瞒报危险货物性质的现象。

2）部分国际集装箱运输公司把原有的货运监督部门擅自撤销或者削弱，不认真履行《国际海运危险货物规则》。

3）危险货物积载不符合规定，危险货物包装不符合规定，危险货物标志不符合规定，危险货物品质不稳定，装箱积载、加固不符合规范等。

一、燃气打火机是集装箱海运的定时炸弹

DSC 小组委员会特别重视德国政府报告中提出的“燃气打火机是集装箱海运的定时炸弹”，指出这绝对不是危言耸听，而是对远洋承运人、托运人，尤其是集装箱班轮公司的严重警告。

燃气打火机所含的气体可以燃烧，属于联合国危险品 1057 号、2.1 级危险品，再加上燃气打火机结构材料耐压性能有限，在长期航运过程中遇到天气温度变化，风浪中的震荡和其他物理和化学方面的原因，燃气向外泄漏，聚集在集装箱内，达到一定压力和温度，尤其是在遇到静电效应的时候，犹如一只定时炸弹，随时会起爆。

这类严重事故在 2001 年、2002 年和 2003 年都有报道。例如 2002 年 2 月份在德国汉堡港，德国海事安全部门发现来自远东的某国集装箱运输公司所载的一部分集装箱内燃气严重超标，开箱后证明，里面所装运的打火机燃气严重向外泄漏，箱子里面的大约 1 000 盒打火机全部被销毁。

德国海事安全检查部门有充分的证据表明，相当一部分从我国出口的集装箱在载运燃气打火机的时候，没有按照联合国国际海事组织的法规标准在集装箱外部和包装盒子上附加危险品明显标记，有的甚至把明明是燃气打火机标志改为儿童玩具，或者冒充为无害的日用塑料器皿。此外，虽然有关燃气打火机运输的各方面危险品标准和规范似乎全部到位，但是打火机本身质量或者包装材料结构没有过关，结果还是违反了打火机的集装箱运输的安全规定。

为此，联合国海事组织 DSC 小组委员会要求世界各国政府海事管理部门认真研究和坚决贯彻海事组织的决议和法规，坚决查处集装箱违规装运燃气打火机的各种违法事件。当然这不是说燃气打火机不可以用集装箱装运，关键是打火机内的燃气压力必须低于打火机结构材料的耐压限度。打火机包装必须紧密，避免移位和互相撞击，在载运过程中的打火机不得倒置，以免增加气体压力，冲开打火机的阀门，发生内部燃气往外泄漏。用来载运燃气打火机的集装箱必须拥有强制排气口，还有就是打火机的质量必须通过消防安全部门的严格检查，严禁任何人用任何方式把劣质打火机用集装箱远洋运输。目前国际海事组织 DSC 小组委员会正在研究有关打火机集装箱运输的安全标准、规范和措施。

二、高度关注危险品集装箱运输的严格监督

DSC 小组委员会在深入研究当前危险品集装箱运输所存在的形形色色违章案例和严重缺陷后向各个成员国政府海事安全部门和有关管理机构再次呼吁，必须高度关注危险品集装箱运输的严格监督。

《国际海运危险货物规则》从 2004 年 1 月份起开始强制执行，国际海事组织的成员国政府必须保证其国家法律把执行《国际海运危险货物规则》放在应有的执法地位上。这里必须提醒一句，在 2002 年 5 月国际海事组织海洋安全大会第 75 届会议上确认了其早期决定，通过发布第 31 套修正案在国际法上成为强制性的。

在如何看待强制性和建议性规则的问题是必须保持清醒的头脑，任何远洋承运人，托运人，尤其是国际集装箱运输公司都必须认识到，所谓建议性法规条款在重要性上与所谓强制性的法规条款是相辅相成、同样重要的，根本不存在可有可无的问题，更不存在可以“捣浆糊”的空间。

其实国际法规和国际公约中的所谓强制性条款是指本公约规定必须强制执行；而建议性是指建议各缔约国通过其国内法执行。因为联合国海事组织的法规和规则仅仅涉及海运范围，有关危险品集装箱运输（当然还包括其他模式的运输）海上和陆地相关的大量管辖空间必须由相关的国家和地区政府自己指定的法律、法规调整。

从《国际海运危险货物规则》的历年修正情况看，国际海事组织充分考虑到各个成员国的执法权利和积极性，尤其是最新一次修正案可以看出，《国际海运危险品货物规则》的实施大多涉及需要各缔约国政府和主管机关结合本国实际情况制定切实的法律和规定，或针对具体一种货物要具体分析，或属于技术方法尚无确定的统一标准。所以国际集装箱运输公司必须要高度警惕，不要掉以轻心，不要在所谓强制性和建议性中找寻方便之门，在危险品集装箱运输中投机取巧，一旦被港口国家查处严重违反危险品集装箱运输法规，等待其的将是沉重的经济罚款和国家信誉的严重损失。

无数的经验教训告诉人们，危险品集装箱运输的监督工作必须从其生产源头开始做起，好的开端等于成功的一半，如果在危险品生产加工原地就失去监管，无论是在产品本身质量，还有包装、配载、文件、证书和标记等方面存在严重缺陷，供应链上的其他环节往往难以补救，无能为力，那么这只危险品集装箱必然命运黯淡。

来源：国际商报 2004 年

本章小结

✓本章介绍了集装箱定义及其标准化，集装箱的结构、分类和标记。要求能够在掌握集装箱这些知识的基础上，服务于集装箱运输生产实践。

第三章　集装箱水路运输

本章知识要点

◇集装箱水路运输航线

◇集装箱船舶类型

◇集装箱码头及其设施

◇集装箱码头装卸工艺

第一节　集装箱水路运输航线

一、集装箱水路运输航线分类

1. 按集装箱航线的地位分类

按集装箱航线的地位，可分为干线运输和支线运输两类。

（1）干线运输　干线运输是指相对固定的世界主要集装箱航线的运输。干线运输一般货源稳定，运量大，班轮公司的实力强大，挂靠港数量少，挂靠港装卸能力强，经济腹地经济总量庞大，对货物的消化能力，或中转能力强。目前世界主要的集装箱航线有三条，即远东—北美航线，远东—欧洲、地中海航线和北美—欧洲、地中海航线。

（2）支线运输　支线运输是指在某些区域内的集装箱运输，如在亚洲区域内集装箱支线运输，欧洲与非洲之间的支线运输，北美自由贸易区的支线运输等。这些支线运输，一方面是对干线运输的中转，干线船队将某些集装箱卸在一些主要挂靠港，然后由这些挂靠港将货物通过支线船运往不挂靠的港口；另一方面是满足区域贸易的需求，将区域内各国之间贸易的货物进行交叉运输。近年来，随着全球经济一体化的发展，区域经济一体化发展也很快。经济区域集团化趋势导致国际贸易和国际投资向各个经济区域内高度集中，经济贸易集团内部贸易量不断扩大。据统计，欧洲经济区贸易量约占世界贸易总量的40%；北美自由贸易区贸易量占世界进出口总量的30%左右；亚洲区域内贸易量占这些国家对外贸易总额的70%左右。这些巨大数量的区域贸易，很大程度上依赖于区域内的集装箱支线运输。

2. 集装箱水路运输航线设计的类型

目前，集装箱水路运输航线的设计大致可分为多港挂靠的直达运输航线和干线支线中转运输航线两种类型。

（1）多港挂靠的直达运输航线　多港挂靠的直达运输航线是传统班轮营运中采用最普遍的一种航线结构。船舶每个往返航次通常要挂靠5～10个港口。这种航线结构的优点是能够将货物直接运送到目的港，可减少运输环节，具有较高的送达速度和货运质量。但如果货源并不充足，为了有限数量的货物，挂靠过多港口，无论在船期上还是在费用上都会产生浪费。限于港口自然条件和货源条件，这种航线设计往往不能采用大型集装箱船舶，装箱量一般在1 000 ~2 000TEU之间，无法更好地发挥集装箱运输的优势。因此，近年来这种具有传统特征的班轮航线结构已逐步被干线支线中转运输航线所取代。

（2）干线支线中转运输航线　干线支线中转运输航线通过支线集装箱运输，将货物集中到少数中转港，再通过干线运输将货物运往目的港。采用这种航线结构，选择的中转港一般都具有各方面的优越条件。在干线上可配大型的集装箱船，支线运输则采用小型灵活的喂给船来承担。这种航线结构可以充分发挥集装箱运输的规模经济效益，克服传统多港挂靠航线的缺点。但是，由于采用了中转运输的方法，实际的货物装卸费用将增加，并且还要支付二程船的费用；同时由于环节增多，货物实际运达时间可能延长。

二、主要集装箱水路运输航线

1. 世界三大主要集装箱航线

（1）远东—北美航线　远东—北美航线实际上又可分为两条航线，即远东—北美西岸航线和远东—北美东海岸、海湾航线。

1）远东—北美西海岸航线。这条航线主要由远东—加利福尼亚航线和远东—西雅图、温哥华航线组成。它涉及的港口主要包括远东的高雄、釜山、上海、香港、东京、神户、横滨等和北美西海岸的长滩、洛杉矶、西雅图、塔科马、奥克兰和温哥华等。涉及的国家和地区包括亚洲的中国、韩国、日本和中国的香港、台湾地区以及北美的美国和加拿大西部地区。这两个区域经济总量巨大，人口特别稠密，相互贸易量很大。近年来，随着我国经济总量的稳定增长，在这条航线上的集装箱运量越来越大。目前，仅上海港在这条航线上往来于美国西海岸的班轮航线就多达四十几条。

2）远东—北美东海岸航线。这条航线主要由远东—纽约航线等组成，涉及北美东海岸地区的纽约—新泽西港、查尔斯顿港和新奥尔良港等。这条航线将海湾地区也串了起来。在这条航线上，有的船公司开展的是“钟摆式”航运，即不断往返于远东与北美东海岸之间；有的则是经营环球航线，即从东亚开始出发，东行线为：太平洋—巴拿马运河—大西洋—地中海—苏伊士运河—印度洋—太平洋；西行线则反向而行。

（2）远东—欧洲、地中海航线　远东—欧洲、地中海航线也被称为欧洲航线，它又可分为远东—欧洲航线和远东—地中海航线两条。

1）远东—欧洲航线。这条航线是世界上最古老的海运定期航线。这条航线在欧洲地区涉及的主要港口有荷兰的鹿特丹港，德国的汉堡港、不来梅港，比利时的安特卫普港，英国的费利克斯托港等。这条航线大量采用了大型高速集装箱船，组成了大型国际航运集团开展运输。这条航线将中国、日本、韩国和东南亚的许多国家与欧洲联系起来，贸易量与货运量十分庞大。与这条航线配合的，还有西伯利亚大陆桥、新欧亚大陆等欧亚之间的大陆桥集装箱多式联运。

2）远东—地中海航线。这条航线由远东，经过地中海，到达欧洲。与这条航线相关的欧洲港口主要有西班牙南部的阿尔赫西拉斯港、意大利的焦亚陶罗港和地中海中央马耳他南端的马尔萨什洛克港。

（3）北美—欧洲、地中海航线　处于北美、欧洲、远东三大地域与经济板块另一极的是北美—欧洲、地中海航线。北美—欧洲、地中海航线实际由三条航线组成，分别为北美东海岸、海湾—欧洲航线，北美东海岸、海湾—地中海航线和北美西海岸—欧洲、地中海航线。这一航线将世界上最发达与富庶的两个区域联系起来，船公司之间在集装箱水路运输方面的竞争最为激烈。

2. 其他集装箱航线与支线运输

除以上三大集装箱航线外，世界上还存在一些规模较小的其他航线和支线运输，如远东、北美、欧洲分别开辟的赴澳大利亚航线等。

我国所处东亚地区是近年来集装箱运输发展最快的地区，居于世界集装箱港口吞吐量前几位的港口，如香港、新加坡、上海、釜山、高雄等，均集中于这一地区。这一地区主要集装箱航线又可分为四个航区：

1）日本/韩国—中国台湾、中国香港—新加坡航区。

2）东亚—东南亚航区：主要从青岛、上海南下经香港、槟榔屿、巴生、新加坡到泰国曼谷。

3）中国内地—中国香港/中国台湾/菲律宾航区：这一航区多为短程航线，均从我国大陆沿海港口出发，向南到达中国香港、马尼拉等，进行钟摆式运输。主要有上海—香港航线、天津—香港航线、天津新港—香港—马尼拉航线、黄埔—赤湾—马尼拉—高雄—香港航线等。

4）东亚—东北亚航区：这一航区从我国沿海港口出发，到达日本、韩国、中国台湾等。主要有福州—厦门—横滨—神户—香港航线、上海—青岛—釜山—香港—基隆航线等。

3. 干、支线交叉与中转港

由于集装箱船舶造价昂贵，投资巨大，其经营又以班轮运输为主，所以其水路运输的特征，必定是形成一些运量集中的干线，又形成一些主要的中转港。通过支线向中转港集聚货物，再由干线运往北美、欧洲；或由干线将货物运到中转港，再通过支线运往南亚、澳洲、新西兰等。由此以一些主要中转港为结点，形成支线与干线的集装箱水路运输网络。东亚地区集装箱吞吐量居前几位的港口，如香港、新加坡、高雄、神户和釜山，均是重要的集装箱中转港。中国香港依靠大陆大量集装箱的中转，多年来一直雄踞世界集装箱港口吞吐量的首位；新加坡则通过干线中转，将集装箱转运到马来西亚、印度尼西亚、泰国和菲律宾等东南亚国家，多年来居世界集装箱港口吞吐量的第二位，其中转箱量占总吞吐量的70%以上；中东、南亚的集装箱则先集结到高雄，再转运北美航线；而釜山则中转我国出口到美国的大量中转箱，使其吞吐量稳定上升；神户历来是日本著名的中转港，除中转日本其他港口和韩国的货物外，还中转我国出口到北美、澳大利亚、新西兰的货物。

4. 我国的集装箱内支线运输

我国内河水系发达，有优良的航道条件，在长江沿岸，已形成了颇具规模的南京、南通、张家港等集装箱港口，发展集装箱内支线运输前程广阔。我国的一些船公司和上海等大的集装箱港口已把视线聚焦于我国的内支线运输，我国的长江等主要水系的内支线集装箱运输，将逐渐成为我国集装箱水路运输的组成部分。

长江由于其优良的水道和航运条件，必将成为我国集装箱内河支线运输的主要水系。

目前由上海港向长江上游，一直到宜昌港，具有装卸国际集装箱能力的港口有上海港、南通港、张家港、江阴港、高港、扬州港、镇江港、南京港、芜湖港、安庆港、九江港、南昌港、黄石港、武汉港、沙市港、宜昌港等。这些港口中的一部分将成为长江内支线的中心港口，其余的作为支线港站。

中心港口的主要功能是提供国际集装箱进出口的装卸、中转、堆存、拆装箱等业务，以及与集装箱或货物相关的物流服务，如修理、清洗、储存及其他增值服务等。中心港码头及其拆装箱设施应按照公平、公开的原则对所有用户提供服务，充分利用现有设施，形成一定的经济规模。中心港口一般应位于区域综合运输网络的重要结点，有多种交通干线交汇，是长江干线的重要港口，具有开展集装箱多式联运的水路中转业务的条件；有中心城市作为依托，位于区域工业与经济中心，所在城市的经济实力和社会发展水平在周边地区处于领先地位，可提供一定规模的集装箱货源和信息、金融、贸易和口岸管理服务；具有较大的腹地辐射范围，集装箱运输有一定规模，现有集装箱港口具有一定规模，码头设施较好，并具有进一步扩展的条件。

支线港站是指为本地区集装箱运输服务的各种交通运输中转港站，主要为中心港口提供喂给服务。支线港站的主要功能是提供进出口国际集装箱的装卸、堆存、拆装箱及其他相应的物流服务，在保证中心港口发展的同时，围绕中心港口适当发展其腹地范围内的内陆港站。充分发挥铁路、公路和水路联运的优势，形成完善的多式联运网络系统，覆盖并扩大长江多式联运的影响范围。支线港站及其拆装箱设施应按照公开、公平的原则对所有用户提供服务，并应达到一定的经济规模。

知识卡　　**世界海运量规模**

世界各国外贸海运量的规模与构成同它的经济水平和结构有密切关系。发达国家物质基础雄厚，造船业发达，垄断世界商船、保险和验船业务，操纵国家航运组织。此外，发达国家还通过资本输出，控制发展中国家的商船队。20 世纪 50 年代以来，发达国家登记的船舶总吨数一直占世界的 70% 以上。其中日本、英国、美国、希腊、挪威、前苏联都拥有庞大的商船队。因此，发达国家海运业具有商船总吨位大，运量大，卸货量大于装货量，出口工业品，进口原料、燃料的特点；而发展中国家则反之，运量小，主要出口原料、燃料，进口工业品，装货量大于卸货量。海上运输的国际贸易货运量在各大洋的分布也是不平衡的，其中，大西洋航线为最大，太平洋航线次之，印度洋航线最小。

训练与提高

一、填空题

1. 目前，世界主要的集装箱航线有三条，即__________航线，__________航线和__________航线。
2. 我们通常把在某些区域内的集装箱运输，包括集装箱内河和沿海运输，称为________运输。
3. 集装箱水路运输航线的设计大致可分为__________运输航线和__________运输航线两种类型。

二、名词解释

1. 干线运输：
2. 支线运输：
3. 中转港：

第二节　集装箱船舶及集装箱水路运输相关方

一、集装箱船舶类型

集装箱船舶是随着集装箱运输发展而产生的一种特殊船型，由于集装箱运输航线的货源情况变化、集装箱联运业务的发展以及船舶营运的需要，促使集装箱的装载方式发生了变化，由此产生了许多不同种类的集装箱船舶。就目前而言，可以装载集装箱的船舶大致可分为以下四种：

1. 普通货船(Conventional Ship)

在普通的杂货船上装运集装箱，就是在同一个货舱内将集装箱与一般件杂货混装在一起，故这种船又可称为混载型船。通常，采用普通货船时，集装箱选择在货舱舱口部位以及在上甲板上进行装载。

2. 兼用集装箱船(Convertible Container Ship)

又称为可变换的集装箱船，这种船舶在舱内备有简易可拆装的设备。当不装集装箱而装运一般杂货或其他散货时，可将其拆下。散/集两用船(Bulk-Container Carrier)或多用途船(Multipurpose Carrier)都属于兼用集装箱船。

3. 半集装箱船(Semi-container Ship)

这种船舶一部分货舱设计成专供装载集装箱，另一部分货舱可供装载一般件杂货。集装箱专用舱一般是选择在船体的中央部位，这种船也称为分载型船。

4. 全集装箱船(Full Container Ship)

船舶的所有货舱是专门为装运集装箱而设计的，不能装载其他货物，这种船也称为集装箱专用型船，如图 3-1 所示。

资料库　**世界上最大的集装箱船舶**

截止到 2008 年初，马士基的 PS 级船只类别是世界最大的集装箱运载船，船长 397.7m，宽 56.4m，高 76.5m，可载箱量为 1.1 万 TEU。其长度比世界最大的航空母舰美国海军尼米兹级航空母舰还要长 60m，垂直竖起来比艾菲尔铁塔还高。一艘船舶所装载的集装箱若用火车运输，车厢的总长度将达到 71km。另外，该类别集装箱船舶还是目前世界上最环保、设备最先进的集装箱船舶，高度自动化，用计算机系统全面监控，仅需 13 名船员操作。

除上述属于吊装方式的普通船舶以外，还可以采用滚装船和载驳船的运输方式。

滚装船又可称为开上开下型(Roll On/Roll Off-RO/RO)船，如图 3-2 所示。用这种船舶在码头装卸集装箱不需要码头的装卸设备，而是利用船舷、船首或船尾处的开口跳板，将集装箱连同底盘车一并拖进(出)船舱。滚装式集装箱船较吊装式集装箱船的优点是通用性较大，

图 3-1　吊装式全集装箱船舶

图 3-2　滚装式集装箱船

不仅可以装载集装箱和各种车辆，还可装运其他超大件货物；装卸货可不间断地进行流水作业，效率高，而且不受码头装卸设备的限制。其主要的缺点是舱容利用率低，船舶造价较高。滚装船多用于近洋或沿海短航线运输，特别是在采用水陆联运方式时能收到较好的经济效果。

载驳船(Barge Carrier)，又称子母船。既将驳船装入母船体内，集装箱则装在驳船上，而海上运输由母船完成。采用载驳船方式可以加快母船的周转，简化对码头设施的要求。载驳船比较适合于江海联运的情况。

二、集装箱船舶结构

集装箱船与普通杂货船在船体结构方面有明显的不同，集装箱船的结构特点与集装箱的载运及装卸方式密切相关。下面介绍吊装式集装箱船舶(Lift on & Lift off Full Container Ship)的结构特点。

这种集装箱船舶的装船、卸船是采取吊进、吊出的操作方式，在这种集装箱船舶上一般不设起重设备，而是利用岸上专用的集装箱装卸桥进行装卸。

吊装式全集装箱船结构特点如下：

1）吊装箱船的机舱基本上设置在尾部或偏尾部。这样布置主要是为了使货舱尽可能地方整，以便更多地装载集装箱。

2）集装箱船船体线型较尖瘦(许多集装箱船舶的方形系数小于0.6)，外形狭长，船宽及甲板面积较大，以保证较高的航速和合理的甲板装载。为防止波浪对甲板上集装箱的直接冲击，设置较高的船舷或在船首部分设置挡浪壁。

3）集装箱船为单甲板，上甲板平直，无舷弧和梁拱，一般不设置起货设备，在甲板上可堆放2~6层集装箱，直接堆装在舱口盖上，并有专用的紧固件和绑扎装置，以利于固定货箱。

4）船体由水密横舱壁分隔为若干货舱，货舱口大，有的船呈双排或三排并列。货舱口宽度等于货舱宽度，可达船宽的70%~90%，以便集装箱的装卸和充分利用货舱容积。

5）货舱内装有固定的格栅结构，以便于集装箱的装卸和防止船舶摇摆时箱子移动。格栅结构由角钢立柱、水平桁材和导箱轨组成，如图3-3所示。在装卸时，集装箱可通过导箱轨顶端的喇叭口形的导槽，顺着导箱轨顺利地出入货舱。装在舱内的集装箱被放置在格栅结构的箱格中，因此无需紧固。

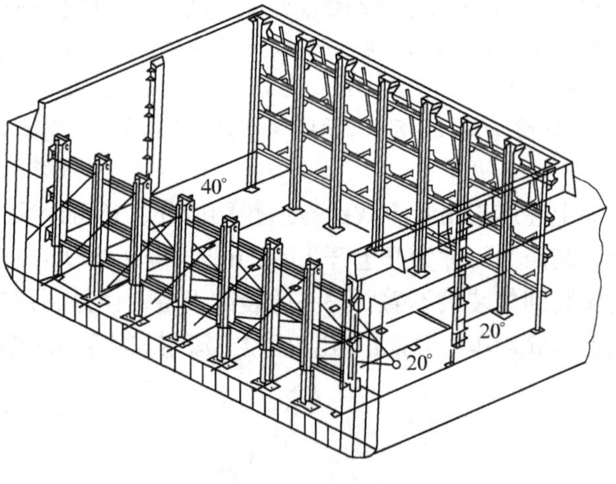

图3-3 集装箱船舶箱格导轨结构

6）船体为双层结构，具有两重侧壁和双层底。一般船体两侧和船底部不能装载集装箱的部位设置边深舱(舱口围板向舱内的延伸部分与船侧外板形成的双层壳结构)和双层底舱，可装压载水以调整船舶的稳性。这种结构大大地增强了船舶的纵向强度。

三、集装箱水路运输相关方

集装箱水路运输的参与各方，除托运人与收货人外，还有以下一些相关方：

1. 集装箱班轮公司

这是集装箱水路运输的主角，它完成集装箱海上与内河的航运任务，是集装箱水路运输的主要参与方。从事集装箱水路运输的主要是各集装箱班轮公司。

2. 集装箱码头公司

它完成集装箱水路运输起点和终点的装卸任务。在起运港，承担集装箱整箱货的集货、装卸和拼箱货的集货、装箱、装卸任务；在目的港，承担集装箱整箱货的装卸、疏运交接和拼箱货的装卸、拆箱和送达任务。集装箱码头通常拥有一定面积的堆箱场和集装箱货运站，具备相关业务的处理能力。

3. 无船承运人公司(NVOCC,Non-Vessel Operating Common Carrier)

无船承运人，是指在集装箱运输中，经营集装箱货运，但不经营船舶的承运人。无船承运人的主要特征：

1）是国际贸易合同的当事人。

2）在法律上有权订立运输合同。

3）本人不拥有运输工具。

4）有权签发提单，并受提单条款的约束。

5）由于与托运人订立运输合同，所以对货物全程运输负责。

6）具有双重身份：对货物托运人来说，是承运人或运输经营人；而对实际运输货物的承运人而言，又是货物托运人。

4. 集装箱租箱公司

集装箱租箱公司购置一定数量的集装箱，专业从事租箱业务，同时进行箱务管理，一般还经营堆箱场，专门满足货主与船公司对集装箱空箱租赁的需求。集装箱租赁公司的业务范围包括出租、回收、保管、维修集装箱。

5. 集装箱船舶租赁公司

集装箱船舶租赁公司提供集装箱船，满足集装箱班轮公司对船舶的需求。

6. 国际货运代理人

国际货运代理人公司，专门为货主代理各类货运业务。国际货运代理人代理的主要业务包括：

（1）订舱　代理货主向集装箱班轮公司订舱。

（2）报关　代理货主将进、出口集装箱货物向海关保送、结关。

（3）拆装箱　即对整箱货和拼箱货，代理货主安排集装箱货运站进行空箱装箱与重箱拆箱。

（4）理货　对集装箱装、拆箱进行理货。

（5）租箱　代理货主或船公司向租箱公司租用集装箱，并按合同归还空箱。

（6）办理集装箱装卸业务　即代理货主安排在起运港码头将集装箱装上船舶，并在目的港码头将集装箱卸下船舶。

（7）货物保险　代理货主办理各种运输保险业务。

知识卡 **货物运输船舶的特征**

1）船籍和船旗。每艘船舶都应该有船籍，船籍是指船舶的国籍，是由船舶所有人在某一个国家进行船舶登记，登记后取得该国国籍并有权悬挂该国国旗。船舶有义务遵守船旗国法律的规定并享受船旗国的保护。

2）船级。船舶要在船级社进行入级检验，以取得船级。船级是表示船舶技术状况的一种标志，即指船舶船壳构造及其机器设备保持一定的标准而划分的等级。它是船舶具有适航性的重要条件和标志。船级对海上保险、买卖租赁船舶等具有重要的作用。

3）登记吨位。登记吨位是按有关国家主管机关指定的丈量规范的规定所丈量的船舶容积，以吨位表示其大小。根据船舶丈量的范围和用途不同，登记吨位可分为总吨位、净吨位和运河吨位。

4）货舱容积。货舱容积按照所装载的货物不同，可分为散装容积和包装容积。

5）载重吨位。载重吨位表示船舶在营运中能够实际装载货物的能力。载重吨位可分为总载重吨和净载重吨。总载重吨是指船舶根据载重线标志规定所能装载的最大限度的重量。净载重吨是指船舶所能装载货物的最大限度重量，又称载货重吨。

训练与提高

一、填空题

1. 集装箱船舶货舱内装有固定的______结构，以便于集装箱的装卸和防止船舶摇摆时箱子移动，在装卸时起______作用，在航行时起______作用。

2. 集装箱租赁公司的业务范围包括______、______、______、______集装箱。

二、简答题

什么叫无船承运人公司NVOCC？简述无船承运人公司的主要特征。

第三节 集装箱船舶配载

集装箱船舶配载是整个码头作业系统中的重要一环，配载工作质量的高低，直接关系到码头装船作业的质量和效率，关系到集装箱班轮的船期，同时也影响到码头的声誉。因此现代集装箱码头十分重视船舶配载的工作质量，设置专门的配载岗位，采用专人专职的管理制度，加强集装箱船舶的配载工作。集装箱船舶配载需要一定的专业知识和业务经验，本节主要就集装箱船舶配载的基础知识做一些介绍。

一、集装箱船舶配载概述

1. 集装箱船舶配载的含义与作用

（1）集装箱船舶配载的含义　所谓集装箱船舶配载，是指把预定装载出口的集装箱，按船舶的运输要求和码头的作业要求而制订的具体装载计划。配载必须满足船舶的运输要求，现代集装箱船舶载箱量很大，尤其是甲板载有大量集装箱，这使得对集装箱船舶的安全要求更高。同时，集装箱货物通常以中高价货为主，货物的运输安全显得十分重要，配载就是要按照船舶既定的技术规范，科学合理地分配每一个集装箱在船舶上的具体位置，以保证船舶的航行安全和货物的运输安全。配载还应兼顾码头的作业要求，现代集装箱码头配置了大量集装箱专用机械设备，设定了专门的集装箱装卸工艺，具有连续、高效、大规模的生产特点，因此配载还要按照码头作业要求，使码头能合理、有序和有效地组织生产作业。

（2）集装箱船舶配载的作用

1）满足船舶稳性、吃水差、负荷强度、抗剪强度等技术规范，保证船舶的安全航行。

2）满足不同货物的装运要求，保证货物运输的安全质量。

3）充分利用船舶的运输能力，提高船舶的箱位利用率。

4）合理安排堆场进箱计划，减少翻箱倒箱，提高堆场的利用率。

5）有效组织码头装船作业，提高生产作业效率。

6）码头装船作业签证的原始依据和吞吐量的统计资料。

2. 集装箱船舶配载所需的资料

（1）集装箱船舶资料

1）集装箱船舶箱位容量和箱位分布。集装箱船舶的箱位容量是配载必须掌握的极限数据，一般配载是不能超过这个数值的。在掌握箱位容量的同时，应了解船舶20ft箱和40ft箱的最大容量，这是因为在一些箱位上20ft箱与40ft箱是不能兼容的。此外，还应了解船舶冷藏箱箱位的多少及其分布、船舶对危险货物装载的限制，以保证冷藏箱和危险货物箱的安全装运。

2）船舶堆积负荷强度。船舶堆积负荷强度包括舱底和甲板所设集装箱底座所允许堆积的集装箱最大重量，配载时必须做到无论舱内还是舱面，每一列集装箱的总重量不能超过船舶规定的堆积负荷强度。

3）船舶的长度、宽度和吃水要求。船舶的长度一般包括总长（LOA）和两柱间长（LBP）。船舶的总长是指船舶的最前端至最尾端的水平距离，该参数不仅是船舶靠泊的依据，也是配载人员考虑装卸作业路数的依据。船舶的两柱间长是指从船舶艏柱前缘至艉柱后缘的水平距离，该参数是配载后计算船舶吃水差的必需数据。

船舶的宽度通常是指型宽，即船舶两舷之间的最大水平距离，它是配载人员考虑安排不同外伸距集装箱装卸桥的依据，也是计算船舶摇摆周期和确定船舶初稳性高度范围的必需数据。

船舶的吃水通常是指满载吃水，它是配载人员必须掌握的极限吃水。此外，由于现代集装箱船舶的大型化，吃水较深，配载人员还应考虑本码头及其航道的水深状况，必要时应减少配箱，以保证船舶顺利出港。

4）冷藏箱位和对危险货物箱的装载限制。集装箱船舶通常设有一定数量的冷藏箱位，以供冷藏箱装运，这是配载冷藏箱的最大数值。同时，每艘集装箱船舶对危险货物都有一定的装载限制，尤其对危险货物装载要求更严格。

5）空船重量和常数。空船重量是指新船出厂或上坞修理后的船舶重量，不包括任何装运于船上的货物、燃油、水、船员、粮食等重量；常数是指油舱内的油垢、水舱内的水垢、集装箱绑扎工具等重量，这些重量既不计入载货重量，也不计入空船重量，且在一定时期内较稳定，故称为常数。这两个参数是配载后计算船舶稳性和吃水差的必需数据。

6）稳性和吃水差计算书。集装箱船舶建成出厂后，其尺寸、形状、结构已定，为了减少每次配载后的繁杂计算，可根据船舶既定的特点，事先计算出船舶在不同排水量情况下的各项数据，并用表格形式编制成稳性和吃水差计算书。配载完成后，可根据船舶排水量直接查取所需的各项数据，从而可大大简化稳性和吃水差的计算，提高计算的速度和准确性。

（2）堆场集装箱资料

1）集装箱装箱单。集装箱装箱单是详细记载箱内货物情况的单证，包括货名、重量、包装、件数等，同时装箱单还提供了配载必需的信息，包括箱号、关封号、提单号、箱尺寸、箱型、箱总重量以及船名航次、装船港、卸船港等。装箱单是配载人员安排集装箱在船舶箱位的必需单证。

2）装货单。装货单是场站收据的第五联，是出口报关的必需单证，配载人员应认真审核装货单，只有加盖海关放行章的装货单上所列明的货物，才能配载装运出口。

3）特种箱清单。指冷藏箱、开顶箱、框架箱、平台箱、罐状箱等特种集装箱，对配载有特殊的要求，配载人员可通过特种箱清单事先了解有哪些特种箱以及每种特种箱的数量，为配载做好充分考虑和准备。

4）危险货物箱清单和危准单。危险货物箱清单向配载人员提供了该航次危险货物箱的数量、箱型、尺寸，并提供箱内危险货物的名称、重量、国际危规类别等资料，配载人员可据此掌握这些危险货物箱的配载要求或直装要求。危准单是“集装箱危险货物装箱证明书”的简称，由海事局核准签发，集装箱码头凡进行危险货物集装箱装船作业，发货人必须递交危准单，否则不予配载装船。

对于集装箱码头配载人员在配载作业时尚需利用预配船图和集装箱的堆场位置等资料。

5）预配船图。预配船图是船公司或船代根据订舱资料并综合考虑航线挂靠港情况而编制的船图，它是集装箱码头配载人员在配载作业时应用的重要依据。

6）集装箱的堆场位置。出口集装箱进入集装箱码头堆放后，每个集装箱都有一个相应的堆场箱位，掌握集装箱在堆场的具体位置，可以方便配载人员根据码头作业的特点进行配载，减少翻箱倒箱，提高装船作业效率。

二、集装箱船舶配载应满足的要求

集装箱船上配载必须根据船舶的具体要求，结合船舶、货物、航线、港口的实际情况，把一定数量的具体集装箱安排在船舶的具体箱位中，并满足保证船舶性能、货物质量、航线制约、港口作业等多方面的要求。因此，集装箱船上配载是一项多目标优化的系统工作。

1. 充分利用船舶集装箱箱位容量和船舶净载重量

为了能提高集装箱船的营运经济效益，和普通货船不同的是，集装箱船存在一个如何充分利用船舶装箱容量的问题。表征集装箱船装箱容量的大小，通常可从以下几个方面来衡量：①标准箱容量(TEU)；②20ft 集装箱容量；③40ft 集装箱容量。此外还有承运特殊集装箱的容量，集装箱船要承运特殊性质的集装箱往往要受到许多条件的限制，如承运冷藏箱时，其数量要受到船舶供电电源的限制；承运超限集装箱可能需要占用两个或更多的箱位，因此这时的装箱数就达不到集装箱船装箱容量的指标。弄清楚本船的装箱容量，对于能否承运更多的集装箱非常重要，否则就会出现箱位不够而必须退箱或浪费箱位的现象。当航次40ft 集装箱的数量超过船舶40ft 集装箱容量，而此时20ft 集装箱箱位有富裕时，可以及时通知船公司或代理，要求将多出的40ft 集装箱货物改换成20ft 集装箱装载；当航次冷藏箱数量超过船舶冷藏箱容量时，可以依据装货港条件，超容量冷藏箱数量，冷藏箱运费和箱位富裕情况等资料进行技术经济论证，研究是否能承租于甲板上的流动电站集装箱，用以向超容量的冷藏箱提供电源，以增加船舶承载冷藏箱的能力。另外在装货港箱源充足的条件下，选配超限集装箱或其他特殊集装箱箱位时，应尽量减小承运此类集装箱所引起的箱位损失数量。

集装箱船舶的稳性特点决定了其压载水使用的必要性，这使得集装箱船舶在完成集装箱运输任务的同时，必须将不能产生经济效益的压载水从一港运往另一港，造成运力和能源的浪费。为此，要求我们在保证人员、船舶和货物安全的条件下，寻求最优的船舶配载方案，尽量减少压载量，提高船舶的集装箱载重量和减少船舶航行阻力。因此，努力提高集装箱船舶配载计划的编制水平，合理确定不同卸货港轻重集装箱在舱内和舱面的分配比例，减少用于降低船舶重心高度所需打入的压载水，是充分利用集装箱船载重能力的主要措施。同时，还应合理确定航次油水补给方案。集装箱船由于航速快，每日消耗的油水重量大，中途挂靠港口又较多，因此在航线箱源充足的情况下应重视航次油水补给方案的经济论证，当船公司因减少油水储备而增加的装箱数量收取运费所获利益超过因采取中途港油水补给所引起的一切额外费用支出时，则应选择在中途港补给油水的方案。

2. 满足集装箱船舶稳性要求

由于集装箱船舶经常在甲板上装载数量较多的集装箱，故其重心高度比一般货船高，且吃水线以上受风面积大，对船舶稳性更为不利。另外，在装卸时由于左右重量的不均衡将使船舶产生较大的横倾，这是集装箱船舶的横倾限制所不允许的。为了保证船舶的安全，必须使其具有足够的稳性。但是，集装箱船舶的稳性又不能过大，如稳性过大，船舶横摇周期过短，又会使甲板上的集装箱具有较大的加速度，从而对集装箱本身的强度及坚固设备和绑扎索具的受力带来严重不利的影响，甚至使集装箱移动、倒塌。可以看出，对集装箱船舶提出的稳性上限要求具有其特别的实际意义。为了使得集装箱船舶稳性合适的范围，主要通过以下几种途径获得：

1）控制舱内和舱面所装集装箱的重量处于合适的比例范围。

2）在堆装高度上采用轻重箱的组合方案。

3）利用计算机配载软件按预配方案输入，进行稳性预算，在演算基础上，根据情况进行调整。

4）利用压载水的打进或排出来调整船舶重心高度，从而达到调整船舶稳性的目的。

3. 满足集装箱船舶强度和吃水差的要求

对于船舶的纵向强度和吃水差，由于两者都是船上重量的纵向分布情况决定的，所以在配载时应统筹兼顾。通常可以采用以下一些方法：合理配置各排集装箱重量，宜在船中部配装一些重量较大的集装箱；合理安排各卸货港集装箱的箱位，适当分装于不同的箱排处；通过合理压载来改善船舶纵向受力、吃水差状态并满足航行对最小吃水及吃水差的要求；利用配载软件对实际装载状态的总纵强度和吃水差、首尾吃水予以校核。

在保证船舶抗扭强度和横向强度方面，应做到各排集装箱横向上箱重均匀分布，各压载舱及其他舱室载荷重量也应左右对称分布。在确定集装箱的垂向箱位时，应当保证舱内和甲板上每列集装箱总重分别不超过其装箱底座上的允许堆积负荷，以满足船舶局部强度的要求。

4. 满足集装箱船舶箱位配置及其堆装要求

集装箱船舶的配载既要满足特殊箱（如危险货集装箱、冷藏集装箱、平台集装箱等）的装载要求，也要满足普通箱的装载要求。

危险货集装箱应配置在远离机舱、热源及船员生活、工作区，且便于监视和抛弃，又有良好的通风的安全处所。同一船舶常常有些货舱的设计决定了不容许装载任何危险货箱，另一些货舱的设计仅限于配载《国际海运危险货物规则》(简称为《国际危规》)定义的几类危险货箱。因此，在为集装箱船舶选配大量仅限于舱内配载的危险货集装箱时，必须考虑船舶的这一限制条件。同时，应按箱内的危险货物的正确学名或联合国编号，查阅《国际危规》，确定不同危险品集装箱之间的具体隔离要求，严格配装。

冷藏集装箱装船后多数需要船舶电站连续提供电源。受船舶电站容量和电源插座位置的限制，每一集装箱船所能承运的冷藏集装箱最大数量和装箱位置通常是确定的，不能任意配置。

平台集装箱只能配置于舱内或甲板上最高一层，它的上面不能再堆积任何集装箱。此类集装箱由于经常装大件设备，所以配载时还应按超长、超宽或超高箱进行配位。

在普通箱的装载上，要考虑40ft箱、20ft箱的装载问题，在许多集装箱船上，有只能装载20ft箱的箱位、只能装载40ft箱的箱位和可以交替装载20ft箱、40ft箱的箱位三种。当20ft箱、40ft箱混装时，一个基本原则是，40ft箱上面不可配装20ft箱，而20ft箱上能否配装40ft箱则视箱位的具体结构而定。在轻、重箱装载问题上，要做到重箱在下，轻箱在上；强结构的在下，轻结构的在上；避免出现重箱压轻箱现象。

5. 满足集装箱装卸顺序和快速装卸要求

集装箱船通常中途挂靠一个以上港口，且往往多线作业，装卸同时进行，港口作业机械效率很高，船舶在港停泊时间短。因此，合理选配箱位，满足集装箱装卸顺序和快速装卸要求，对确保船舶安全准班，减少不必要的港口费用支出具有重要意义。一方面，编制集装箱配载计划时，要对船舶在整个航线的挂靠顺序、各挂靠港箱源情况、船舶舱盖形式、港口管理规定等进行综合考虑，避免或尽量减少中途港发生捣箱现象；另一方面，要考虑集装箱泊位各装卸桥装卸时间均匀分配和装卸桥自动吊具、大车沿岸移动时间等问题，以满足船舶快速装卸的要求。

6. 合理确定甲板装箱数及堆积层数

由于集装箱船舶货舱容积利用率比较低，为了充分利用其装载能力，一般都在甲板上堆装一定数量的集装箱。集装箱船舶的甲板装箱数一般为总箱数的1/3～1/2，堆装层数为2～6层。

在确定甲板装箱数及堆装层数时，需考虑的因素包括：

1）甲板装箱数与舱内装箱数应保持适当的比例。为保证船舶具有合适的稳性，货舱内装箱的总重量一般都大于全船装箱总重量的60%。有些船舶稳性较差的船舶，其比重还要增加。

2）货箱堆积层数应考虑甲板及舱盖局部强度的限制。确定堆积层数时，不允许超过甲板和舱盖的每一单元箱位堆积负荷的允许值。

3）应保证船舶驾驶员视线的良好。特别是在甲板上配置超高箱时，其堆积高度不应妨碍驾驶台瞭望的视线。对于尾机型的集装箱船舶，应尽可能减少近首部甲板上的堆积层数。

三、正确编制船舶配载图

集装箱船舶在装箱前应编制配载图。集装箱在船上的配置位置及堆装情况用图的形式加以标示，这个图就称为集装箱船舶的配载图。

1. 船舶配载图的表示方法

集装箱在船上的位置需要用一个空间位置来表示。因此，集装箱在船上的位置可以用三维坐标来确定，三维坐标用排(或行)(Bay)、列(Row)、层(Tier)表示。这种用三维坐标6位数字用表示的集装箱在船舶上的具体位置，即称为船舶箱位号，前2位表示排(或行)位，中间2位表示列位，后2位表示层位。

（1）排(行)号(Bay Number)　集装箱在专用船上的纵向积载位置。编号方法是，从船首至船尾依此编号，当装载20ft集装箱时，按以奇数顺序编号01，03，05，…表示；当装载40ft集装箱时，按以偶数顺序编号02，06，10，…表示。装40ft集装箱时，是装在两个20ft箱子的位置上，因此，即以两个20ft箱子的排号中间的偶数编号表示，如图3-4所示。

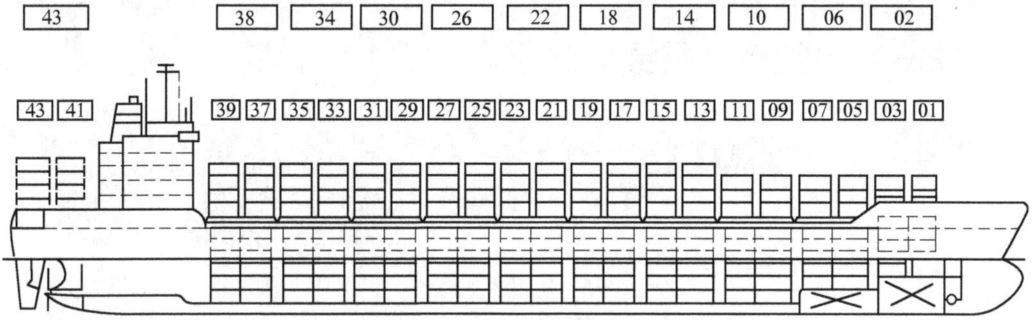

图3-4　集装箱船舶的行排列法

（2）列号(Row Number)　集装箱在专用船上的横向积载位置。编号方法是从中间往左右方向编号，左舷为单号，由中线向左编为：01，03，05，…，中线向右舷编双号：02，04，06，…，如总列数为奇数时，则处于首尾线上的箱格列号为00，如图3-5所示。

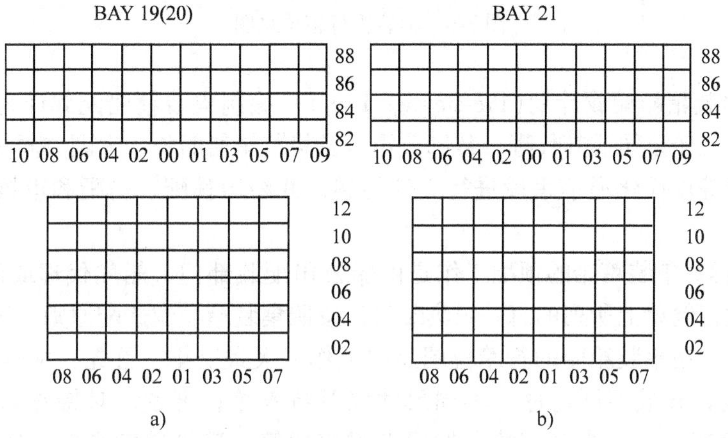

图3-5　集装箱船舶列和层的排列图

（3）层号(Tier Number)　集装箱在专用船上的垂向积载位置。编号方法分甲板和舱内两种，甲板上的编号以舱盖为基准，自下而上依此编号02，04，06，…；舱内的编号以舱内最下一层为基准，自下而上依此编号82，84，86，…，如图3-6所示。

2. 集装箱船舶的配载过程

集装箱船配载通常需要经历下列几个过程：

（1）编制集装箱船“航次订舱单”　航次订舱单是船公司航(箱)运部门或其代理根据货主的托运申请为特定船舶具体航次分配待运集装箱的清单。该清单通常按不同卸港、重量和不同箱类型列出，对特殊箱有必要的备注。

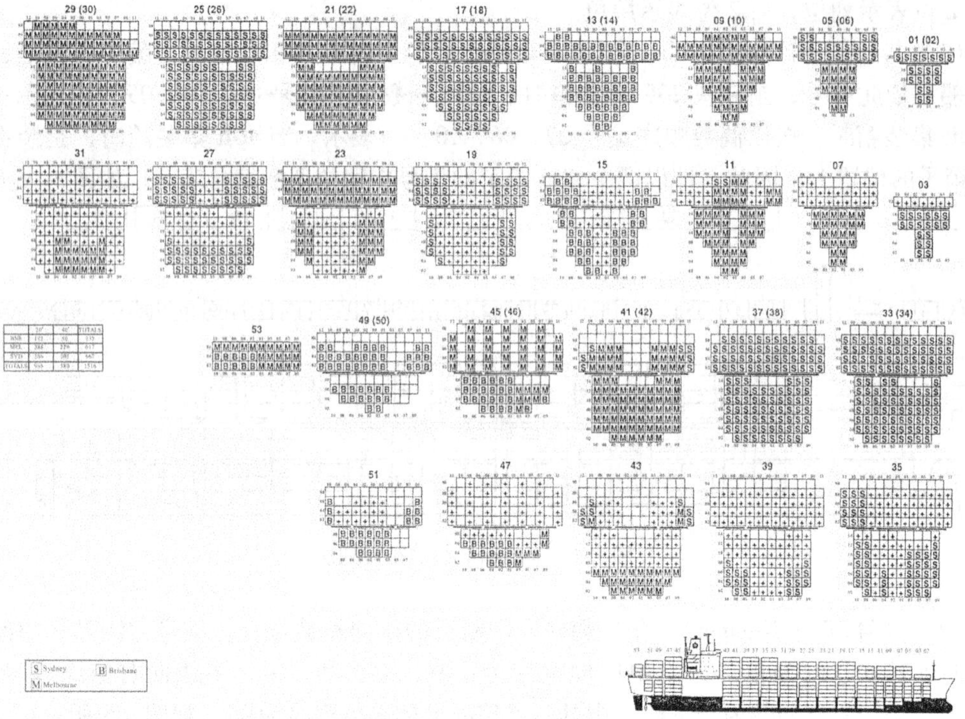

图 3-6　集装箱行箱位总图

（2）编制集装箱船配载计划（Pre-stowage Plan）　编制集装箱船配载计划通常的做法是借助于计算机，在船公司或其代理、装卸公司以及集装箱船船长、大副共同参与下，依靠传真、计算机网络等现代化通信手段进行文件传递，并经历预配、初配和审核三个过程才能完成。

1）预配过程。集装箱船的预配工作是由船公司配载部门、船舶代理或船上大副承担。其任务是将航次订舱单上所列的每一只集装箱，按照集装箱箱位选配原则，满足装卸顺序和快速装卸等要求，在集装箱船的行箱位图总图上作一大致安排。首先，配载人员将订箱单进行清理、分类，分成不同港序、不同尺寸以及特殊箱；再者，对特殊箱定位，如危险品箱、冷藏箱及超高、超宽箱定位，然后考虑普通箱，满足装卸港序、船舶强度、稳性的要求，强度体现在沿船长方向上的箱子分布情况而稳性体现在甲板、舱内箱子的分配上，最后绘制船舶预配载图。该图所确定的航次装载方案通常需在计算机上的专用装载计算系统作粗略核算，以保证船舶各项指标符合要求。该图绘制后需及时送交集装箱装卸公司。

2）初配过程。集装箱装卸公司掌握着航次装船集装箱的动态，并负责这些货箱在码头的聚集并安排在堆场的箱位。为保证集装箱装船过程有序而快速，在装船前装卸公司通常需要将装船集装箱按一定顺序安排于码头特定的堆场上，并编制集装箱装箱顺序表。装卸公司的集装箱配载员根据装箱集装箱在堆场上的堆码情况，在既满足船舶预配载计划的总体要求，又能减少码头堆场集装箱作业量的条件下，借助于集装箱计算机装载计算系统，在集装箱船的行箱位总图和行箱位图上按规定格式填入详细的集装箱数据。

3）审核过程。集装箱船的初配载计划在集装箱装船作业开始前送交集装箱船长和大副作全面审核。船长和大副对初配载计划按照集装箱箱位选配的基本原则以及满足装卸顺序和快速装卸要求，结合航线状况、本船航次油水的配置和消耗、船舶的装载特性、途中各挂靠港口的作业特点等内容，并保证船舶和货物运输安全的条件下，在船舶计算机上利用集装箱装载计算系统进行船舶各项性能指标的全面核算。如对初配载计划有任何修改意见，船方应通过代理或直接与装卸公司协商解决。只有经船长和大副核准并签字后，该初配计划才能作为知道船舶装箱作业的正式积载计划。

集装箱的配载图必须达到如下要求：保证船舶纵断面的强度和船舶的稳性；保持理想的吃水差，使船舶取得最好的航行性能，即具有良好的操纵性和快速性；最合理地利用船舶的载重量和舱容；保证集装箱在舱内完整无损及在甲板上的安全；要考虑便于装卸作业；多港装卸时，必须注意，集装箱的装载应避免对后面港口的集装箱装卸造成翻舱现象。

（3）编制集装箱实配载文件　集装箱积载计划在装箱过程中会因某些原因需要做一些修改。船舶装箱完毕后，由船舶理货员依据现场记录负责绘制集装箱实配积载图，船上大副负责进行实际装载条件下船舶稳性、强度、吃水和吃水差的核算。可以知道，集装箱船装箱的计划配载图是装卸区据以装箱的依据，而实际积载图是装卸区据以卸箱的依据。实配积载文件内容通常包括：

1）全船行箱位总图（封面图，行箱位断面总图）如图3-6所示。

2）各行箱位图（分图）如图3-7所示。

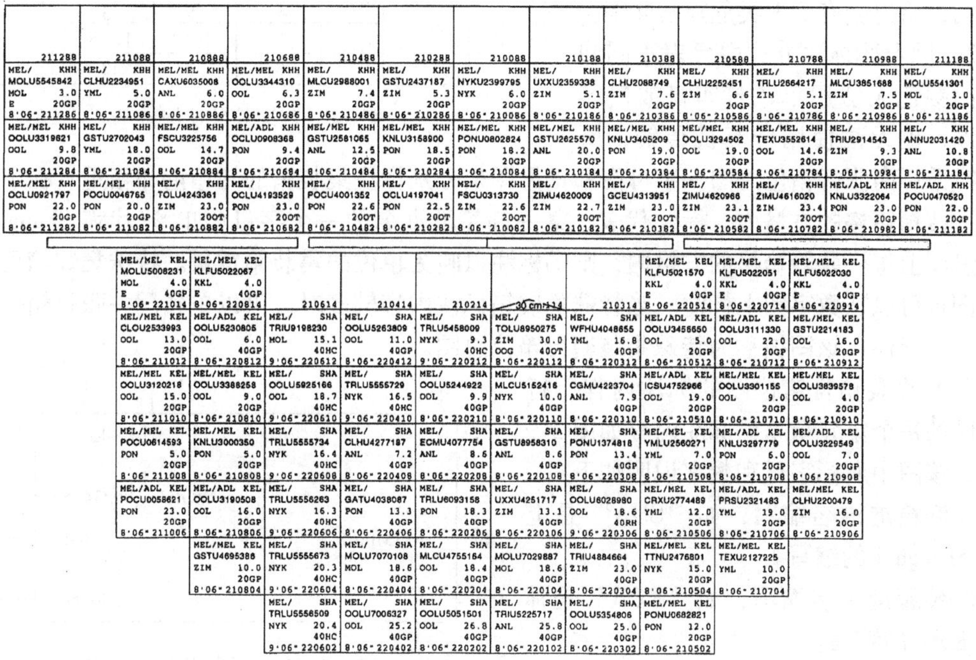

图3-7　集装箱行箱位图

3）集装箱装船统计如图3-8所示。

4）船舶稳性、强度和吃水核算结果。

3. 集装箱船舶配积载图的标注方式

集装箱船舶配积载图通常由全船行箱位总图和各行箱位图组成。

（1）集装箱箱位总图的标注方式 集装箱箱位总图包括整个集装箱船舶全部排位的横剖面缩影图，将集装箱船上每一装20ft箱的行箱位横剖面图自船首到船尾按顺序排列而成的总断面图。该图只标明集装箱的装载位置，从图上可以总览全船的箱位分布情况。总图通常有两种标注方式：

1）在总图上每一小方格内，标注以吨为单位的集装箱重量数据，并涂以代表集装箱不同卸港的特定颜色。方格内标以“×”表示该箱位已被40ft箱所占用，即用在同一舱内（或甲板上）相邻的前后排两个小方格表示，前排的小方格内标明卸货港代码，后排的小方格内用“×”表示。对特殊集装箱箱位，则在其箱位方格上划圈并在适当位置加以标注。如“R”表示冷藏集装箱，“D6.1”表示危险品集装箱，箱内装有6.1类危险货物等。

PORT OF LOADING

DISCHARGE PORT	ROTATION	SHK 20' F	SHK 40' F	TOTALS	
SYD	ANL	35.0 / 4	37.0 / 5	72.0 / 9	696.8 / 63
	NYK	20.0 / 2	13.0 / 1	33.0 / 3	
	OOL	35.0 / 5	124.0 / 7	159.0 / 12	
	PON	145.6 / 16	55.0 / 5	200.6 / 21	
	ZIM	84.8 / 9	147.4 / 9	232.2 / 18	
MEL	ANL	20.0 / 1	5.0 / 1	25.0 / 2	388.8 / 37
	NYK	4.0 / 1	18.0 / 2	22.0 / 3	
	OOL	27.0 / 5	8.0 / 1	35.0 / 6	
	PON	24.0 / 4	104.0 / 9	128.0 / 13	
	ZIM	77.7 / 8	101.1 / 5	178.8 / 13	

图3-8 集装箱装船统计

2）因上述标注方式中代表不同卸箱港的颜色无法用单色打印机或复印机制作，也无法使用传真机传输，所以有时采用两张行箱位总图—字母图和重量图来分别标注集装箱的卸箱港和箱重。在字母图上每一装箱箱格的方格内，标注代表，某一卸箱港港名的一个字母（如“S”代表Shanghai）。在重量图上每一装箱箱格的方格内，则仍标注以吨为单位的集装箱重量。特殊集装箱可以在字母图也可以在数字图上标注。当特殊集装箱标注内容较多时，可以单独用一张行箱位总图特别予以标注，该图被称为特殊集装箱行箱位总图。

（2）集装箱行箱位图的标注内容 行箱位图的每个集装箱箱位标注内容如图3-9所示，该图中所标字母和数字说明如下：

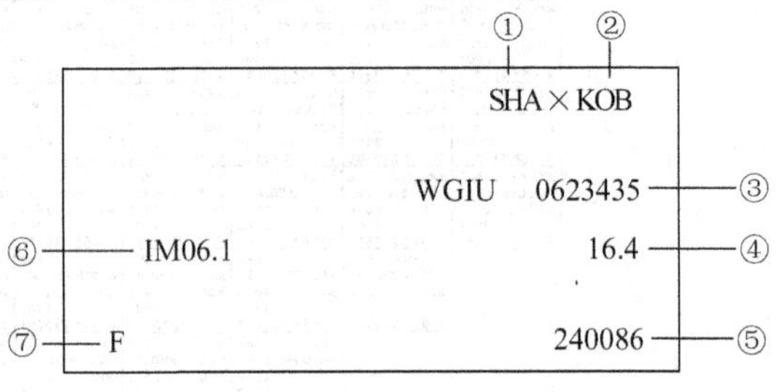

图3-9 集装箱箱位标注内容

①卸箱港港名缩写，如“SHA”是上海港Shanghai的缩写。

②装箱港港名缩写，如“KOB”是神户港Kobe的缩写。

③集装箱箱号。

④集装箱实际重量（t）。

⑤集装箱在船上的箱位号或集装箱在码头堆场上的箱位编号。集装箱箱位号由于很容易根据其在行箱位图中所处的相对位置确定，所以这项标注常常被省略。但为便于集装箱在港内的装箱作业，集装箱装卸公司往往将待装集装箱在码头堆场上的箱编号标注于该位置。

⑥集装箱备注，如：E 表示空箱；M 表示邮件箱；R +2 +4 表示冷藏集装箱，要求的冷藏温度应保持在 2 ~4℃之间；D3. 1、H3. 1、IMDG3. 1 或 IMO3. 1 通常都表示危险品集装箱，箱内装有《国际危规》3. 1 类危险货物等。

⑦集装箱类型。40′或 F 表示 40ft 集装箱，20′或 T 表示 20ft 集装箱。

此外，对非标准集装箱，常用“∧”、“<”、“>”符号并配以数字以标注超高、左超宽或右超宽集装箱，其数字为货物超过箱体外表面的尺度。有时在行箱位图中还标出集装箱尺寸和类型代码如 42G0，集装箱承租人名称缩写如 COS 等。

训练与提高

一、填空题

1. 050904 箱位表示该集装箱的长度为____ft，位于船舶的____BAY，装在舱内____侧第____层。

2. 340088 箱位表示该集装箱长度为____ft，装在甲板上第____层。

3. 目前，编制集装箱船配载计划通常的做法是借助于计算机，在______、______以及______________共同参与下，依靠传真、计算机网络等现代化通信手段进行文件传递，并经历____、____和____三个过程才能完成。

4. 目前，集装箱配载通过__________和________相结合的方式来进行。

5. 集装箱实配积载文件内容通常包括：__________、__________、集装箱装船统计表和船舶稳性、强度和吃水核算结果。

二、名词解释

1. 集装箱船舶配载：

2. 箱位号：

三、简答题

集装箱船舶配载应满足的要求有哪些？

第四节　集装箱码头

一、集装箱码头建设条件

集装箱码头由于要承接大量的货物吞吐任务，并且要求货物在港口的周转速度快捷，因此，集装箱码头与普通码头相比，在建设规模上、技术手段上都有明显不同。归纳起来，一个现代化的集装箱码头应该具备以下条件：

1）具有一定规模的集装箱运输量。

2）具有足够的进港航道及港池水深条件。

3）有宽阔的陆域面积和堆场。

4）便利的集装箱集疏运交通通道。

5）配备大型、高效率的集装箱专用机械和设备。

6）拥有现代化的通信和生产指挥系统。

7）具有现代化的管理手段。

二、集装箱码头布局

集装箱码头的高度机械化和高效率的大规模生产方式，要求集装箱码头同船舶共同形成一个不可分割的有机整体，从而保证高度严密的流水作业线高效运转，充分发挥集装箱码头三个主要职能的作用。集装箱码头(见图3-10)通常应具备的必要设施有：泊位、码头前沿、集装箱堆场、货运站、控制室、行政楼、检查口、维修车间等。

(1) 泊位(Berth)　泊位是指在码头内，给船舶停靠的岸壁线与对应水域构成的区域。泊位的长度和水深，根据港口类型、码头种类和其需停靠船舶的种类与大小的不同而不同。随着集装箱船舶大型化的发展，集装箱码头泊位长度和水深，也不断加大加深。目前世界上全集装箱船舶专用码头泊位的长度一般为300m以上，泊位水深在11m以上。

图3-10　集装箱码头

船舶停靠时所需的系船设施构成了泊位的岸壁(Quay)。这些设施一般包括：系缆桩和碰垫木(橡胶墩)。船舶靠、离泊时，所需的岸壁线的有效长度一般为船舶长度的1.2倍。

(2) 码头前沿(Apron)　前沿是指沿码头岸壁线，从泊位岸壁到堆场(防汛墙)之间的码头区域。由于码头前沿装有集装箱桥吊(Portainer,Qantty crane,简称为QC)，又是进出口集装箱进行换装的主要地点，因此其宽度根据集装箱桥吊的跨距和装卸工艺的种类而定，一般由下列三部分构成：

1) 从岸壁线到集装箱桥吊第一条轨道(海侧)的距离，一般2~3m。

2) 桥吊的轨道间(海侧到陆侧)距离，一般15~30m。

3) 从桥吊第二条轨道(陆侧)到堆场前(防汛墙)的距离，一般10~25m。

从上述构成可以看出，集装箱码头前沿宽度一般为30~60m。集装箱码头前沿除安装了集装箱桥吊和铺有桥吊轨道外，一般还备有高压和低压电箱、船用电话接口、桥吊电缆沟、供水设施和灯塔等设施。码头前沿应始终保持畅通，其宽度要能满足堆放船舶舱盖板的同时，保证足够的陆运机械用通道，以确保集装箱桥吊作业的效率。

(3) 集装箱堆场(Container Yard,简称为CY)　堆场是指集装箱码头内，所有堆存集装箱的场地。由两部分组成：前方堆场和后方堆场。

1) 前方堆场(Marshalling Yard)。又称“出口箱区”、“临时堆场”、“编配堆场”、“调度堆场”、“过渡堆场”和“缓冲堆场”。位于码头前沿和后方堆场之间，为加快船舶装卸作业效率，用以堆放集装箱的场地。它的主要作用是：船到港前，预先堆放将装船出口的集装箱；卸船时，临时堆存卸船进口的集装箱。其面积占堆场总面积的比例较大，其大小根据集装箱码头所采用的装卸工艺系统不同而定，同时也因堆放的层数不同而不一样。

2) 后方堆场(Back-up Yard)。是指贮存和保管空、重箱的场地，是码头堆场中除前方堆场以外的部分，包括中转箱堆场、进口重箱堆场、空箱堆场、冷藏箱堆场、危险品箱堆场等。

事实上，后方堆场同前方堆场并没有严格明显的分界线，仅仅是地理位置上的相对概念。在实际业务中，人们通常将出口箱放在码头堆场的前方，中间放中转箱，而将进口箱、冷藏箱、危险品箱、空箱放在码头堆场的后方。在码头计算机系统很完善的条件下，特别是在应用无线终端(Radio Data Transport，简称为 RDT)设备，实现堆场管理实时控制(Real-time Control)的码头，在堆场功能划分上，采用更灵活的方式，甚至于进出口箱混堆，仅将重箱放于靠前堆场，空箱放于靠后堆场。

上述两种堆场的地面上，都画有以一个 20ft 集装箱箱底为标准大小的存放集装箱的长方形格子，通常称之为场箱位(Slot)。每个箱区的两端，都标有对应的编号，通常称之为箱区号(Yard Area Number)。对堆存在堆场上的集装箱，其位置都有唯一编码标识，通常称之为“场箱位号”（Yard Number)。场箱位号(又称“箱位号”)是由分别代表箱区号、行号、列号和层号，共 6 位或 7 位代码共同组成的。

堆场上要求有照明设备、道路、交通标识和标牌、排水沟、CCTV 设备、冷藏箱供电架等设施，并要求不能有妨碍码头作业或降低码头效率的任何建筑物。

(4) 集装箱货运站(CFS)　主要是为拼箱货(LCL)进行装箱和拆箱作业，并对这些货物进行贮存、防护和收发交接的作业场所，俗称仓库。它同传统的仓库不同，集装箱货运站是一个主要用于装箱、拆箱作业的场所，而不是主要用于保管货物的场所。

集装箱货运站一般建于码头后方，侧面靠近码头外公路或铁路的区域，尽可能保证陆运车辆不必进出码头堆场，而直接进出货运站。

近年来，随着集装箱化的发展，竞争促使市场细分不断深入，专业化分工也不断发展。在一些大型集装箱港口，随着集装箱码头吞吐量的增加，船公司开始将自己的空箱集中到指定的码头外堆场进行专业化管理，同时也出现了专业化的进口拆箱分拨和出口装箱的码头外货运站，形成了将码头内货运站和空箱堆场移至码头外的趋势。通常将这种码头以外的堆场和货运站，称之为场站(Depot)。

(5) 控制室(Control Tower)　又称控制中心、中心控制室、控制塔、指挥塔(室)，是集装箱码头各项作业的指挥调度中心，它的作用是充分发挥码头各生产要素资源的作用，监督、调整和指挥集装箱码头各项作业计划的执行。其地理位置一般设置在码头操作或办公楼的最高层，可看到整个码头上各作业现场的地方。

控制室内装有电子计算机系统、测风仪及气象预报系统，并配有用于指挥码头现场作业的无线对讲机(VHF)，用于监控码头作业现场的闭路电视(CCTV)和望远镜，以及用于对内对外联系的电话、传真机等设备，是码头现场作业的中枢机构。

(6) 检查口(Gate House)　俗称道口，又称检查桥、闸口、大门等，是集装箱码头的出入口，因进出码头的集装箱在此进行立体检查和交接而得名，它是集装箱和集装箱货的交接点，因而也是区分码头内外责任的分界点。由于道口是集装箱进出码头的必经之口，因此，在道口处不但要检查集装箱的有关单证，而且还要办理集装箱和货物好坏的责任交接，检查有关箱号、铅封号、集装箱箱体和货物的外表状况等。

道口一般设置在集装箱码头的后方，出于保证码头机械、船舶积载的安全和海关监管需要，在集装箱码头入口附近还设有地磅，又称地秤、地衡(Truck Scale)，其作用是为了确认集装箱及其货物重量，其尺度一般称 20 尺箱长度为 12m，称 40ft 箱为 16m。另外还配有计算机、IC 卡机、收放栏杆、CCTV 和箱号自动识别系统等设备。

(7) 维修车间(Maintenance Shop)　又称修理车间(Repair Shop)，它是集装箱和集装箱装卸专用机械进行检查、修理和保养的地方。集装箱维修车间对于确保装卸机械的维修质量，使各种机械处于完好备用状况，提高集装箱码头效率和充分发挥集装箱运输的优越性都起着十分重要的作用。

修理车间一般设置在不影响集装箱码头作业的码头后方或在保养区附近，配有行车、车床、焊接和切割机、工作台、空气压缩机、修理坑道和配件库等设施设备。

以上是集装箱码头的主要设施。除此以外，还有供码头行政职能部室办公用码头行政楼（Administration Office），以及其他电力、通信、食堂、计算机房、油库、给水排水、照明、道路等辅助设施。

由于集装箱专用码头的建设是以较大的集装箱稳定货源为前提条件的，而且集装箱专业化码头的投资较高，因此，规划集装箱专用码头时必须对是否有稳定的集装箱货源有把握，在集装箱货源不足以达到建集装箱专用泊位时，或者吃不准货源发展的情况下，不应轻易规划建造集装箱专用码头，而可采取建造多用途码头的方式，以适应货源的变化。

为适应未来集装箱船舶进一步大型化的需要，国内外有关港口纷纷采取定购大型岸边集装箱起重机，浚深航道和港口水域或筹建新的大型集装箱码头的措施。奥克兰（Oakland）港从上海振华港口机械（集团）股份有限公司ZPMC定购了6台前伸距为65m，适应装卸甲板上积载最多达23列集装箱的船舶；汉堡港将港口水域和航道分别浚深到16.5m和15.0m；国内，上海正在建设洋山港，天津港、广州港、长江口已经完成或正在分期进行航道浚深工作。

在集装箱码头装卸工艺以及码头布置方面，目前正处于不断地创新和发展之中，其目的主要是为了提高集装箱码头船舶装卸作业的效率。例如，为了提高岸壁式装卸桥的生产效率，可以缩短小车行程的双小车方式，将水平搬运与垂直起降分开进行的安装垂直升降机的方式等。这种改进的指导思路是将装卸桥上的运动作业机构分解成几个环节，实现并行作业，以缩短一个作业周期的时间。另外，采用船舶两边作业方式也是一种提高集装箱码头船舶装卸作业效率的新方法。所谓采用挖入式港池是指在港池两侧同时安排装卸桥进行作业，以增加同时投入作业的装卸桥机械台数。通过这种方法可以大大提高船时效率，缩短船舶在港停泊时间。如阿姆斯特丹港的Ceres Paragon Terminal采用将大型集装箱船舶导入挖入式港池，从船舶两边同时装卸集装箱的新型集装箱装卸作业方式的码头即将投产。挖入式港池一侧长390m，另一侧长330m，宽53.0m，可以靠泊宽50.4m的集装箱船舶。

三、集装箱码头发展趋势

鉴于集装箱船舶大型化带来的对集装箱码头设施和装卸服务的新要求，集装箱码头将在设施和服务方面出现以下改进：

1. 港口码头深水化

集装箱船舶大型化趋势带来的首要问题是深水港的建设。为满足世界船舶大型化发展的需求，世界各大港口均在加快规划、建设新的集装箱码头或改造现有码头，试图通过扩大港口规模、浚深航道和港口水域，添置大型高效的码头前沿和堆场集装箱装卸作业设备，提高码头管理水平等举措，增强港口竞争力，以达到长期稳定和吸引大型集装箱船舶挂靠的目的。

2. 装卸设备大型化，装卸工艺系统化

集装箱码头从出现之日起，就伴随着集装箱船舶大型化的发展而进行相应的改进。表3-1反映出适应于不同集装箱船型的码头设备及装卸工艺方式的变化。

表 3-1　不同时期集装码头设备及装卸工艺变化情况

代　别		第一代	第二代	第三代	第四代	第五代
装卸工艺		底盘车	轮胎龙门起重机	混合工艺	自动化装卸工艺	
主要设备		船用装卸桥	岸边装卸桥	高速装卸桥	第二代装卸桥	
装卸桥主要参数	起重量/t	22.68	30.5	45	55	
	小车速度/(m/s)	2.1	2.5	2.53	2.66	>3.0
	起升速度/(m/s)	0.5	0.6	0.67	0.83	
	跨距/m	10.87	16	26	30	
	外伸距/m	23.7	35	37.3	36～44	44～48
	总重/t	350	680	750	850	

集装箱码头装卸工艺系统趋于集成化和自动化，装卸船舶的装卸桥趋于大型化和高效化，码头布置上追求规模化。以装卸桥外伸距为例，为了接纳超巴拿马型船舶，许多港口都配备外伸距至少为44m的装卸桥。自从1992年～1993年首次出现外伸距为48m的装卸桥起，这是宽达18行集装箱（相当于45m）的超巴拿马型集装箱船所需的最小外伸距。后来随着集装箱船载箱能力和海运业务要求的提高，外伸距已增加到60m以上，最大达67.5m。以装卸桥外伸距为标准可以把集装箱船舶划分为以下类型：外伸距小于36m的小巴拿马型（Small Panamax）；外伸距在36m～44m的标准巴拿马型（Standard Panamax）；外伸距在44m～48m的超巴拿马型（Post Panamax）；外伸距在48m以上的特超巴拿马型（Extra Post Panamax）。

3. 港口生产信息化

作为交通运输枢纽的港口，它既是物流集散中心，同时也是一个信息中心。信息技术对港口的促进作用主要体现在以下几个方面：

1）信息技术可以提高港口生产效率。由于信息的畅通，港口为船舶服务的整个生产过程的相互协调性大大增强，由此促使船舶在港的非生产性停泊时间降低。因此，在港口生产设施（设备）条件一定的情况下，充分的信息支持能使港口在单位时间内所能服务的船舶数量明显增加。

2）信息充分的情况下，港口资源能得到最佳合理组合。对于港口而言，通过信息系统实时掌握整个港口资源的利用情况，便能对全部资源的利用进行系统的安排，以实现物尽其用的合理组合，使港口的资源发挥出最佳效能。

3）信息的畅通保障了港口生产的安全。先进的信息技术替代人工安全控制系统，可以避免人工系统可能造成的疏忽，由此可以提高港口安全保障系统的可靠性。

4）信息技术的应用提高了港口服务的质量。为了对综合物流的全过程进行有效的控制，各大型港口已广泛采用计算机联网的电子数据交换（即EDI，Electric Data Exchange）技术。EDI可以有效地对整个货物运输全过程进行监控并全部实现自动化管理。例如，新加坡港口当局参加国际互联网络（INTERNET），使全球客户可以通过网络查询在新加坡港的航运公司及其服务内容、航线、班期等方面的信息和动态。

5）信息技术促进港口的专业化发展。集装箱专业化码头的生产节奏较快，已使得原先采用的靠人工进行的生产和业务管理方法难以应付。借助于计算机高速的信息处理便显得尤为重要。

4. 港口集疏运设施现代化

现代化的港口应具有与港外腹地相连接的高标准公路、铁路和水路网络，使货物的内陆集散畅通无阻，形成四通八达的综合物流系统。

5. 码头泊位高效化

未来港口能力的增长方式将从粗放型向集约型转变，即着重于提高港口内涵的扩大再生产。港口的发展将从追求增加泊位数的数量型向提高泊位效率的质量型过渡。因此，专业化泊位将增加，泊位的科技进步贡献率将提高，从而使泊位的装卸效率和综合通过能力上升。一般而言，国际上的集装箱泊位设计能力在40万TEU左右。而如果港口泊位综合通过能力低，势必占用巨额投资用于扩建泊位等基础设施，从而导致港口难以摆脱经济效益低下的状态。

6. 港口生产组织合理化

在港口设施一定的情况下，合理使用港口已有资源，进行生产组织过程的创新，同样可以发挥港口的潜在能力，以实现内涵扩大再生产的目的。例如新加坡使用美国犹他州的自动仿真软件AutoMod，来模拟集装箱装卸生产过程，使作业过程得到优化。在我国，采用计算机仿真来解决集装箱箱码头生产方案优化以及航运公司的集装箱班轮航线船舶配置优化等方面也已经做出了大量的工作。

训练与提高

一、填空题

1. 集装箱码头通常应具备的必要设施有：泊位、码头前沿、________、________、控制室、行政楼、检查口、维修车间等。

2. 集装箱码头和各相关方箱货交接点是________。

3. 码头作业生产的指挥部门是________。

4. 集装箱码头发展趋势主要有：港口码头作业____化、装卸设备____化、装卸工艺____化、港口生产____化、港口集疏运设施____化、码头泊位____化、港口生产组合____化。

二、名词解释

1. 集装箱堆场CY：

2. 集装箱货运站CFS：

三、术语翻译(中英文互译)

1. 泊位：

2. 集装箱码头：

3. 中控室：

4. 检查口：

5. 装卸桥：

6. CY：

7. CFS：

第五节　集装箱码头装卸机械

随着集装箱运输的发展，集装箱码头装卸搬运机械也得到了相应的发展。集装箱的标准化和集装箱船的专用化，为港口码头装卸高效率化和自动化提供了良好的条件。

集装箱码头的机械设备主要分为码头岸边装卸机械、水平运输机械、场地装卸机械。

一、岸边装卸机械

岸边装卸机械是指承担货物在码头前沿与船舶之间的装卸作业或船上货物翻动移位作业的机械。岸边装卸机械主要有：岸壁集装箱装卸桥、多用途门座起重机、高架轮胎式起重机、轨道式龙门起重机等。

1. 岸壁集装箱装卸桥(Ship-to-shore Crane，Portainer，Gantry Crane，Quay Crane)

在现代化的集装箱码头上，目前从事码头前沿集装箱起落舱作业的设备普遍采用岸壁式集装箱装卸桥来进行船舶的装卸作业。岸壁集装箱装卸桥，简称“集装箱装卸桥”或“桥吊”，它是集装箱码头装卸集装箱的专用机械，如图3-11所示。

图 3-11 岸壁集装箱装卸桥

集装箱装卸桥沿着与码头岸线平行的轨道行走。它主要由带行走机构的门架、承担臂架机构的拉杆和臂架等几部分组成。臂架又可分为海侧臂架、陆侧臂架以及门中臂架三部分。海侧臂架和陆侧臂架由门中臂架连接。臂架的主要作用是承受装卸桥小车的重量，小车带有升降机构，而升降机构又用来承受集装箱吊具和集装箱的重量。海侧臂架一般设计成为可变幅式(可以俯仰)，当集装箱装卸桥在移动时，为了船舶或航道的安全，一般将海侧臂架仰起，以便集装箱装卸桥移动时与船舶的上层建筑不会发生碰撞。

(1) 集装箱装卸桥形式和在码头上的配备

1) 集装箱装卸桥形式。从框架结构的外形上分，集装箱装卸桥一般可分为：A型(见图3-12)和H型(见图3-13)两种。两种装卸桥的海侧臂架都可用铰链使悬臂俯仰。A型装卸桥的特点是：自重轻，轮压为35t左右，但稳定性差。H型装卸桥的特点是：稳定性好，抗风能力强，但自重大，轮压为38t左右。从发展趋势看，集装箱码头大多采用H型装卸桥。

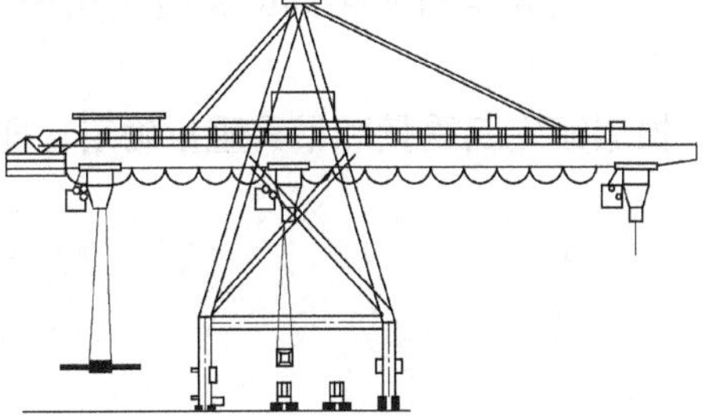

图 3-12 A型集装箱装卸桥

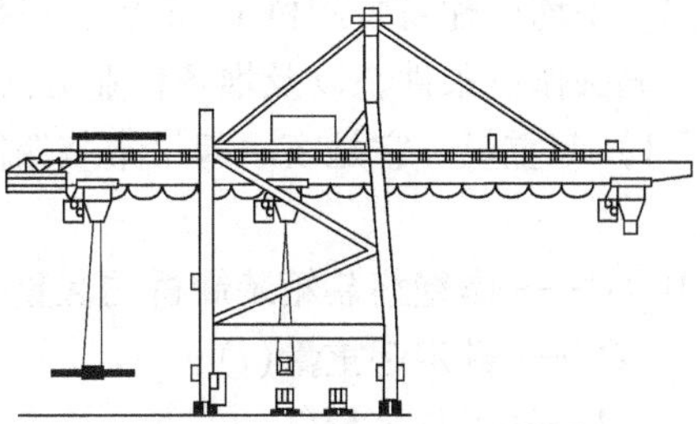

图 3-13 H型集装箱装卸桥

从臂梁形式上分，集装箱装卸桥一般又可分为：俯仰式、梭动式和折叠式三种。目前，集装箱码头所用的集装箱装卸桥采用俯仰式较多。

从配备的小车数量上分，集装箱装卸桥一般又可分为：单小车装卸桥和双小车装卸桥两种。

2）集装箱装卸桥在码头上的配备。随着集装箱船舶的大型化的发展，标准的集装箱码头泊位的长度也在不断变长，每个泊位装卸桥的配备也不断提高。一个长度为300m的集装箱船舶泊位，平均配备集装箱装卸桥2～3台。通常在一个单独的集装箱泊位，最好需配备2台装卸桥。而在连续泊位，为了提高装卸桥的利用率，以及节省码头的设备投资，平均一个泊位配备的装卸桥台数，随连续泊位数的增加而减少，如两个连续泊位一般配备4台，三个连续泊位一般配备5～6台。在集装箱国际枢纽港中超大型集装箱专用码头，一般按每80～100m配1台装卸桥进行配备。

（2）集装箱装卸桥的操作过程　装卸桥作业时，由于集装箱专用船舶的船舱内设有箱格，舱内的集装箱作业对位非常方便，无需人工协助。以卸船作业为例，集装箱装卸桥的作业过程包括以下几个步骤：

1）船靠码头前，将装卸桥运行至不影响船舶安全靠泊的安全尺码内。安全尺码一般在船舶靠泊尺码的两端以外，或驾驶台尺码与船头尺码中心位置。

2）船靠码头后，将装卸桥移至具体的作业舱口位置。

3）按照装卸顺序，将小车移至船上待卸箱的正上方，放下吊具。卸船顺序一般是从内档开始向外档，由上到下一层一层卸船；装船顺序相反，从外档开始向内档，由下到上一层一层装船。

4）吊具上的扭锁装置将集装箱锁定后，吊起船上的集装箱。

5）小车沿悬臂向陆侧方向移动，将集装箱直接吊至码头前沿等待着的水平运输机械上。

6）松开扭锁装置，吊具与集装箱分离。

7）吊具起升，小车向海侧方向移动，进入下一个操作。

通常一个循环耗时约120s左右。目前随着集装箱码头专业化的发展，装卸桥的作业效率，越来越被认定为码头管理水平高低和竞争能力大小的重要标志之一。集装箱码头发展初期，装卸桥的作业效率一般为20Moves/Hour。目前通过技术改进，装卸桥的作业效率达到超过60Moves/Hour。

（3）集装箱装卸桥的有关参数　根据世界集装箱码头营运经验，一般情况下一个集装箱泊位平均可配备装卸桥1～3台。集装箱装卸桥的参数的确定与所装卸的集装箱船型和箱型、码头作业条件，以及堆场作业方式有关。

1）起重量。它是表示起吊集装箱能力的指标，根据额定起重量和吊具重量确定。即：

$$Q = Q_t + W$$

式中　Q——岸壁集装箱装卸桥的起重量(t)；

Q_t——额定起重量(t)；

W——吊具重量(t)。

所谓额定起重量是指所起吊的集装箱的最大总重量，例如ISO的1A、1AX、1AA型40ft集装箱最大总重量为30.5t，大部分20ft集装箱的最大总重量为24t。集装箱装卸桥的起重量是指额定起重量加集装箱吊具的重量。早期配备的集装箱装卸桥额定起重量一般都是30.5t，目前大部分装卸桥的额定起重量为35t和50t。在集装箱国际枢纽港中，新进配备的集装箱装卸桥额定起重量到达超过60t。

2）起升高度。集装箱装卸桥的起升高度由两部分组成：轨上高度/轨顶面以上的高度

(H_1)和轨下高度/轨顶面以下的高度(H_2)，即集装箱装卸桥的起升高度为 $H = H_1 + H_2$。

轨上高度/轨道面以上的高度 H_1，是指装卸桥吊具上升到最高时，吊具抓取的集装箱面与运行轨道面之间的垂直距离。

轨下高度/轨道面以下的高度 H_2，是指装卸桥运行轨道面往下，至吊具能抓取舱底最下一层集装箱之间的垂直距离。

起升高度的大小取决于集装箱船的型深、吃水、潮差、甲板面上装载集装箱层数、码头标高等因素。如在确定巴拿马型集装箱船装卸桥的起升高度时，应保证船舶轻载高水位时能通过 3 层集装箱，并能堆高到 4 层；在满载低水位时，能吊到舱底最下一层集装箱。

3）外伸距。所谓外伸距，是指集装箱装卸桥海侧轨道中心线向外至集装箱吊具铅垂中心线之间的最大水平距离。

外伸距主要取决于到港集装箱船的船宽和码头岸壁宽度(装卸桥海侧轨道中心线到码头岸壁橡胶靠垫平面间的距离)，并考虑在甲板上允许堆放集装箱的最大高度，当船舶向外横倾 3°角时，仍能起吊甲板上外舷侧最上层的集装箱。这里需要考虑最外档箱倾移距，所谓最外档箱倾移距是指在船舶向外档倾斜 3°角时，船舶最外档一列集装箱的外倾距离。

4）内伸距。内伸距是指集装箱装卸桥内侧轨道中心线向内至吊具铅垂中心线之间的最大水平距离。确定内伸距主要考虑三个问题：①放置集装箱，即当码头前沿搬运机械(如跨运车、底盘车等)不能及时搬运时，内伸距可把箱子暂放在码头上，起缓冲作用；②放置舱盖板；③水平搬运机械的通道宽度和通道数量。在确定内伸距距离时，还应注意不同的供电方式需要占用的距离。

5）轨距(又称跨距)。轨距是指起重机两条行走轨道中心线之间的水平距离。轨距的大小影响到装卸桥的整机稳定性，并影响岸边的集装箱的疏运作业。一般来讲，集装箱装卸桥外伸距越长，起升高度越高，其轨距也随之增宽。考虑到装卸桥的稳定性和为了更有效地疏运岸边的集装箱，轨距内最好能安排 3 条接运线。将几种集装箱搬运机械进行比较，以用跨运车时一条接运线所占用的宽度最大，如考虑轨距内布置 3 条跨运车接运线，则其轨距应约为 16m。所谓 3 条跨运车接运线并非是指 3 台跨运车在轨距内同时进行作业，而是指轨距内能放置 3 列集装箱，当跨运车装卸任意一列集装箱时不会干扰别列集装箱。

随着超巴拿马型集装箱船舶的逐渐增多，与之相适应的装卸桥在外伸距和起升高度也大为增长，相应的轨距超过了 30m，有的达到 35m 以上。

6）横梁下的净空高度。该净空高度是指横梁下面到轨顶面之间的垂直距离。其原则是码头前沿的搬运机械在作业时能顺利地在装卸桥跨距内通过。该高度应保证能堆装 3 层的跨运车通行。

7）基距。装卸桥基距是指同一轨道上两主支承中心线之间的距离。基距的大小应能通过所靠船舶的最大舱盖板以及 45ft 集装箱，并留有一定的安全间隙，安全间隙大小一般为左右各约 1m。大型全集装箱船的舱盖板长度都在 10m 以上，一个 45ft 箱的长度在 12m 以上，故装卸桥的基距一般大于 14m。上海港外高桥二期码头所配备的装卸桥基距为 18. 3m。

8）工作速度。集装箱装卸桥工作速度应遵循以下以下原则：满足整个集装箱码头的工艺效率要求；对各种机构的工作速度进行合理地分配；工作速度的提高应和相应的技术措施相结合；与工作速度有关的动力设备的选型应考虑到维修的简便性。

集装箱装卸桥工作速度通常有：起升速度(包括起吊额定负荷量时起升速度和空载起升

速度，目前许多装卸桥的起升速度已提升到 90m/min，180m/min）、小车行走速度（一般为 120m/min，有的达 150m/min，甚至在 240m/min 以上，并配有电子防摇装置）、大车行走速度（一般在 45m/min 左右）、臂架俯仰时间（一个俯仰周期约为 8min）等。

2. 多用途门座起重机（Portal Crane）

多用途门座起重机是港口通用件杂货门座起重机的一种变形，它是为了适应船舶混装运输的需要而发展起来的，主要增加了装卸集装箱的功能。和通用门座起重机一样，它一般也是由起升机构、变幅机构、旋转机构和大车行走机构组成，如图 3-14 所示。

图 3-14　多用途门座起重机

多用途门座起重机可按不同的需要，配装不同的装卸工具（例如：集装箱专用吊具、吊钩、抓斗等），设置相应的附加装置，可进行集装箱、件杂货、重大件、散货的装卸作业。多用途门座起重机是多用途码头的一种理想的作业机型。

多用途门座起重机的工作覆盖面积大，与岸边集装箱装卸桥比，多用途门座起重机的自重较轻，轮压较低。对码头的负荷要求低，从而可安装在原有的门机码头上使用。集装箱吊具具有自动旋转装置，以保持装卸作业过程中，集装箱的纵轴线与码头岸线平行。它具有吊具水平补偿装置，以保持变幅过程中，吊具与集装箱的水平状态。吊具还装有偏重心调节装置，以防止集装箱偏载所产生的箱体倾斜。

多用途门座起重机的装卸效率很高，在装卸作业时，平均装卸效率可达 18 ~ 25TEU/h。多用途门座起重机可方便地变更作业方式以及更换工索具，在多用途码头，它得到了广泛的使用。

3. 高架轮胎式起重机

高架轮胎式起重机是 20 世纪 70 年代末发展起来的新机型，是在轮胎式起重机的基础上发展起来的，如图 3-15 所示。

高架轮胎式起重机具有如下特点：调动灵活，码头不需要安装轨道，可像普通轮胎式起重机那样任意行走，机动灵活，即可在前方作业，又可在堆场作业，设备可得到充分利用；驾驶室离地面高，视野广；臂架的铰点高，不会出现因船舶干舷高而不能进行装卸作业的现象；通用性强，配置不同的吊索具，可装卸集装箱、件杂货、散货等，适用于多用途码头。

图 3-15　高架轮胎式起重机

高架轮胎式起重机的自重虽然相对于大型的岸边装卸机械来说较轻，但其自重仍达 200 多吨，相对于多用途码头而言，对码头的承载能力要求较高，需要较大的码头建设投资。高架轮胎式起重机在西方多用途码头应用较多，但在我国港口应用较少，上海港外高桥一期码头目前有一台在营运。

二、水平运输机械

水平运输机械是指承担货物平地移位作业的机械。水平运输机械主要有：牵引车、挂车和跨运车。

1. 牵引车(Tracter)

集装箱牵引车，又称“拖头”，如图 3-16 所示。其本身不具备装货平台，必须和集装箱挂车(Trailer)连接在一起，才能拖带集装箱进行码头内或公路上的运输。

图 3-16　集装箱牵引车

牵引车按司机室的形式可分为：平头式(Cabover Type)和长头式(Bonnet Type)两种，如图 3-17 所示。平头式牵引车的优点是：发动机在驾驶室下面，视线好，轴距和车长短，转弯半径小；缺点是：司机室的机械振动感明显，舒适性差。平头式是目前集装箱运输较普遍采用的司机室的形式。长头式牵引车的优点是：发动机装在司机室的前面，司机的舒适感和安全性较好，机器的维修和检查也比较方便；缺点是：司机室较长，车的回转半径较大。

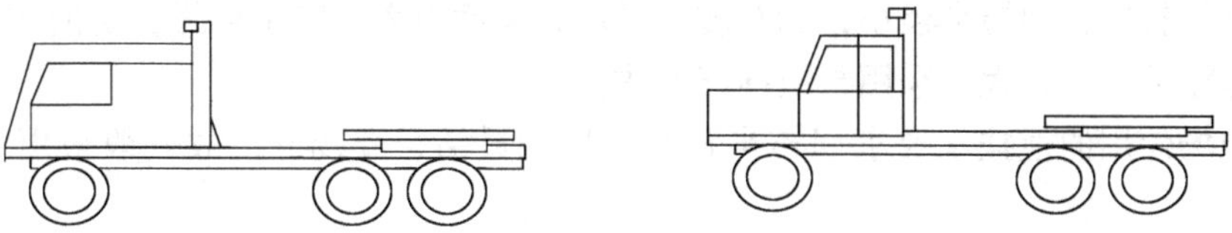

平头式　　长头式

图 3-17　牵引车司机室的形式

2. 挂车(Trailer)

挂车又称为“拖车”或“平板”，其本身没有动力，仅仅是一个载箱的平台，如图 3-18 所示。随着集装箱运输的发展，其专业化和标准化程度不断提高，出现了各种能满足不同需要的挂车。

图 3-18　集装箱挂车

（1）挂车的种类

1）按挂车底盘前后车轴的配置不同，可分为全挂车(Full Trailer)和半挂车(Semi Trailer)。

挂车底盘下前后两端都配有车轴的称之为“全挂车”；挂车底盘下前端没配有车轴，仅后端配有车轴的，称之为“半挂车”。半挂车是集装箱码头堆场普遍采用的挂车，又称之为“底盘车”（Chassis）。

2）按挂车构成结构的不同，可分为骨架式挂车(Skeletal)和平台式挂车(Platform)。

挂车只有钢结构骨架，没有铺底板面的，称之为“骨架式挂车”，是集装箱运输的专用设备。它仅由底盘骨架组成，结构简单，重量轻，维修方便，在集装箱运输中得到了广泛的应用。骨架式挂车由于仅由底盘骨架构成，故所载运的集装箱也作为强度构件，加入半挂车的结构中予以考虑。

挂车不仅有钢结构骨架，而且在骨架上铺有底板面的称之为“平台式挂车”。除有两条承重的主梁外，还有若干横向的支撑梁，这些支撑梁上铺有钢板或木板。在固定集装箱的位置上，按集装箱的尺寸和角件规格，全部安装旋锁件。平板式集装箱半挂车既能装载集装箱，又能装载普通货物。

（2）挂车与牵引车连接方式　挂车其本身没有动力，需同牵引车连接在一起构成整体，才能进行集装箱水平运输。

其连接方式可分为如下几种：半拖挂车方式、全拖挂车方式和双联拖挂车方式(Double Trailer Combination)等三种。其中半拖挂车方式是用牵引车直接同半挂车相连的连接方式。其特点是全长较短，回转半径小，倒车转向灵活；驱动力大；安全可靠。目前在采用牵引车完成水平运输的码头，大多采用半拖挂车方式。

码头堆场使用的拖挂车要求回转半径小、机动灵活、视线好，故一般采用平头式半拖挂车。

3. 跨运车(Straddle Carrier)

集装箱跨运车是在20世纪60年代中期，随着集装箱运输的发展，为了与码头前沿的岸边集装箱起重机相配合，在搬运长大件和钢铁制品的基础上发展起来的，用于集装箱码头、集装箱中转站，从事集装箱的搬运、堆码等工作。

跨运车是以门型车架跨在集装箱上，由吊具的液压升降系统吊起集装箱进行搬运和堆码，如图3-19所示。它采用旋锁机构与集装箱结合或脱开，吊具能升降，以适应装卸堆码要求，吊具还能侧移、倾斜和微动，以满足箱对位的要求。

图3-19　跨运车

（1）跨运车在集装箱码头的主要任务(其操作过程如图3-20所示)

1）集装箱装卸桥与前方堆场之间的装卸和搬运。

2）前方堆场与后方堆场之间的装卸和搬运。

3）对底盘车进行换装。

4）后方堆场与货运站之间的装卸和搬运。

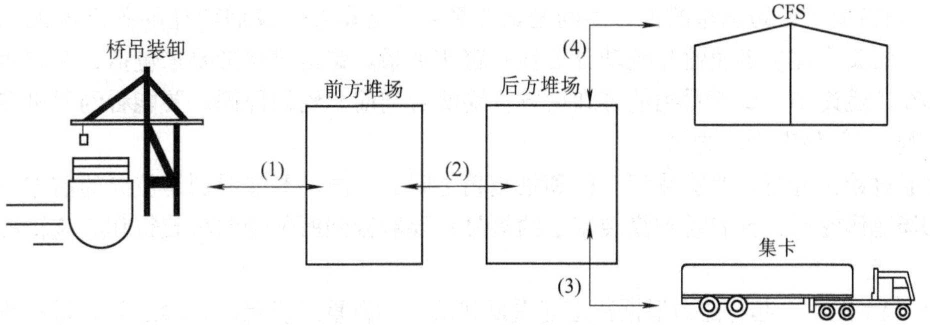

图 3-20　跨运车在码头操作过程示意图

（2）跨运车的特点（其操作过程如图 3-21 所示）

1）跨运车自码头前沿载运集装箱后，可直接运到场地上进行堆垛，不需要其他机械的协助，快速灵活。

2）由于无须换装，故可节省换装所需的场地。

3）堆放的高度和宽度有限，适合堆场很大的码头。

4）跨运车还可用于在货场上装卸集装箱盘底车。它与龙门起重机相比，具有更大的灵活性，即可采用跨运车独立完成码头前沿至堆场的搬运和堆垛作业，也可与龙门起重机和底盘车配合作业。

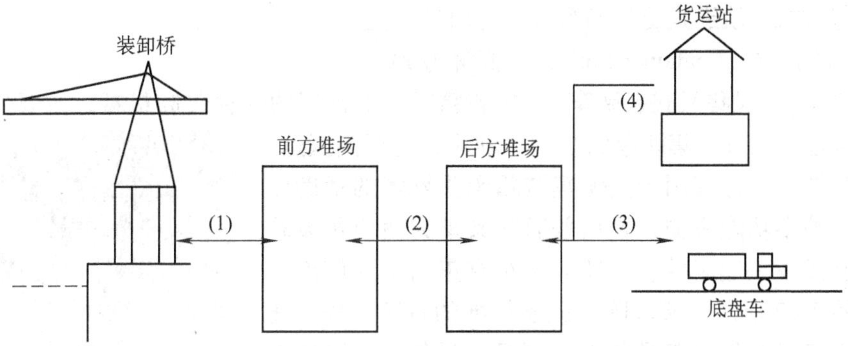

图 3-21　跨运车示意图

（3）跨运车的技术性能

1）专用性和通用性。跨运车有专用和通用两种。所谓专用型就是指 20ft 型的跨运车只能装卸 20ft 型的箱子，40ft 型的跨运车只能装卸 40ft 型的箱子；所谓通用型是指这种跨运车既能适应 20ft 型的箱子，同时也能适应 40ft 型箱子的装卸。

一个国际集装箱码头，所装卸的集装箱通常既有 20ft 型的，也有 40ft 型的，如采用专用型的机械，配机台数要比通用型的多一些，而通用型的机械造价比专用型的高。

2）堆垛能力。跨运车种类很多，有的能堆 2 层，有的能堆 3 层，也有堆 4 层的。选用时要与整个集装箱码头的堆存面积大小结合起来考虑。堆箱层数多，能提高单位面积堆存量，缩短搬运距离。但层数增多，会增加倒箱率，增加提箱时找箱子的困难。目前采用跨运车方式的集装箱码头堆场，通常只堆2层，即要求跨运车能吊着箱子跨越2层集装箱。

3）视野要求。跨运车的视野间问题是关系到跨运车今后发展前途的关键因素之一，它与跨运车的安全性、迅速性和机动灵活性有密切关系。跨运车视野要求包括3个方面：

①在搬运途中：要能看到前方和后方；要能看到前车轮的外侧；要能看到司机室对面的车体外侧(一般借助于反光镜)。

②通过箱位弄时：要能看到车体和集装箱之间的空隙；要能看到箱位弄的前方和后方。

③场地作业时：要有看到集装箱上的箱号；要能看到所装卸的集装箱和集装箱吊具的位置线。

4）起重能力。起重能力根据额定起重量和吊具的自重来确定的。额定起重量一般是按所吊集装箱的最大总重量来确定。一般按ISO规定的40ft标准集装箱的最大总重量30.5t来计算。

5）工作周期。跨运车的工作周期取决于跨运车的搬运距离、跨运车的车速和装卸箱子的时间。目前跨运车的行走速度一般为10～15km/h，最高达到20km/h左右，但在箱弄内的速度限制为5～7km/h。

跨运车一般被认为是一种故障率较高的设备，在有些国家使用时，故障率高达30%～40%，由此造成维修费用上升。但是随着技术进步，以及操作管理得当，使跨运车在一些码头上使用得相当成功，如日本的集装箱码头有不少便采用跨运车方式。在比利时的集装箱码头上，采用运行24h，保养6h的方式，可以使故障率降至5%～10%。

三、场地装卸机械

场地装卸机械是指承担货物在场地上堆码作业的机械。场地装卸机械主要有：叉车、轮胎式龙门起重机、轨道式龙门起重机、正面吊运机。

1. 集装箱叉车(Container Fork Lift,简称为FL)

集装箱叉车(又称叉式装卸车)是集装箱码头上常用的一种装卸机械，主要用于吞吐量不大的综合性码头进行集装箱的装卸、堆垛、短距离搬运、车辆的装卸作业，也有用于大型集装箱码头堆场的辅助作业。它是一种多功能机械，是从普通的叉车为适应集装箱作业的需要而发展起来的。集装箱叉车有正面叉和侧面叉两种，如图3-22所示。叉车除了配备标准的货叉以外，还配备有顶部起吊和侧面起吊的专用属具。另外，为了便于在装卸过程中对准集装箱，货架还具有侧移和左右摆动的功能。

图3-22 集装箱叉车

(1) 叉车搬运集装箱可以采用以下两种方式

1）吊运方式：采用顶部起吊的专用吊具吊运集装箱。

2）叉运方式：利用集装箱底部的叉孔用货叉起运，一般这种方式主要是搬运20ft的集装箱或空箱。

(2) 集装箱叉车的性能应符合的作业需要

1）起重量应保证能装卸所需的各种箱型。

2）起升高度应符合码头堆垛层数的需要。

3）货叉前壁至货物重心之间的距离(负荷中心)取集装箱宽度的1/2，即1 220mm。

4）为适应装卸集装箱的需要，除采用标准货叉外，还应备有顶部起吊的专用吊具。

5）为了便于对位，货架还具有侧移和左右摆动的功能。

（3）集装箱叉车特点 集装箱叉车具有机动灵活、通用性好、应用广泛、性能可靠、造价低廉等优点，但也有缺点，如作业时回转半径大、堆场面积利用率低、满载时前轴负荷大、轮压大、液压部件较多、维修复杂、集装箱在装卸时的损坏率较高等。

2. 轮胎式龙门起重机（Rubber-tired Transtainer，简称为 RTG）

轮胎式龙门起重机是集装箱码头堆场进行装卸、搬运、堆垛作业的专用机械，如图 3-23 所示。

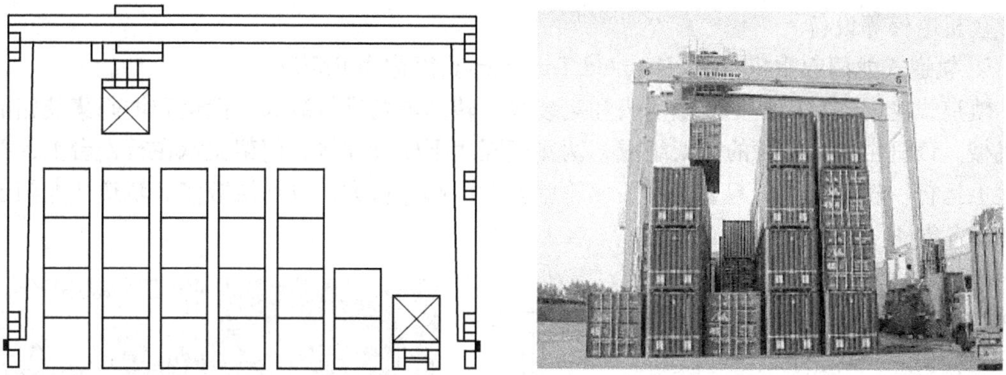

图 3-23 轮胎式龙门起重机示意图

轮胎式龙门起重机由前后两片门框和底梁组成门架，支撑在橡胶轮胎上。装有集装箱吊具的行走小车沿着门框横梁上的轨道运行，配合底盘车进行集装箱的堆码和装卸作业。

轮胎式龙门起重机主要特点是机动灵活、通用性强。它不仅能前进、后退，而且还设有转向装置，通过轮子的 90°旋转，能从一个箱区转移到另一个箱区进行作业。

轮胎式龙门起重机的主要参数有起重量、跨距、起升高度、轮压、工作速度等几项。

（1）起重量 轮胎式龙门起重机的起重量是根据额定起重量和吊具的自重来确定的。额定起重量一般是按所吊集装箱的最大总重量来确定。

（2）跨距 轮胎式龙门起重机的跨距是指两侧行走轮中心线之间的距离。跨距的大小取决于所需跨越的集装箱的列数和底盘车的通道宽度。根据集装箱堆场的布置，通常按跨六列集装箱和一条底盘车道考虑。

（3）起升高度 起升高度指吊具底部至地面的垂直距离，它取决于龙门起重机作业的堆码集装箱层数。如果堆场的集装箱堆高层数为 4 层，考虑起重机在作业时的方便，吊具需跨过集装箱，故吊具的最低点应大于 5 层集装箱的高度。目前轮胎式龙门起重机的起升高度一般都在 11～12m 左右。

（4）轮压 轮胎式龙门起重机的轮压分为最大工作轮压和最大非工作轮压。轮数是根据场地轮压的要求而设计的，大车行走机构可以是四轮或两轮驱动。

最大工作轮压是指在工作速度为 16m/s 的情况下，起吊额定起重量时，每个轮胎所承受的最大压力。

最大非工作轮压是指在非工作速度的情况下，不起吊集装箱，且风向垂直于起重机的大梁方向，每个轮胎所承受的最大压力。

最大轮压是设计起重机行走路面承载能力的依据。

（5）工作速度　工作速度的大小一般根据装卸工作周期的要求确定。速度过低，会影响码头堆场的作业进度，但如果速度过高，则会使集装箱摆幅过大，影响作业的安全性。

目前在一些轮胎式龙门起重机上，为防止相互之间以及龙门起重机与集装箱之间的相互碰撞，设有手动纠偏系统以及大车四角防碰装置。安全设施方面，设有超负荷保护、柴油机超速保护、水温过高和机油压力过低等信号装置，风速指示仪、防台风锚定装置、紧急停止按钮以及各机构限位开关和信号指示等。另外还可选配 DGPS（卫星自动定位系统）、ECMS、RCMS（故障显示和与中控室联系系统）以及方便大车转向和减少轮胎磨损的大车顶升装置及配置登机电梯等设备。

3. 轨道式龙门起重机（Rail Mounted Transtainer，简称为 RMG）

轨道式龙门起重机是集装箱码头和集装箱中转站堆场进行装卸、搬运和堆码集装箱的专用机械。该机由两片悬臂的门架组成，两侧门腿用下横梁连接，门架支承在行走台上，并在轨道上运行。轨道式龙门起重机一般比轮胎式龙门起重机大，堆垛层数多。轨道式龙门起重机如图 3-24 所示。

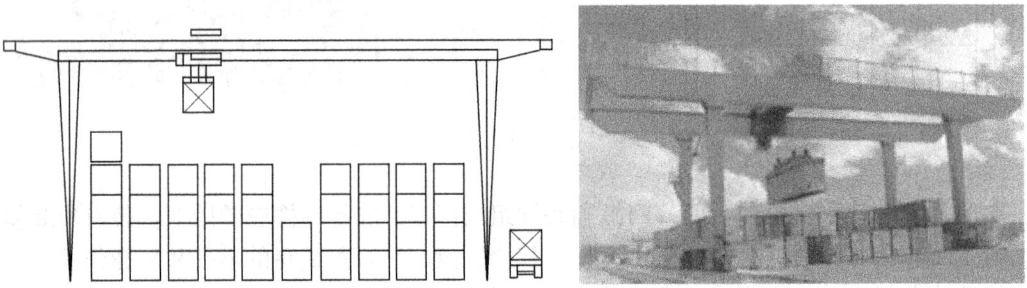

图 3-24　轨道式龙门起重机示意图

轨道式龙门起重机是沿着场地上铺设的轨道行走的，所以只能限制在所设轨道的某一场地范围内进行作业。轨道式龙门起重机自身定位能力较强，较易实现全自动化装卸，是自动化集装箱码头比较理想的一种机械。

轨道式龙门起重机的主要技术参数有：起重量、跨距、悬臂伸距、起升高度、门框通过宽度和基距、工作速度等项。

（1）起重量　轨道式龙门起重机的起重量的确定与轮胎式龙门起重机相似。根据 ISO 对 40ft 集装箱的最大总重量的有关规定，轨道式龙门起重机的额定起重量一般为 30.5t。

（2）跨距和悬臂伸距　轨道式龙门起重机的跨距是指起重机行走轨道中心线之间的距离。悬臂伸距是指外侧轨道中心线至悬臂吊具中心垂线之间的水平距离。轨道式龙门起重机的跨距一般在 20～60m 的范围内比较合理，而悬臂伸距一般为 8～10m。

（3）起升高度　轨道式龙门起重机的起升高度是指吊具底部平面至地面之间的垂直距离，起升高度与堆场上集装箱的堆放层数有关。轨道式龙门起重机的起升高度一般在 16m 以上。

（4）门框通过宽度和基距　轨道式龙门起重机的门框通过宽度是指沿起重机轨道线门框通过集装箱的最小宽度。基距是指起重机同一轨道的两个主支承中心线之间的距离。轨道式龙门起重机的门框内侧须通过 40ft 集装箱，故门框的通过宽度一般为 14m。考虑起重机的结构强度和稳性，轨道式龙门起重机的基距应大于0.25～0.3倍的跨距。

（5）工作速度　轨道式龙门起重机的生产效率应与岸边集装箱装卸桥的生产效率相适应，以保证码头前沿不停顿地进行船舶的装卸作业。

4. 正面吊运机(Front-handling Mobile Crane)

正面吊运机主要用于集装箱的堆叠和码头、堆厂内的水平运输，如图3-25所示。与叉车相比，它具有机动灵活，操作方便，稳定性好，轮压较底，堆码层数高，堆厂利用率高等优点，可进行跨箱作业。特别适用于中小港口，铁路中转站和公路中转站的集装箱装卸，也可在大型集装箱码头作为辅助设备来使用。

图3-25　正面吊运机示意图

知识卡　　**中交世界首创一次可吊三只40ft集装箱起重机**

日前，由中交上海振华世界首创的一次可吊起三只40ft集装箱起重机研制成功。该起重机由一个单吊具和一套双吊具组成，可在同一小车上一次同时吊起三只40ft集装箱，或两个40ft集装箱和两个20ft集装箱，或一个40ft集装箱和四个20ft集装箱，或六个20ft集装箱。还可以将起重机的单吊具与双吊具分开独立作业，进行其他多种类型集装箱的组合装卸，大大提高了码头的装卸效率和装卸作业的适应性。

该起重机是中交上海振华港机继两年前独创一次可吊两只40ft集装箱起重机之后的又一创新产品，其生产效率可比一次可吊两只40ft箱的起重机提高20%。该起重机的诞生，再次向世人表明，中国的高效集装箱起重机牢牢站在世界的前列。

训练与提高

一、填空题

1. 集装箱码头的机械设备主要分为________机械、________机械、________机械。
2. __________是指承担货物在码头前沿与船舶之间的装卸作业或船上货物翻动移位作业的机械。
3. 集装箱水平运输机械主要有：__________、__________。
4. 场地装卸机械主要有：________、________龙门起重机、________龙门起重机、正面吊运机。

二、名词解释

1. 额定起重量。
2. 外伸距。
3. 内伸距。

第六节　集装箱码头装卸工艺

装卸工艺是指装卸和搬运货物的方法和程序。码头装卸和搬运货物的生产活动是按一定的操作过程，根据码头的生产条件，针对不同的货物、运输工具和装卸设备，以合理和经济的原则来完成装卸和搬运任务。

港口装卸工艺主要包括下列几方面的内容：

1）装卸机械设备类型的选择和吊索具的设计。

2）工艺流程的合理化。

3）货物在运输工具和库场上的合理配置和堆码。

4）司机和工人的先进的操作方法。

集装箱码头相对一般件杂货码头其最突出的优点是作业的高效性，而装卸工艺是码头作业高效率的保证。合理地选择集装箱码头的工艺类型是顺利开展生产的前提。

一般来说，不同的货物其装卸工艺系统是不同的。集装箱码头的主要作业货物是集装箱，其装卸工艺系统按码头内集装箱堆场作业方式不同，划分为底盘车方式、跨运车方式、龙门起重机方式及混合式方式。本节主要对岸壁式海港集装箱码头装卸工艺进行分析。

一、底盘车系统

集装箱堆场的底盘车堆存方式是指将集装箱连同起运输集装箱作用的底盘车一起存放在堆场上。它是美国海陆公司首先采用的一种装卸工艺方式，故又称海陆方式。码头的前沿采用岸边集装箱装卸桥承担船舶的装卸作业。底盘车承担码头前沿与堆场之间的水平运输，以及集装箱进、出码头作业。

底盘车系统的作业流程(见图3-26)可描述为：卸船时集装箱由岸边装卸桥集装箱直接卸到底盘车上，集装箱牵引车将载有集装箱的底盘车拖到堆场停放；出场时集装箱牵引车将载有集装箱的底盘车从堆场上直接拖出港区；出口装船时，集装箱由集装箱牵引车将载有集装箱的底盘车从港区外拖进港区停放在堆场上，装船时再由集装箱牵引车将载有集装箱的底盘车从堆场拖到码头前沿，由岸边集装箱装卸桥将箱吊装上船。底盘车系统码头平面布置示意图见图3-27。

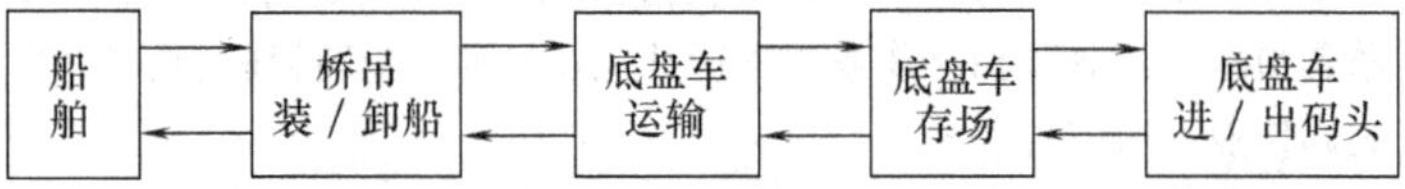

图3-26　底盘车系统的作业流程图

该系统的主要特点是：集装箱在码头堆场的整个停留期间均放置在底盘车上，集装箱所处机动性最大，随时可以由拖车将集装箱拖离堆场而无需借用其他机械设备。因此，底盘车方式比较适合于“门到门”的运输方式，特别是海运部门承担的短途运输(如海峡运输等)，也是一种集疏运效率高的码头堆场作业方式。但是，采用这种堆存方式，集装箱堆存高度只有一层，而且需要留有较宽的车辆通道，因此需要占用较大的堆场面积，使堆场面积利用率较低。

1. 底盘车系统的主要优点

1）集装箱在港的操作次数减少，装卸效率高，损坏率小。

2）工作组织简单，对装卸工人和管理人员的技术要求不高。

2. 底盘车系统的主要缺点

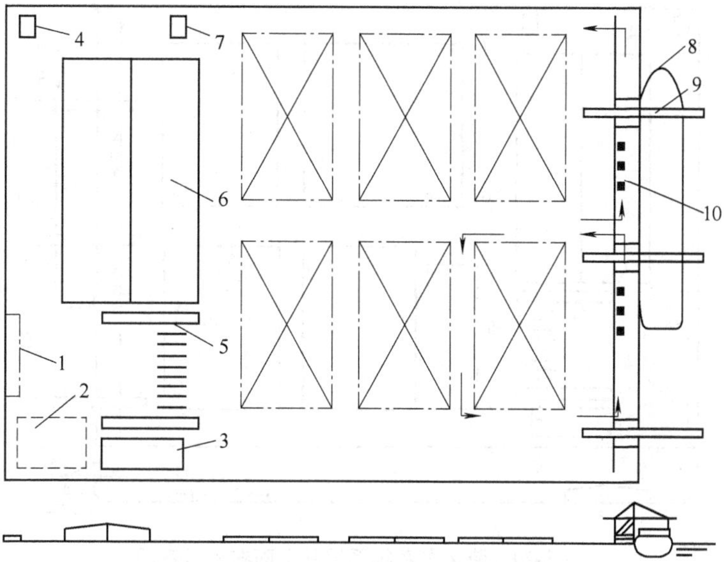

图 3-27　底盘车系统码头平面布置示意图

1—门房　2—停车　3—维修车间　4—电力站　5—道口

6—CFS　7—加油站　8—船舶　9—桥吊　10—底盘车

1）底盘车的需求量大，投资大，在运量高峰期可能会出现因底盘车不足而间断作业的现象。

2）不易实现自动化。

3. 底盘车系统主要适用集装箱码头的起步阶段，特别是整箱货比例较大的码头。

二、跨运车系统

跨运车简称跨车，又称为麦逊公司方式。跨运车承担码头前沿与堆场之间的水平运输，以及堆场的堆码和进出场车辆的装卸作业，是一种具有搬运、堆垛、换装等多功能的集装箱专用机械。码头前沿采用岸边集装箱装卸桥承担船舶的装卸作业，跨运车承担码头前沿与堆场之间的水平运输，以及堆场的堆码和进出场车辆的装卸作业。即“船到场”作业是由装卸桥将集装箱从船上卸到码头前沿，再由跨运车将集装箱搬运至码头堆场的指定箱位。“场到场”、“场到集装箱拖运车”、“场到货运站”等作业均由跨运车承担。跨运车采用旋锁机械与集装箱接合或脱开。吊具能够升降，以适应装卸和堆码集装箱的需要。吊具也能侧移、倾斜和微动以满足对位的需要。

跨运车系统作业流程（见图 3-28）可描述为：卸船时，由装卸桥将集装箱从船上卸到码头前沿，再由跨运车将集装箱搬运至码头堆场的指定箱位；装船时，集装箱被从码头外送进码头堆场后，由跨运车将集装箱从堆场拖到码头前沿，由岸边集装箱装卸桥将箱吊装上船。跨运车系统的平面布置示意图如图 3-29 所示。

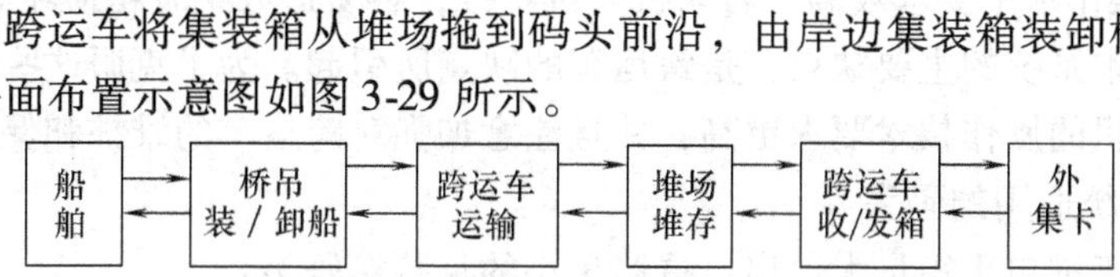

图 3-28　跨运车系统作业流程

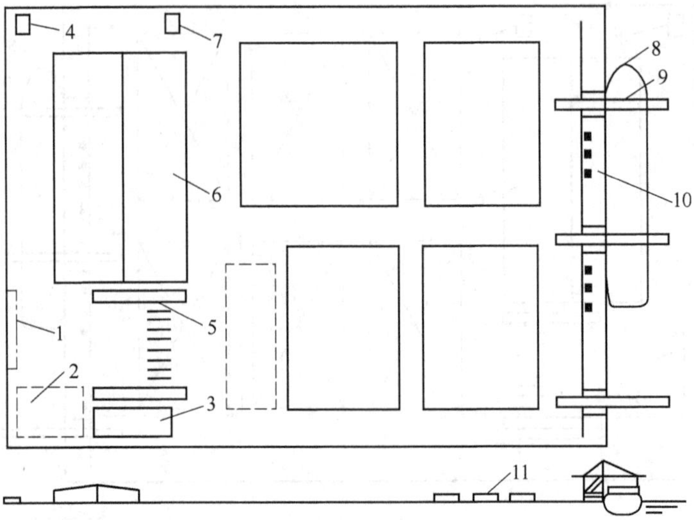

图 3-29　跨运车系统系统的平面布置示意图

1—门房　2—停车　3—维修车间　4—电力站　5—道口　6—CFS

7—加油站　8—船舶　9—桥吊　10、11—跨运车

跨运车系统的主要特点是：集装箱在码头内的水平运输，在堆场内收发箱和翻箱等作业均由跨运车承担。

1. 跨运车系统的主要优点

1）码头前沿装卸船的接运采用“落地”作业方式，装卸桥从船上卸下的集装箱不需要对准跨运车。因此，提高了装卸桥的装卸效率，节省了作业时间。

2）机动灵活。跨运车是一种流动性较强的机械，当港口各种作业在时间上出现不平衡，在某一处作业量大时，可以相应多配几台跨运车。

3）机种少，适应性强。跨运车具有自取、搬运、堆垛以及装卸车辆等多种功能，一种机械可完成多种作业，减少码头的机种和数量，减少作业环节，便于组织管理。

4）能在场地上将箱子重叠堆垛，一般可堆高 2 ~ 3 层，与底盘车相比，可节省堆场面积。

2. 跨运车系统的主要缺点

1）跨运车机械结构复杂，液压部件多，故障率高，对维修人员的技术要求高，且造价昂贵。

2）跨运车的车体较大，司机室位置高、视野差，操作时需配备助手。

3）司机的操作水平要求较高，若司机对位不准，容易造成集装箱损坏。

可以看出，本系统的主要缺点正是跨运车的缺点所引起。为了克服这些缺点，要求码头场地要平整，司机的操作技术要求更高，并且注意加强对跨运车的维护和保养。

3. 跨运车系统适用的码头

该系统适用于进口重箱量大、出口重箱量小的集装箱码头。

三、轮胎式龙门起重机系统

轮胎式龙门起重机（俗称轮胎吊，又称无轨龙门吊，场桥）系统的码头前沿采用岸边集装箱装卸桥承担船舶的装卸作业。轮胎式龙门起重机承担码头堆场的装卸和堆码作业，从码头前沿至堆场、堆场内箱区间的水平运输由集装箱货车完成。轮胎式龙门起重机一般可跨 6 列和 1 列集装箱货车车道，堆高为 3 ~5 层集装箱。轮胎式龙门起重机设有转向装置，能从一个箱区移至另一个箱区进行作业。

轮胎式龙门起重机主要特点是机动灵活、通用性强。它不仅能前进、后退，而且还能左右转向 90°角，没有转向装置，可从一个堆场转向另一个堆场进行作业。轮胎吊系统的作业流程图见图 3-30，平面布置示意图见图 3-31。

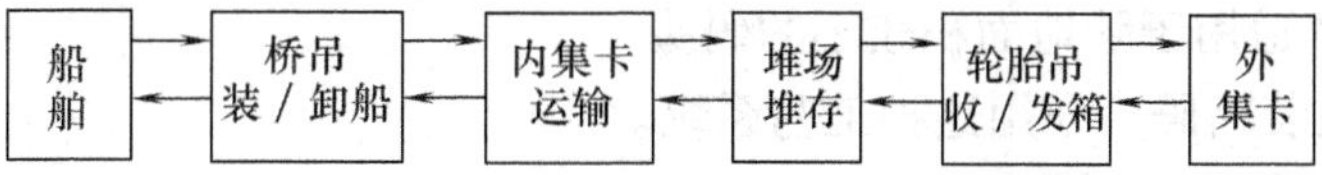

图 3-30　轮胎吊系统的作业流程图

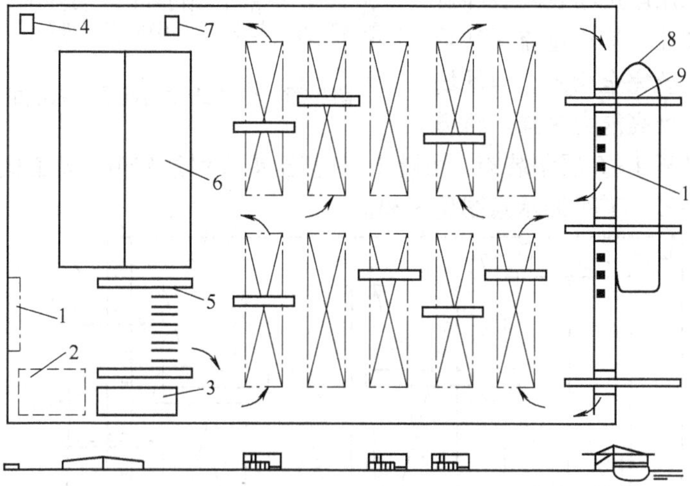

图 3-31　轮胎吊系统的平面布置示意图

1—门房　2—停车　3—维修车间　4—电力站　5—道口　6—CFS

7—加油站　8—船舶　9—桥吊　10—集卡

1. 轮胎吊系统的主要优点

1）场地的利用率高。轮胎吊可在一个箱区堆放 30 个集装箱，且箱与箱之间的间隙较小，使堆场面积得到有效地利用。

2）堆场铺面费用较少。堆场除轮胎吊的通行道路需特殊加强外，其余只需满足集装箱半挂车轮压要求即可，相对跨运车系统，减少了场地铺面建造费用。

3）设备操作较简单，对工人只需中等技术水平的操作培训。

4）相对于跨运车系统，对集装箱的损坏机会较少。

5）轮胎吊采用 90°转向和定轴转向，占用通道面积小。

6）与轨道式龙门起重机相比，不受轨道的限制，可从一个箱区转移至另一个箱区作业。

7）可采用直线行走自动控制装置实行行走轨道自动控制，并可采用计算机控制，易于实现集装箱装卸作业自动化。

2. 轮胎吊系统的主要缺点

1）相对于跨运车系统，该系统的灵活性不够。虽然可进行跨箱区作业，但移动的耗时较长。

2）由于轮胎吊的跨距大，堆垛层数高，故提取集装箱较困难，倒垛率较高。

3）轮胎吊需配备集装箱拖运车承担水平运输，增加了作业环节。

4）初始投资也较高，每台岸边集装箱装卸桥需配备 4 台以上的轮胎吊，而轮胎吊的造价高，使码头的固定成本增加。

3. 轮胎吊系统适用于陆地面积较小的码头

我国大部分集装箱码头采用这种工艺系统。

四、轨道式龙门起重机系统

轨道式龙门起重机（俗称电子龙，又称有轨龙门吊）系统与轮胎式龙门起重机系统相比，其码头前沿也是采用岸边集装箱装卸桥承担船舶的装卸作业，其作业流程和轮胎式龙门起重机系统完全相同。但堆场机械的跨距更大，堆高能力更强。轨道式龙门起重机可堆积 4 ~ 5 层集装箱，可跨 14 列甚至更多列集装箱。轨道式龙门起重机系统的作业流程见图 3-32，其平面示意图见 3-33。

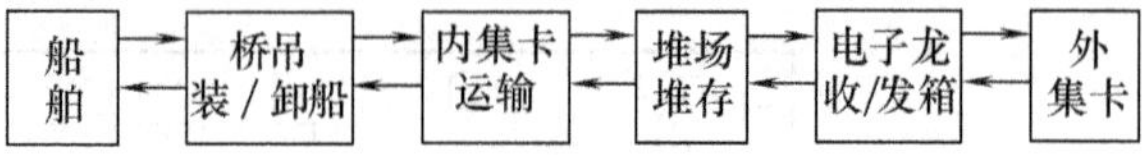

图 3-32　轨道式龙门起重机系统的作业流程图

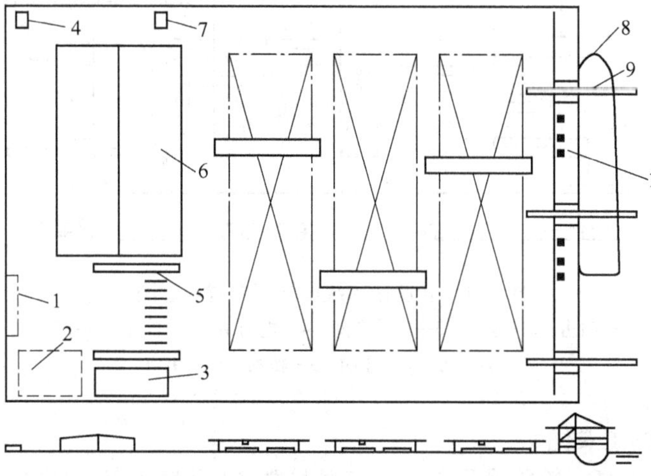

图 3-33　轨道式龙门起重机系统的平面布置示意图

1—门房　2—停车　3—维修车间　4—电力站　5—道口　6—CFS
7—加油站　8—船舶　9—桥吊　10—集卡

轨道式龙门起重机是沿着场地上铺设的轨道行走的，因此，只能限制在所设轨道的某一场地范围内进行作业。轨道式龙门起重机确定机械作业位置的能力较强，故较易实现全自动化装卸，是自动化集装箱码头比较理想的一种机械。

1. 轨道式龙门起重机系统的优点

1）单位面积堆存量大。由于龙门起重机堆箱层数多，因此单位面积堆存量较大。这在陆域较小的码头上特别显得重要。

2）堆场面积利用率高。由于集装箱在龙门起重机跨距内可紧密堆垛，不留通道，因此堆场面积利用率高。

3）营运费用低。本系统虽初始投资大，但机械设备的维修管理费用低。

4）易于实现自动化控制。龙门起重机的动作易于程序化，便于电子计算机控制。

2. 轨道式龙门起重机系统的缺点

1）机动性差，轨道式龙门起重机只能沿轨道运行，作业范围受到限制。

2）轨道式龙门起重机跨距大，提箱、倒箱困难。

3）初始投资也较大。

3. 轨道式龙门起重机系统适用的码头

轨道式龙门起重机系统适用于场地面积有限，集装箱吞吐量较大，计算机控制程度高的水陆联运码头。

五、叉车系统

叉车系统的码头前沿采用岸边集装箱装卸桥承担船舶的装卸作业。码头前沿与货场之间的水平运输以及堆场集装箱的堆码与装卸由叉车承担。叉车系统的作业流程图见图3-34。

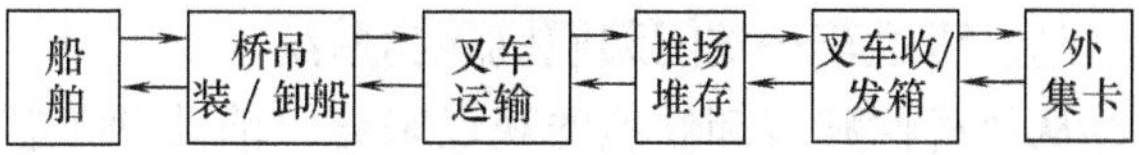

图3-34　叉车系统的作业流程图

1. 叉车系统的主要优点

1）叉车的通用性强，可适用于多种作业，机械在其寿命期内得到充分的利用。

2）由于叉车的使用较普遍，司机和维修人员熟悉叉车，存在的技术问题少。

3）机械价格便宜，成本低。

2. 叉车系统的主要缺点

1）单机效率低，不适用于大吞吐量码头。

2）叉车的轮压大，对路面的磨损严重，增加了场地造价。

3）叉车系统需要的通道宽，场地利用率低。

4）装卸作业时，集装箱对位困难。

3. 叉车系统适用的码头

叉车系统主要适用于吞吐量小的集装箱码头。

六、正面吊系统

正面吊是一种目前在集装箱码头堆场上得到越来越频繁使用的专用机械。正面吊系统的码头前沿采用岸边集装箱装卸桥承担船舶的装卸作业，码头前沿与堆场的水平运输以及堆场的堆码和装卸车作业由正面吊来承担。虽然这种集装箱堆存设备由于运行方向与作业方向垂直而需要占据较宽的通道，但是它的堆箱层数较高，并且可以为多排集装箱作业，设备的灵活性又较强，因此普遍较受欢迎。采用正面吊可以堆存3～4层重箱或7～9层的空箱，因此，堆箱场地的利用率较高。目前，正面吊主要还是作为集装箱堆场的辅助作业机械，但是确实是一种很有前景的集装箱装卸的专用设备。

正面吊系统的作业流程图见图3-35。

1. 正面吊系统的主要优点

1）正面吊可完成搬运、堆码、装卸车作业，减少码头配备的机种，便于机械的维修保养。

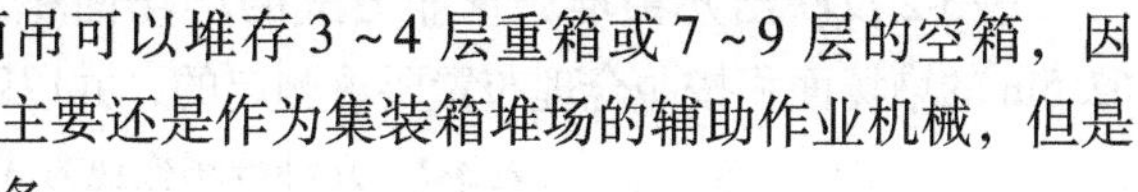

图3-35　正面吊系统的作业流程图

2）正面吊可跨箱区作业，一般可堆 4 层箱高，有些可堆 8 层箱高。与叉车系统相比，场地的利用率较高。

3）正面吊可加装吊钩或木材抓斗，用于吊运重件或木材，使机械在寿命期内得到充分的利用。

2. 正面吊系统的主要缺点

1）正面吊运机只能跨 1 箱或 2 箱作业，因而要求箱区小，通道多，且正面吊在吊运集装箱时，箱体与正面吊横向垂直，因而需要较宽的通道，与龙门起重机系统相比，场地的利用率较低。

2）正面吊的单机效率低，需配备的机械台数多，故系统的初始投资较高。

3）正面吊的轮压大，工作时转向轮胎的磨损和路面的磨损都较严重。

3. 正面吊系统适用的码头

目前正面吊的应用尚不广泛，仅在吞吐量较小的集装箱码头有所应用。

七、跨运车—龙门起重机混合系统

从经济性和装卸性能的观点来看，前几项工艺系统方案各有利弊，目前世界上有些港口采用了前述工艺方案的混合系统——跨运车—龙门起重机混合系统，其主要特点是：

1）船边的装卸由岸边集装箱装卸桥承担。

2）进口集装箱的水平运输、堆码和交货装车由跨运车负责完成。

3）出口箱的货场与码头前沿之间的水平运输由集装箱半挂车完成，货场的装卸和堆码由轨道式龙门起重机完成。

由于混合系统能充分发挥各种机械的特点，扬长避短，更加趋于合理和完善，目前世界上已有不少码头采用了这种方案。跨运车—龙门起重机混合系统进出口箱作业简图见 3-36。

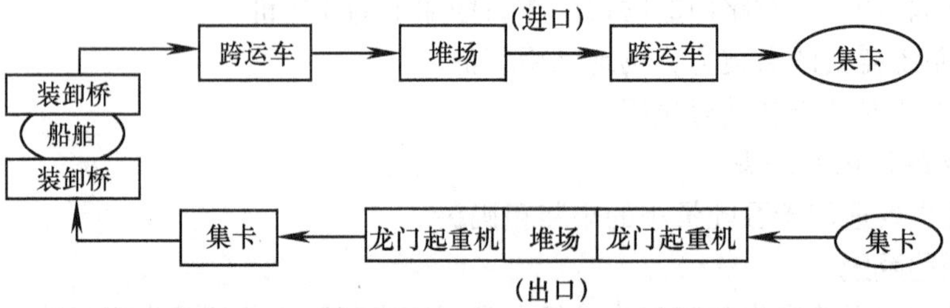

图 3-36　跨运车—龙门起重机混合系统进出口箱作业简图

对于各种堆场集装箱作业方式的特点，我们可以作以下比较。

表 3-2 反映出几种堆场作业方式的堆场面积利用情况。表中数据是根据一块长 200m，宽 62.5m 的堆场面积按照合理布置要求测定的，并以跨运车堆放一层箱的利用系数等于 1 为基准。

表 3-2　几种堆场作业方式的堆场面积利用情况

工艺方案		堆存量/TEU	利用系数
一层	底盘车	396	0.97
	跨运车	500	1.00
	叉车	420	0.84
	龙门起重机	704	1.4

（续）

工艺方案		堆存量/TEU	利用系数
二层	跨运车	1 000	2.00
	叉车	840	1.68
	龙门起重机	1 408	2.80
三层	跨运车	1 500	3.00
	叉车	1 260	2.52
	龙门起重机	2 112	4.22

表3-3对集装箱堆场各种装卸工艺系统的特点进行了比较。

表3-3 对集装箱堆场各种装卸工艺系统比较

系统	优点	缺点
底盘车系统	机动性强，进出场效率高，无需装卸，适用于滚装船作业	单层堆放，堆场利用率低，占用大量底盘车
跨运车系统	适用于水平搬运和堆存作业，灵活性强，翻箱低，单机造价低，工作系统简单	故障率高，维修量大，堆层少，使堆场利用率低，对司机操作要求高
叉车系统	适用于短距离水平搬运和堆存作业，灵活性强，翻箱率低，单机造价低	一般只适用于小型箱的搬运，堆层少，并需留有较宽的通道，堆场利用率较低
轮胎龙门起重机系统	可堆3～4层，堆场利用率较高，可靠性较强，比轨道式使用灵活，是目前的主流设备	翻箱率较高，只限于堆场使用，堆场建设投资较大，作业效率比跨运车低
轨道龙门起重机系统	可堆4～5层，堆场利用率较高，可靠性较强，堆存容量大，可同时进行铁路线装卸，与轮胎式相比，具有可由市电驱动，无污染，可加大起重量和起升速度，大车可吊货快速行走等优点	翻箱率高，只能沿轨道运行，灵活性差，堆场建设投资大
正面吊系统	堆存高度高，堆场箱位利用率高，使用灵活，单机造价低，可进行水平搬运	需留有较宽的通道，使堆场用于堆箱的面积减少
跨运车—龙门起重机混合系统	堆场利用率较高，装卸效率高，箱子损坏率降低，自动化适应性强，可与铁路接运，投资费用较低	工艺较复杂，维修成本较高

八、集装箱多用途码头的装卸工艺系统

由于港口生产的实际需要，一些码头建设成为集装箱多用途码头。集装箱多用途码头一般随着码头装卸货种构成的变化和集装箱吞吐量的增加，可逐步发展成为集装箱专用码头。所以，集装箱多用途码头具有过渡性码头的特点。但由于其适应性强，可变性强，故在集装箱码头发展初期，和一些中、小港口得到了广泛的应用和发展。

集装箱多用途码头在设计建造时，应考虑下列要求：不仅能高效率地装卸集装箱，而且能有效地进行其他类型货物的装卸作业；无须补充较多的投资便可适应装卸货种的变化；码头前沿和堆场都能达到集装箱专业化码头的水平。

根据以上要求，集装箱多用途码头的装卸工艺系统具有如下特点：

1）码头前沿除了配备有岸壁集装箱装卸桥外，还配有多用途门座起重机。有些码头则配备了多用途岸壁集装箱起重机，以便能同时满足集装箱货和非集装箱货的装卸作业要求。

2）场地配有较多的流动机械，以便于码头前沿的船舶装卸机械组成适用于不同货种的装卸工艺系统，高效率地对各种货物进行装卸作业。

3）对集装箱吞吐量较大的码头，其堆场还需配置集装箱堆场专用机械，以形成完善高效的集装箱装卸线，提高装卸效率。对其他货种的堆场作业以配置通用机械为主（如叉车等），使其具有较大的灵活性和通用性，减少机械的种类，便于维修和管理。

4）堆场需配置大起重量的流动机械。不仅可承担场地重件货的作业，而且可对码头前沿装卸船舶作业起补充和应急作用。

集装箱多用途码头是一种适用性较强的装卸码头。在我国集装箱运输发展的初期，其集装箱码头的改造基本都按集装箱多用途码头的工艺系统进行设计和建造的，为我国集装箱运输事业的发展作出了不可磨灭的贡献。目前在一些中小型港口，其发展前景仍然很光明。

随着集装箱船舶不断地向大型化发展，集装箱码头也不断趋向大规模化，世界各大集装箱港口为适应这一明显的发展趋势，都在进行设备的更新和改造。据资料统计，至1994年初，世界主要港口约有20%的集装箱装卸桥可装卸超巴拿马型集装箱船舶。随着现代化科学技术的发展，机电一体化等技术的广泛应用，装卸机械的控制方式也有了根本性的变革。今后，集装箱码头的装卸搬运机械必然将朝着大型化、高速化、现代化的方向发展。

训练与提高

一、填空题

1. 装卸工艺，是指________________。

2. 集装箱码头的主要作业货物是______，其装卸工艺系统按码头内集装箱堆场作业方式不同，划分为几种典型的方式：______方式、______方式、______方式及混合式方式。

二、简答题

港口装卸工艺主要包括哪几方面的内容？

三、案例分析题

2006年中国海运行业分析及投资咨询报告摘要

2004年，包括中转货物在内，我国的海上货物运输量达到10亿吨左右，大大超过日本的规模。从我国海运实现的利润来看，2004年我国海运达到了历史上的最高点。从1997年的负增长，到2002年实现利润5.69亿元，2003年实现利润19.31亿元，而2004年实现利润85亿元。

2005年我国海运业依然红火，由于干散货市场在海运中占有巨大份额，实际上对铁矿石运量的考察已经成为业界衡量海运市场的一个重要指标。2005年上半年，我国从巴西、澳大利亚、印度等国家进口铁矿石超过1.3亿吨，与2004年同期相比运量上涨20%至30%，对海运市场的红火起到了巨大的支撑。

目前世界经济发展环境发生了很大的变化，世界经济中心已经开始向亚太地区转移，世界经济的发展也将会在西太平洋海岸掀起一股新的热潮，并且进一步加强区域经济和跨国集团的开发都在为我国的港口建设和海运业的发展提供有利条件。面临大好的机遇，我国港航业自身能力不足问题十分突出，缺少大型油船和大型油船码头泊位，使我国石油进口运输中国轮承运率只占10%，不得不大量租用外轮运输。这不仅需要支付大量外汇，也失去了我国海运业发展和增加就业的良好机遇。

海运业是资金密集型行业，发展中国家因缺少资金，大多数进出口货物运输都不得不受控于发达国家的船队，我国也未能免遭这一厄运。伴随着我国工业化进程的发展和加快，这一问题会越来越突出。如果解决不好，会形成不良循环。

随着国民经济和对外贸易高速增长，我国海上交通运输业得到了持续快速发展。海运量不断增长，我国海运在国际上的影响力不断增强，已成为繁荣全球海运的重要因素。随着我国海运业的迅猛发展，其市场环境也在不断发生着深刻变化，尤其是我国政府采取积极的对外开放和与国际海运惯例接轨的海运政策法规，为海运业提供了“竞争、开放、透明”的市场环境。我国海运从业者，包括来华投资经营的外商必须时刻了解、研究自身所处的市场环境，才能审时度势，掌握航向，在不断遇到新情况、不断解决新问题中，得以发展、壮大。

来源：中国投资咨询网2006年3月

想一想：

1. 近几年，我国海运业的形势如何？

2. 我国海运业在发展过程中，存在的机遇与挑战有哪些？

【阅读材料】

香港HIT四、六、七号，八号和九号全集装箱码头工艺系统

1. 码头概况

香港HIT经营葵涌货柜码头的4、6、7和8(COSCO合资)以及9号共五个全集装箱码头，有14个大船泊位和9个驳船泊位，泊位长度分别为3 292m、1 088m和700m共5 080m。码头前沿水深分别为12.2～15.0m、14.5m和15.5m。岸线总长784m。该码头采用的装卸工艺系统是轮胎式龙门起重机(轮胎吊)、轨道式龙门起重机(电子龙)和叉车混合系统。

2. 机械配备

(1) 泊位装卸机械　码头前沿有10+2+2共53个大船全集装箱泊位，配备有35+9+9共53台岸边集装箱装卸桥(QC)承担船舶的装卸作业。

(2) 堆场作业机械　码头堆场共有130台轮胎吊(RTG)，电子龙共28台(Rail Mounted GC 24台，Rail Mounted Jib Cranes 4台)，Harbour Cranes 1台，Bridge Cranes 12台。

(3) 叉车　码头配备有集装箱叉车19台，其中空叉14台，重叉是5台。

3. 工艺流程(见图3-37)

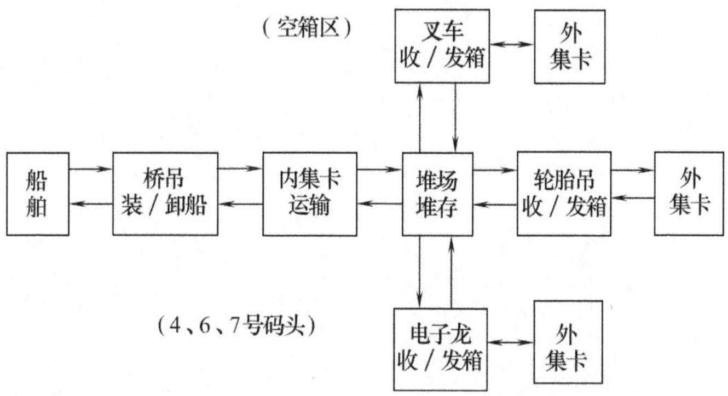

图3-37　香港HIT全集装箱码头工艺系统流程示意图

本章小结

✓本章描述了集装箱水路运输子系统。通过对集装箱船舶、集装箱码头等基本要素和集装箱航运系统、集装箱码头装卸系统的介绍，要求了解集装箱水路运输航线主要情况和集装箱船舶类型；熟悉集装箱船舶配载要求与基本程序以及集装箱码头及其设施、码头装卸工艺等生产实践要素。

第四章　集装箱公路运输

本章知识要点

◇公路集装箱运输的条件、特点

◇集装箱公路运输车辆种类与结构

◇集装箱公路运输中转站的功能与装卸工艺

第一节　概　　述

集装箱汽车运输是指采用汽车承运装货集装箱或空箱的过程。集装箱公路运输主要形式有港口码头、铁路车站集装箱的集疏运输以及门到门运输和公路直达集装箱运输。开展公路集装箱运输能够简化货物流通环节，提高运输效率，节约包装材料，减少货损货差，降低流通成本，改善运输质量。公路集装箱运输是道路运输的一个分支，在多式联运中，完成短驳、串联和末端运输任务是不可缺少的一个重要环节。随着经济全球化、贸易国际化，多式联运扮演的角色越来越重要。因此，在运输业的各个领域，已被广泛应用。

资料库　　**我国最早的公路集装箱运输**

我国的公路集装箱运输是伴随着海运国际集装箱运输和国内铁路集装箱运输的发展而兴起的，最早开始于1977年。为了疏港的需要，由交通部在天津港组建了第一支集装箱运输专业车队，并通过技术改造，建成了第一座集装箱公路中转站。

一、公路集装箱运输的条件

1. 对公路技术规格的要求

一般来说，运输大型集装箱的车辆，最大轴负重10t，双轴负重16t就够了。为了最大限度利用轴负重，可使用不受高度限制的低拖车。所以，对公路基本建设的最低要求是公路网的载运能力至少必须等于轴和双轴的负重和车辆上载运一个按定额满载集装箱的总重量。运输20ft、30ft、40ft的集装箱，公路必须满足下列要求：

1）车道宽度3m。

2）路面最小宽度30m。

3）最大坡度10%。

4）停车视线最短距离25m。

5）最低通行高度4m。

上述数据是以每小时行车速度30km为基础计算的。

2. 对运输车辆的要求

汽车集装箱运输的车辆是根据集装箱的箱型、种类、规格尺寸和使用条件来确定的。一般分为货运汽车和拖挂车两种，货运汽车一般适用于小型集装箱，作短距离运送；拖挂车适用于大型集装箱，适合长途运输，它的技术性能较好，在一些工业发达国家采用拖挂车较多。

3. 配备必备的装卸机械

虽然汽车集装箱运输的装卸作业主要在场、站或货主自己的库场上进行，无需像码头、铁路货场那样进行大量的集装箱装卸工作，但为了适应某些货主以及汽车集装箱货场作业的要求，也需要配备一定数量的装卸集装箱的机械设备。

4. 公路集装箱营运管理

汽车集装箱的营运管理主要指两方面，一是货运组织工作；二是车辆的运行管理。

（1）货运组织工作　包括集装箱运输的货源组织、集装箱的业务管理和装卸作业、运费结算、集装箱的保管、交付以及与其他部门的衔接配合工作等。

（2）车辆运行管理　车辆运行管理是指集装箱业务量的分配、车辆运行计划制订、运输工作的日常管理、集装箱车辆在线路上的运行组织管理、集装箱的运输统计分析等。

除此之外，开展汽车集装箱运输还应根据集装箱的运量配置适当规模的集装箱堆场、停车场，以及开展拼箱作业使用的仓库、设备等。在集装箱运输发达的国家，为了提高运输效率，广泛配备电子计算机和现代化的通信设备，实现管理现代化。

二、公路集装箱货物运输的特点

公路集装箱运输由于其货物的包装形态发生了质的变化，因此其货物的装卸、运输过程（即流程）也将发生变化。就其货物运输的流转程序来说，出口集装箱货物必须是先将分散的小批量货物预先汇集在内陆地区有限的几个仓库或货运站内，然后组成大批量货物以集装箱形式运到码头堆场，或者由工厂、仓库将货物整箱拖运到码头堆场。进口集装箱货物如果是整箱运输的，将直接送往工厂或仓库掏箱，如果是拼箱运输的，将箱子送到堆场或货运站拆箱后再分送。这一种货物的运送方式同传统的运输运送方式有着很大的不同。首先，它的运送路线来得简单、方便，一般都在固定的几个仓库、货运站、堆场，这对集装箱运输规模化、标准化创造了有利的条件；其次，它的作业方式将更容易实现机械化和程序化，为开展集装箱码头堆场、货运站直至仓库之间的拖挂车运输打下了良好的基础，这对提高集装箱公路运输效率有重要意义。

就其货物的装卸流程来说，集装箱货物分整箱货和拼箱货两种，整箱货是由发货人自行装箱，拼箱货是由集装箱货运站负责装箱。这同传统的件杂货装卸也有了很大的区别。首先，从装卸业务上来看，明确规定了整箱货由货主自行装箱，拼箱货由货运站负责，这就从根本上解决了以往由公路运输单位装卸而造成质量差的老大难问题；其次，从管理上来看，由货主或货运站装箱、拆箱也更便于实现专业化、熟练化。集装箱货物装卸流程的变化也使各环节中的责任划分更加明确。

总结起来，现代集装箱运输发展到目前，公路集装箱运输大约表现出以下一些方面的特点：

1. 集装箱汽车运输在集装箱的整个运输中充当末端运输

所谓末端运输是指运输活动开始与结束部分的活动，即从发货人那里取货和将货送到收货人门上。纵观集装箱各种运输过程，不管是水路运输、铁路运输还是航空运输，其开始和结束都不可能离开集装箱汽车的运输。离开集装箱汽车，现代集装箱运输的“门到门”的优势就不可能存在。

2. 辅助作用

在大多数情况下，集装箱汽车运输在集装箱的各种运输方式之间起衔接性、辅助性的作用，是通过陆上“短驳”，将各种运输方式衔接起来，或最终完成一个运输过程。只在少数情况下，集装箱公路运输扮演“主力”角色，从头至尾完成一次完整的运输过程。

3. 集装箱公路运输的缺点

集装箱公路运输方式与其他运输方式相比存在以下缺点：运力与速度低于铁路运输；能耗与成本却高于铁路、水路运输；安全性低于铁路和水路运输；对环境污染的程度高于铁路和水路运输。所以，在有些国家和地区（如欧洲的许多国家）都以立法和税收优惠政策等方式，鼓励内河运输与铁路运输，限制集装箱的长途公路运输。集装箱公路运输合适的距离，与各个国家和地区的经济发展程度、地理环境有关。如美国，由于内陆幅员辽阔，高速公路网发达，一般认为600km为集装箱公路运输的合适距离；日本四周环海，沿海驳运很方便，所以认为集装箱公路运输在200km之内比较合理；我国虽然内陆也幅员辽阔，但公路网络迄今为止还较差，铁路网络相对较发达，所以一般认为公路运输应控制在300km左右。

三、公路集装箱运输的货源组织

1. 公路集装箱货源组织的客观性与主观性

集装箱货源的客观性是指集装箱货源受国家政策的影响很大，牵涉到国家对外贸易的发展和集装箱化的比例，同时还受到货主、货运代理以及船公司等各种变化的影响，因此从公路集装箱运输货源来说，其平衡性和稳定性只是相对的、暂时的。由于货源的不平衡性，对运输的需求也是经常处于不稳定的状态，因此集装箱公路运输在时间上和方向上都存在着一定的不均衡性。表现在货物的流量上，月度、季度或各旬间有很大差异，上行和下行也存在很大差异。所以说，集装箱公路运输的客观因素在一定程度上左右了公路集装箱运输的发展。

2. 公路集装箱货源组织形式

集装箱货源组织最基本的形式是计划调拨运输，就是由公路运输代理公司或配载中心统一受理由口岸进出口的集装箱货源，由代理公司或配载中心根据各集卡公司（车队）的车型、运力以及基本的货源对口情况，统一调拨运输计划。计划运输是保证集装箱公路运输正常发展的前提，也是保证企业效益的主要支柱。同时，计划运输对公路集装箱运输的运力调整和结构调整起着指导作用。合同运输是集装箱公路运输的第二种货源组织形式。在计划调拨运输以外或有特殊要求的情况下可采用合同运输形式。由船公司、货运代理或货主直接与集卡公司（车队）签订合同，确定某一段时间运箱量。这尽管是计划外的，但是长期的合同运输事实上也列入了计划运输之列，这对稳定货源、保证计划的完成同样具有积极的意义。第三种货源组织形式是临时托运。临时托运可视为小批量的、无特殊要求的运输，它一般不影响计划运输和合同运输的完成。这主要是一些短期的、临时的客户托运的集装箱，但也是集卡公司（车队）组货的一个不可缺少的货源组织形式。

3. 公路集装箱运输货源组织的手段

（1）委托公路运输代理公司或配载中心组货　这是组织货源的主要渠道。公路集装箱运输代理公司或配载中心一旦成立并发挥职能，其货源组织的能量是不可低估的，这不仅在于作为专门的公路集装箱运输货运代理与集装箱运输有关单位有密切的联系，业务上熟悉，商务上也便于处理，更重要的是，对客户要方便得多。这在事实上将提高其知名度，反过来其业务量亦将随之增大。

（2）建立营业受理点　委托集装箱公路运输代理公司或配载中心受理集装箱托运业务，并不排斥各集卡公司（车队）在主要货主、码头、货运站设立营业受理点。这有几个好处：一是能及时解决一些客户的急需或特殊需要；二是作为集卡公司（车队）在现场营业，办理托运，能更快地了解、掌握集装箱运输市场的信息动态，从而为其运输经营提供依据；三是允许适度的竞争对搞活集装箱运输市场是必要的，但是各集卡公司（车队）设立营业点必须行为规范，严格执行运价规定，并负责所产生的一切后果。

3. 参加集装箱联办会议和访问货主

参加集装箱联办会议，及时了解港区、货代、货主的货源情况，也是一个组货的好渠道。与他们保持密切的联系，随时掌握他们手中的货源，并争取运输。经常走访主要货主单位，与他们建立正常的业务联系；主动帮助客户解决运输疑难问题，与其确立稳定的业务关系。

训练与提高

一、填空题

公路集装箱货源的组织形式有________、________和________三种。

二、选择题

1. 在各种运输方式中，事故率最高的是________。

A. 公路运输　　B. 水陆运输　　C. 铁路运输　　D. 航空运输

2. 在集装箱的整个运输中充当“末端运输”的是________。

A. 公路运输　　B. 水陆运输　　C. 铁路运输　　D. 航空运输

三、简答题

简述公路集装箱运输的特点？

第二节　集装箱公路运输车辆

在全世界，厢式半挂车与集装箱拖挂车已成为公路货运的主要装备，占发达国家公路货运量的90%，已成为一个国家交通运输综合水平的重要标志。美国每年进出口700万标箱，有三分之二通过汽车运输，平均运距为800km。这种运输可提高效率30%～50%，成本降低30%～40%，油耗下降20%～30%。我国的集装箱运输当前主要为外贸服务。而厢式货车、集装箱拖挂车、特别是8t以上的多轴重载大型汽车，不仅为外贸，也为内贸服务，特别是物流活动中的“门到门”服务。

一、几种集装箱运输车辆

承运人提供的集装箱运输车辆，应是技术状况良好，带有转锁装置，能与所载集装箱要求相适应，能满足所运载集装箱总质量的要求。集装箱运输车辆通常采用单车型式或牵引车加半挂车的列车组合形式，半挂车分为框架式、平板式和自装自卸式等。

按照集装箱所装载货物的性质，集装箱汽车运输分为普通箱、特种箱汽车运输；特种箱包括危险货物箱、冷藏保温箱、罐式箱等。根据集装箱箱型情况和贸易运输合同，集装箱汽车运输分为国际箱、国内箱汽车运输。

1. 普通集装箱货车

一般由牵引车和集装箱组成，集装箱牵引车（Tractor），又称拖车。集装箱牵引车本身不具备装货平台，必须与挂车连在一起使用，是专门用以拖挂或牵引车的。挂车本身没有发动机驱动，它是通过杆式或架式拖挂装置，由牵引车或其他的汽车牵引，而只有与牵引车或者其他汽车一起组成汽车列车方能构成一个完整的运输工具，如图 4-1 所示。

牵引车按拖带挂车的方式分：

（1）半拖挂方式　它是用牵引车来拖带装载了集装箱的挂车。这类车型集装箱的重量由牵引车和挂车的车轴共同分担，故轴压力小；另外，由于后车轴承受了部分集装箱的重量，故能得到较大的驱动力；这种拖挂车的全长较短，便于倒车和转向，安全可靠；挂车前端的底部装有支腿，便于甩挂运输。

图 4-1　集装箱牵引车与挂车

（2）全拖挂方式　是通过牵引杆架与挂车连接，牵引车本身可作为普通载重货车使用。挂车亦可用支腿单独支承，全挂车是仅次于半拖挂车的一种常用的拖带方式，操作比半拖挂车困难。

（3）双联拖挂方式　它是半拖挂方式牵引车后面再加上一个全挂车，实际上它是牵引车拖带两节底盘车。这种拖挂方式在高速行进中，后面一节挂车会摆动前进，后退时操作性能不好，故目前应用不广。集装箱牵引车拖带挂车的三种方式如图 4-2 所示。

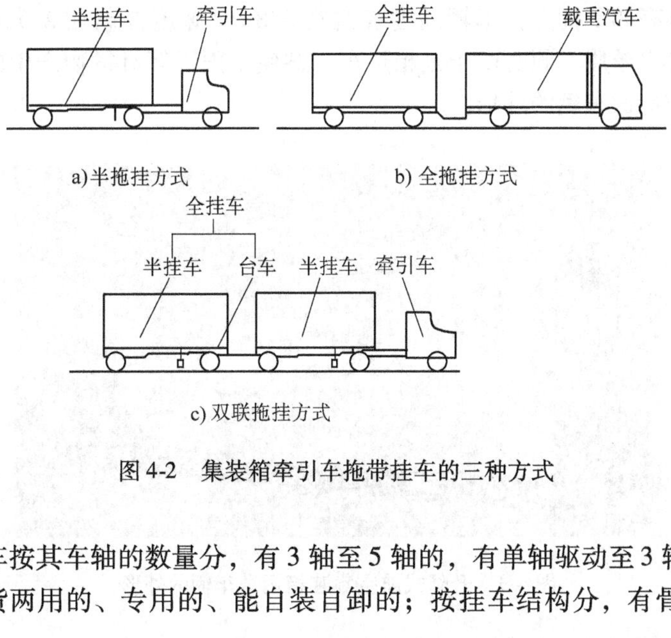

图 4-2　集装箱牵引车拖带挂车的三种方式

集装箱牵引车按其车轴的数量分，有 3 轴至 5 轴的，有单轴驱动至 3 轴驱动的不等；按其用途分，有箱货两用的、专用的、能自装自卸的；按挂车结构分，有骨架式、直梁平板式、阶梯梁鹅颈式等。

2. 集装箱半挂车

（1）平板式集装箱半挂车　这种半挂车除有两条承重的主梁外，还有若干横向的支撑梁，并在这些支撑梁上全部铺上花纹钢板或木板。同时，在集装箱固定装置的位置，按集装箱的尺寸和角件的规格要求，全部安装旋锁件。因而它既能装运国际标准集装箱，又能装运一般货物。在装运一般货物时，整个平台承受载荷。平板式集装箱半挂车由于自身质量较大，承载面较高，所以只有在需要兼顾装运集装箱和一般长大件货物的场合才采用。

（2）骨架式集装箱半挂车　这种半挂车专门用于运输集装箱。它仅由底盘骨架构成，而且集装箱也作为强度构件加入到半挂车的结构中予以考虑。因此，其自身质量较轻，结构简单，维修方便，在专业集装箱运输企业中普遍采用这类车。

（3）鹅颈式集装箱半挂车　这是一种专门运载40ft 集装箱的骨架式半挂车。其车架前端拱起的部分称作鹅颈。当半挂车装载40ft 集装箱后，车架的鹅颈部分可插入集装箱底部的鹅颈槽内，从而降低了车辆的装载高度，在吊装时还可以起到导向作用。鹅颈式半挂车的集装箱固定转锁装置，与骨架式半挂车稍有不同。

3. 集装箱自装自卸车

这种车辆按其装卸形式的不同可分为两类。一类是后面吊装型，它是从车辆的后面通过特制的滚装框架和由液压电动机驱动的循环链条，将集装箱曳拉到车辆上完成吊装作业的，卸下时则相反；另一类是侧面吊装型，它是从车辆的侧面通过可在车上作横向移动的变幅式吊具将集装箱吊上吊下。由于集装箱自装自卸车具有运输、装卸两种功能，在开展由港口至货主间的门到门运输时，无需其他装卸工具的帮助，而且使用方便，装卸平稳可靠，又能与各种牵引车配套使用，除了装卸和运输集装箱外，还可以运输大件货物和进行装卸作业，因此深受欢迎，应用范围也日益广泛。

4. 现代集装箱运输车辆

（1）升降式航空集装箱运送车辆　这是一种原木物流枢纽采用的新型升降式航空集装箱输送车辆，它具有如下优点：车辆高度控制在3.8m，宽度控制在2.5m以内，从而避免与道路上的限高发生矛盾。同时由于是箱形车，避免了雨天等对货物产生的影响。图4-3为升降式航空集装箱运送车辆的外形。

图4-3　升降式航空集装箱运送车辆的外形

(2) Swap Body 方式集装箱运输车 所谓 Swap Body 是可交换的车厢的意思，也就是说，货车的车厢是可以“脱卸”的，“脱卸”下来的货车车厢直接装载到铁路车辆上面，到达目的地之后再由其他货车装运。Swap Body 方式集装箱运输车具有以下特点：

1）Swap Body 是以货车为基点进行设计的，由于箱体的重量减轻了，与同样尺寸的集装箱相比，货物装载重量及容量都有所扩大。

2）根据用途可以进行多种变化，由于不需要集装箱那样的强度，因此制造费用比较便宜。

3）铁路集装箱运输由于需要使用铁路专用集装箱，因此转载其他方式比较困难。使用 Swap Body 的情况下，可以非常容易地从一种运输方式转换到另一种运输方式。

4）可以直接在用户的庭院内进行 Swap Body 的装载，由于可以自行脱卸，因此可以在用户的庭院内不用大型专用设备进行装卸。

Swap Body 方式集装箱运输车装卸形式如图 4-4 所示。

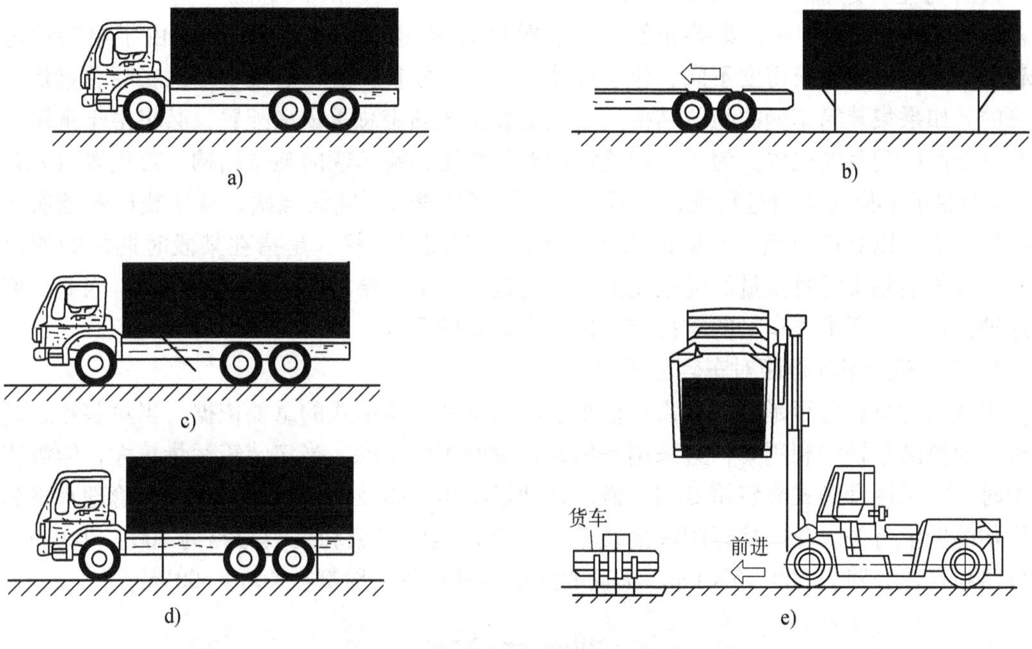

图 4-4 Swap Body 方式集装箱运输车装卸形式

a）提升 b）脱离车辆底盘 c）放下支脚 d）下降车辆底盘 e）向铁路车辆装载

欧洲为了解决环境污染及交通拥挤问题，以德国为中心已有大约 30 万台以上的 Swap Body 在运行，日本在货车换载方面已经使用，现在进一步开始在铁路运输中试行。Swap Body 是综合运输的一种重要的方式，日益受到人们的关注。

这里对集装箱在公路运输车辆上的固定方式进行介绍。

为了保证集装箱在公路上运输的安全，集装箱必须用四个底角件牢牢地固定在运输车辆上。在公路车辆上通常使用的固定方法是扭锁。这种扭锁的顶端锥体状的蘑菇头（Cone）可以手动操作，摆动手柄就能使它旋转 90°角。图 4-5a 为锁后状态，图 4-5b 为锁前状态。

除了扭锁之外，公路车辆上还有其他固定集装箱的固定件。如锥体固定件和导位板固定件。锥体和导位板固定件一般是在港站内低速和短距离行驶的条件下使用，使用时必须用锁销（Locking Pin）把集装箱锁住，一方面可以起定位作用，另外还可以承受水平方向和垂直方向的反作用力。否则车辆在不平整道路上行驶时，由于车辆的颠簸，集装箱可能会跌落下来。

二、集装箱车辆运输的技术条件

1. 集装箱的规格尺寸和额定总重量对车辆的要求

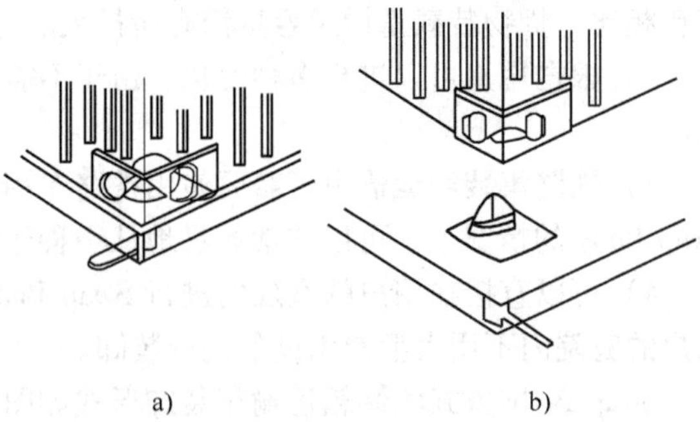

图 4-5　公路车辆底盘上的钮锁

按照 ISO/TC104 委员会的标准规定，集装箱的宽度均为 8ft；高度有 8ft、8. 5ft、小于 8ft、9. 5ft 4 种，以 8. 5 ft 为主；长度有 40ft、30ft、20ft、10ft 4 种，主要是 40ft 和 20ft 两种。因此，配备车辆要以 40ft 和 20ft 车为主，半挂车的结构以直梁骨架式和平板式为主，运输 9. 5ft 高集装箱，则需采用鹅颈式半挂车。40ft 集装箱的额定总重量为 30. 48t，20ft 箱为 24t。由于集装箱每次装载各类商品的单位堆密度不同，包装尺寸也不同，故货物装箱后集装箱的实际总重量是不相等的。如果集装箱车辆的吨位结构只按照集装箱的额定总重量来配置，必将由于重箱的实载率过低而出现亏吨现象。为了合理确定配置集装箱运输车辆的吨位结构，首先要对 20ft 和 40ft 集装箱的实际总重量进行统计分析，并将其划分成若干吨级档次，从中找出各档次之间的比例关系，以此作为配置车辆的依据。所谓合理配置车辆，是指在某段时期内的相对合理，因为集装箱实际总重量的吨级比例，是随进出口商品结构的变化而变化的。因此，要根据这种变化，对所配置车辆的吨位结构比例作必要的调整。

2. 集装箱运量和运距对车辆的要求

集装箱运量和运距是确定所需运输车辆的数量和结构形式的重要依据。当集装箱运量不大时，为提高车辆的利用率，宜采用平板式箱货两用型车辆。当集装箱运量较大，箱源比较集中时，宜采用骨架式集装箱专用车辆。合理运距与公路技术等级、企业经营管理水平和箱内货物的价值有关。我国接运国际集装箱公路合理运距二级和三级公路为 200 ~ 300km，一级公路和高速公路为 300 ~ 500km。车辆的持续行驶里程一般都在 400 ~ 600km。

训练与提高

一、填空题

1. 集装箱运输车辆通常采用________和________________形式。
2. 按照集装箱货物的性质，集装箱汽车运输分为________和________汽车运输。
3. 汽车集装箱特种箱包括________、________和________。
4. 牵引车按拖带挂车的方式分有________、________和________方式。

二、简答题

公路集装箱运输车辆主要有哪几种?

第三节　集装箱公路运输中转站

集装箱公路运输中转站是指在港口或铁路办理站附近用于水运、铁路向内陆和经济腹地运输的基地和枢纽，是集装箱内陆腹地运输的重要作业点之一。集装箱公路中转站、货运站的设置和配备，应符合GB/T—12419《集装箱公路中转站站级划分和设备配备》的要求。场站作业人应配备集装箱专用装卸机械和装拆箱作业机械，装卸机械应有集装箱专用吊具，装卸机械的额定起重量要满足集装箱总质量的要求。装拆箱作业机械要能适应进箱作业。

一、集装箱公路中转站的功能

在国际集装箱由海上向内陆延伸的运输系统中，公路中转站是一个重要作业环节，也是箱货交接及划分风险责任的场所。它集门到门运输，中转换装，集装箱交接、堆存、拆装和货物仓储以及集装箱的清洁、检验和修理等多种作业功能于一体，并可揽货、代办提箱、报关、报验等业务，与船公司、港口、国际货运代理等企业及一关三检、理货、保险等部门有着密切的业务联系和协作关系。正是它的多种作业功能，决定了其在国际集装箱运输系统中的重要地位和作用。

1. 公路中转站是国际集装箱运输在内陆集散和交接的重要场所

随着外向型经济和国际贸易的发展，内陆地区外贸商品的进出口频率和数量显著增多。内陆中转站的建立，可预先在腹地集中出口货物，按流向将货物进行合理分配积载拼装成箱，再根据运输要求及时向港口发运。具备一关三检的中转站，货物还可就地通关。这样的运输组织形式可以显著提高进出口货物的集装化程度，有效地减少货损货差，缩短集装箱周转时间，提高集装箱的利用率。

2. 公路中转站是港口向内陆腹地延伸的后方库场

通过公路中转站堆存、仓储和中转等功能的发挥，可使进口国际集装箱货物能够快速有效地从港口运往内地及时交付收货人。出口集装箱货物可根据货物的流量、流向、品类及船期安排，有计划有准备地按期起运，进港上船。内陆公路中转站的设立，等于将港口的后方库场延伸到了内陆腹地，大大缩短船、箱、货的在港停留时间。

3. 公路中转站是海上国际集装箱向内陆延伸运输系统的后勤保障作业基地

内陆公路中转站的设立起到海上国际集装箱向内陆延伸运输系统的后勤保障作业基地的作用。因为集装箱在使用寿命期间，为保证不危及人身安全并及时取消其存在的缺陷，集装箱经营人都要通过合同方式委托集装箱堆场经营人按照《国际集装箱安全公约》对集装箱定期进行检验和修理。而公路中转站一般均具备上述作业所需的软硬件条件。

4. 公路中转站既是内陆的一个口岸又是国际集装箱承托运等各方进行交易和提供服务的中介场所

公路中转站的设立是国际集装箱由港口向内陆腹地延伸运输系统中的一个重要窗口。它既是内地办理国际集装箱进出口业务的一个口岸，又是国际集装箱货主、货代、船公司、集装箱管理部门、公路运输企业以及与之有关的一关三检等各方进行交易和为之监管服务的中介场所。由于公路中转站完善的设施和规范有效的运作，从而能保证国际集装箱运输在内陆延伸系统中的顺利进行。

5. 公路中转站的设立可改善内陆地区的投资环境

随着内陆外向型经济的快速发展，对国际集装箱运输的需求将更加迫切。这既是我国经济发展的需要，也是与国际贸易接轨的要求。而内陆公路中转站的建立将促进内陆集装箱运输的发展。由于国际集装箱运输的发展将进一步优化内陆招商引资环境，提高国际贸易管理水平，增强出口产品的竞争力，从而大大推动内陆外向型经济的快速发展。

二、集装箱公路运输中转站生产工艺典型平面布置

采用叉车工艺集装箱公路运输中转站的一般平面布置如图 4-6 所示。一般由主作业区和辅助作业区两大部分组成。

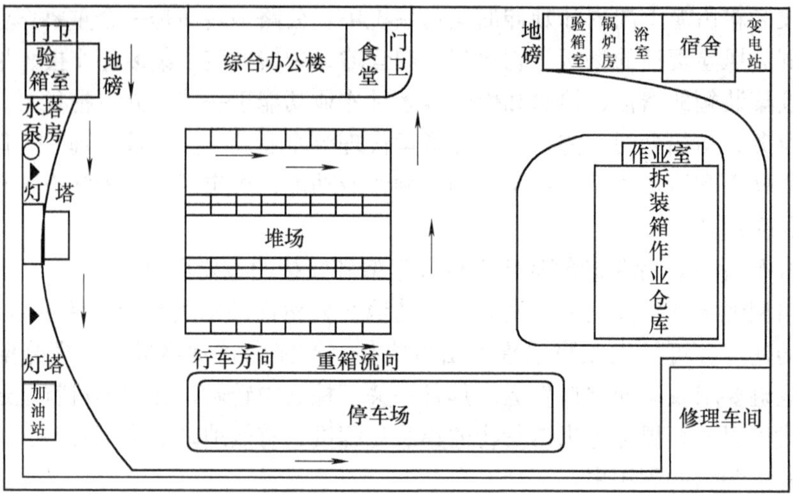

图 4-6　集装箱公路运输中转站布局图

1. 主作业区

（1）集装箱堆场　在这一区域完成集装箱货车进场卸箱作业与出场装箱作业的全过程，同时在这一区域进行集装箱日常堆存。集装箱堆场可按空箱、重箱分别划分区域，如代理船公司、租箱公司作为内陆收箱点的，还可按箱主分别划分堆箱区域。在堆箱区域中，国内箱（小型箱）与国际标准箱要分开。通常国内箱区应放在较靠外的位置，国际标准箱放在较靠里的位置。集装箱堆场的地面必须作负重特殊处理，以满足相关的负荷要求。

（2）集装箱拆装箱作业仓库　在这一区域主要完成集装箱拆箱、装箱作业和集装箱拼箱货集货、集装箱拆箱货分拣、暂时储存及某些中转货物的中转储存等工作。仓库的规模应能满足拼、拆箱量的需求，在仓库一侧一般设置“月台”，以备集装箱货车进行不卸车的拼、拆箱。应有适当开阔面积的拼、拆箱作业区，便于货物集中、分拣与叉车作业。按需要，可设置进行货物分拣的皮带输送机系统。同时，应有适当规模的货物储存区域。

从现代物流各种运输与物流环节“整合”的角度考虑，集装箱公路运输中转站在其集装箱拆、装箱作业仓库，还可以根据需要与可能，发展一些流通加工业务与配送业务，在某

种程度上，行使第三方物流的职能，使自身的业务面进一步拓展。

2. 辅助作业区

1）大门检查站主要负责进站集装箱的设备检查与交接，以便分清责任。

2）综合办公楼主要进行各种单证、票据的处理，信息交换、作业调度等。

3）加油站满足进出站集装箱货车的油料补给。

4）停车场、洗车场。

5）修理车间主要满足集装箱货车、装卸机械的修理任务；如有条件和必要，可配备集装箱修理的力量。

同时按照站内外运输道路及站内车辆的流向，合理确定各区域的进出口通道和中转站大门的位置，尽量避免站内外车辆的交叉流动。站内一般采用单向环形道路，路面宽4m，如采用双行道，路面宽取7～8m，以便于汽车在站内安全运行，主要通道的转弯直径宜为36m。

三、集装箱公路运输中转站装卸工艺类型

集装箱公路运输中转站装卸工艺方案有以下六种方式：

1. 轮胎式龙门起重机装卸工艺

在集装箱堆场上，配置轮胎式龙门起重机，集装箱货车送达或启运的集装箱，均通过轮胎式龙门起重机装卸。

2. 跨运车装卸工艺

集装箱货车进场送达与启运出场的箱子，均通过跨运车装卸。

3. 正面吊装卸工艺

集装箱货车进场送达与启运出场的箱子，均通过正面吊装卸。

4. 集装箱叉车装卸工艺

集装箱货车进场送达与启运出场的箱子，均通过集装箱叉车进行装卸。

5. 汽车起重机或轮胎式起重机装卸工艺

以汽车起重机或轮胎式起重机代替正面吊，进行进出场箱装卸。

6. 底盘车工艺

进出场的集装箱均不予装卸，进场时集装箱与车头拆开，底盘车直接停在场地上；出场时与车头挂上，直接开出。

在以上6种工艺中，轮胎式龙门起重机工艺与跨运车工艺方案初始投资较大，只适用规模大、运量稳定的公路中转站采用。正面吊工艺方案由于其初始投资较小，使用灵活，正在被越来越广泛地采用；规模一般或较小的中转站，可考虑采用叉车工艺。中转站规模与装卸工艺方案的选择，可按下列配比考虑：

1）年堆存量为9 000TEU以上的一级站，以轮胎式龙门起重机为主，集装箱叉车为辅。

2）年堆存量为4 000～9 000TEU的二级、三级中转站，宜以正面吊为主，集装箱叉车为辅。

3）年堆存量为4 000TEU以下的四级站，宜以叉车为主，汽车起重机为辅。

4）处于起步阶段的中转站，采用汽车起重机或底盘车工艺。

知识卡

集装箱公路中转站站级划分

集装箱公路中转站站级划分的主要依据是中转站设计年度的年箱运量和年堆存量，见表4-1。

表4-1 集装箱公路中转站站级标准表 （单位：千标准箱）

集装箱中转站等级	年箱运量（海港附近）	年堆存量（海港附近）	年箱运量（河港附近或陆运枢纽附近）	年堆存量（河港附近或陆运枢纽附近）
一级站	30以上	9以上	20以上	6以上
二级站	16~30	6.5~9	10~20	4~6
三级站	8~16	4~6.5	5~10	2.5~4
四级站	4~8	2.5~4	2~5	1~2.5

训练与提高

一、选择题

1. 在年堆存量为9 000TEU以上的一级中转站，应以________装卸工艺为主。

   A. 叉车　　B. 正面吊　　C. 汽车起重机　　D. 龙门起重机

2. 以叉车作为主要装卸工艺适于________的场合。

   A. 规模大、运量稳定的中转站　　B. 规模小的中转站　　C. 起步阶段的中转站

二、简答题

1. 集装箱公路中转站的功能有哪些？
2. 公路集装箱运输中转站装卸工艺有哪几种方案？

本章小结

✓公路集装箱运输是集装箱运输大系统中的一个重要子系统，是港口集装箱运输的配套体系，是集装箱集疏运的主要手段，有利于发挥多式联运的优越性。本章介绍了集装箱汽车运输、集装箱运输车辆以及集装箱公路运输中转站等公路集装箱运输中的重要内容。

第五章　集装箱铁路运输

本章知识要点

◇铁路集装箱运输的特点和运输任务
◇铁路的运输设备
◇铁路集装箱运输的组织和办理程序
◇货物交接方式以及责任的划分

第一节　概　　述

铁路运输是现代运输业的主要运输方式之一。自1825年英国正式营运的从斯托克顿至达林顿修建的第一条铁路以来，至今已有180多年的历史。但对于集装箱运输而言，在铁路运输中真正得到应用和发展则是近50年的事。半个世纪以来，铁路集装箱运输从技术设备到经营管理已日益改善，并形成了一整套新的运输体系。进入20世纪60年代以来，铁路集装箱运输与公路集装箱运输的结合，导致了多式联运的发展，并出现了陆海联运的大型集装箱。同时，海上集装箱运输的高速成长，又反过来促进了铁路集装箱运输的大发展。近年来，一些工业发达国家的集装箱运输组织开办了定期直达专列，使铁路集装箱定点、定线、有计划地运送集装箱货物，从而使铁路集装箱运输逐步实现了机械化和自动化。

从世界铁路集装箱运输的发展情况看来，以下几个特点值得关注：铁路集装箱运输量增长迅速，在美国、欧盟等发达地区尤为明显，据统计，1986年欧洲地区铁路集装箱运输货物年运量是8 000万吨，2000年达到1.8亿吨，预计2015年欧洲的铁路集装箱运输量将比2000年翻一番；集装箱运输设备不断更新改造，提高专用车辆的运行速度，提高装载量，实现大型化，采用新型材料，设计新结构，改善运营特性和参数，扩大通用装箱使用范围，适当发展专用箱，箱型规格标准化、系列化，以适应于国际联运的要求；以及综合交通网络、自动化运营管理的加快建设，有效的运输组织方式、发达的集装箱运输追踪查询系统的形成等等。

一、集装箱铁路运输方式

集装箱铁路运输方式主要有集装箱定期直达列车，集装箱专运列车，快运货物列车与普通货运列车等四种。

1. 集装箱定期直达列车

集装箱定期直达列车主要用于处理整列的集装箱货源。集装箱定期直达列车起源于英国，后在美国与欧洲一些国家广泛采用。集装箱直达列车一般定点、定线、定期运行，发货人需预约箱位，准时发到箱子；集装箱直达列车通常固定车皮的编排，卸货后，循环装货，不轻易拆开重新编组。列车编组一般不长，多以 20 辆专用车为一列。集装箱定期直达列车的终端站，一般用一台龙门起重机，下设两三股铁路线和一条集装箱货车通道，进行铁—公换装。大的集装箱办理站有 2 ~3 台龙门起重机，下面有 6 股铁路线。龙门起重机一侧悬臂下为集装箱堆场，另一侧为集装箱货车通道，以此完成换装工作。每次列车通常在到达几分钟后就开始装卸，在大的中转办理站，一次列车从卸货到装货启程返回，一般不超过 2h。为了加速与简化列车到发作业，铁路集装箱办理站一般拥有联络线、机车调头设备及其他有关作业设备。

2. 集装箱专运列车

集装箱专运列车也是用于处理整列的集装箱货源。它与集装箱定期直达列车的区别：不是定期发车，一般运程较长，主要用于处理货源不均衡与船期不稳定的问题。它与集装箱定期直达列车相同之处是两者通常均列入铁路运行图。

3. 普通的快运货物列车

对于整车的集装箱货源，通常难以编入定期直达列车或专运列车，一般可在集装箱办理站装车皮后，在铁路编组站编入普通的快运货物列车。这类快运列车的车速一般可达 100 km/h 以上。

4. 普通的货运列车

对于整箱的集装箱货源与拼箱的集装箱货源，通常编入普通的货运列车装运。它的装运的速度与到站后的装卸效率，远不如直达列车与专运列车。

二、我国集装箱铁路运输的发展现状

与发达国家相比，我国的铁路运输还远远达不到发达国家的水平，但与以前相比，却有了很大的改观。我国的铁路运输业获得了迅速的发展，在铁路新线建设和旧线技术改造，建立铁路工业体系，改善和加强铁路经营管理等方面都取得了巨大的成就。

为了更快适应铁路运输业的发展趋势，应对入世的挑战，我国在铁路运输方面将率先对外开放货物运输，特别是铁路的集装箱运输。目前，我国的铁路集装箱运输收费与国际市场相比较低，而经营成本较高，但由外资经营中国的铁路集装箱运输业务，必定会把有关项目与其他交通运输或物流体系等相结合，以发挥最大的经济效益。随着西部大开发的正式展开，西部货物通过沿海出口，或直接出口至毗邻的东南亚国家将较过去大大增加，对铁路集装箱的需求因而大增，这将给我国的铁路集装箱运输带来极大商机。今后，我国的铁路货物运输将以改善货物运输质量、提高货物送达速度、积极开展多式联运、实现门到门运输为目标，形成铁路集装箱货物运输系统。突出点线结合，软硬件匹配。重点强化一些特大型集装箱货站建设，改造大连、呼和浩特、青岛、宁波、乌鲁木齐五个大型集装箱货站，形成连接各主要港口和内陆口岸的集装箱快速运输通道。抓紧组建专业化公司，积极增加集装箱保有量，发展集装箱专用车辆，改进集装箱运输组织方式，使铁路集装箱运输质量有较大提高。

训练与提高

一、填空题

1. 铁路集装箱运输方式主要有________、________、________和________等 。

2. 我国的铁路货物运输将以改善货物运输质量、________、积极开展多式联运、________为目标，形

成铁路集装箱货物运输系统。

二、多项选择题

1. 铁路集装箱运输的发展趋势包括以下________方面。

A. 机械化 B. 自动化 C. 标准化 D. 高速化

2. 集装箱定期直达列车的特点是________。

A. 定点 B. 定期 C. 定线路 D. 定量

三、判断题

1. 我国已经实现铁路集装箱运输与公路集装箱运输之间的多式联运。( )

2. 普通集装箱列车主要用于处理整列的集装箱货源。( )

3. 集装箱定期直达列车一般需要发货人预约箱位。( )

四、简答题

铁路集装箱运输的发展有何特点?

第二节 集装箱铁路运输车辆与设施

一、集装箱铁路运输车辆

1. 铁路集装箱专用车辆的发展过程

早期的铁路集装箱运输由于集装箱数量较少，采用普通的铁路货车即可完成集装箱运输任务。随着集装箱运输的不断发展，普通货车在结构上已不适应集装箱运输的需要，由此产生集装箱的专用车辆。集装箱专用车从无到有的发展主要可以分成3个阶段：

第一阶段：利用普通的平车改造成集装箱专用车。

第二阶段：大量新造集装箱专用车。随着国际大型集装箱运输的发展和集装箱数量的增加，要求集装箱专用车辆速度提高，既能固定集装箱，同时又要便于作业。为了适应这一客观形势的需要，各国铁路从20世纪60年代开始相继制造了大量的集装箱专用车。

第三阶段：在集装箱专用车辆的结构上不断创新。目前各国都根据各自特点致力于降低能耗、提高速度、简化结构、加长尺寸、双层铁路集装箱专用车辆等方面的研究，并取得了不少创新和发展。

知识卡 **集装箱专用车**

中国铁路正在积极开展集装箱专用车的研制工作，例如，已经研制的X6B集装箱专用车，载重量为60t，可装载1个40ft集装箱，或2个20ft的集装箱，或1个45ft集装箱，或6个10ft集装箱，全长16 338mm，最大宽度3 170mm，空车装载面高度为1 166mm，构造速度120km/h，自重为22t，已能满足对铁路集装箱专用车辆的需求。

2. 铁路集装箱专用车的类型

集装箱专用车的类型按运输组织分，分为编挂于定期直达列车运送的专用车辆、随普通快运货物列车零星挂运的车辆。用于编定期直达列车的集装箱专用车结构比较简单，绝大部分车辆采用骨架式，无需经过调车作业，无缓冲装置，底架有旋锁加固装置，用以固定集装箱。这种车辆通常都以固定形式编组，定期往返于两个办理站之间。而随快运列车挂运的集装箱专用车要经过调车作业，所以一般要加装缓冲装置，这种缓冲装置各国有不同特点，这是由于各国国情不同采用的缓冲方法也不尽相同。

集装箱专用车装运集装箱的规格尺寸不同，以及集装箱的有效长度和轴数也不一样，例如在长度上有40ft、60ft、80ft，在轴数上有2轴车、4轴车与6轴车等等。各国因铁路线条件和使用条件的不同，集装箱专用车的类型也有不同。

下面专门介绍一下几种集装箱铁路运输车辆：

（1）普通集装箱专用平车　普通集装箱专用平车是世界各国最常见、使用最普遍的集装箱运输车辆。我国从1980年开始研制了第一代N型集装箱专用平车，以后相继研制了一系列X型集装箱专用平车，集装箱专用平车具有结构简单、使用方便、便于维修管理的特点，是我国铁路集装箱运输车辆的最佳种类。

其中X1K集装箱平车如图5-1所示，这种共用平车主要用于装载运输铁路标准集装箱，在车体、强度、装载量、制动性能等方面都较原型车有较大改进。用于装运国际标准40ft集装箱（1个）、20ft集装箱（2个）、国际45ft集装箱（1个）及国内铁路10t通用集装箱（5个）。其底架为全钢焊接结构，并设有国际集装箱翻转式锁头和10t通用集装箱固定锁头，采用13号C级钢车钩、MT—3型缓冲器和转K3型转向架。其运行速度由目前普通货车的70～80km/h提高到120km/h。

图5-1　X1K集装箱平车

（2）公铁路两用车　公铁路两用车使铁路与公路运输可以直接连接。公铁路两用车在美国、西欧、澳大利亚、新西兰、日本等国家和地区都有一定发展，但发展不快，研究原因，主要是因为铁路两用车的结构比较复杂、使用和维修不方便、不好存放和管理等。

（3）双层集装箱车　双层集装箱车就是将集装箱叠放成两层来运输，这种运输车辆比其他的车辆运输效率高很多，但是要开通双层集装箱列车必须具备一定的条件，比如，界限要足够的大，对机车的牵引力和桥梁的通过力这些技术都必须解决。

2004年4月18日铁路第五次大提速——我国首列铁路双层集装箱班列也同时开行。

铁路双层集装箱班列的开行是铁路跨越式发展战略、扩大运能、适应国民经济快速发展需要的一项重大举措。这条铁路集装箱大运量、快速班列将构筑起北京、上海两个重要城市间的大物流通道。

铁路双层集装箱班列特点：采用客车化方式运输，即定点、定时、定线路、定始发站、定到达站。

铁路双层箱班列的装载方式（见图5-2）：使用凹型车装载，下层装载2个20ft国际标准集装箱，上层装载1个40ft或45ft、48ft、50ft、53ft的大容量集装箱。每辆双层箱专用车的载重量约78t，每辆车双层箱的载货容积约140m^3，整列双层集装箱的运能约160TEU。

图5-2　铁路双层集装箱运输

（4）驮背运输车　驮背运输车是将集装箱货车或拖车原封不动的搭载在平车或凹底平车上来运输，它主要运用在公铁联运，这种运输可以减少换装的次数，提高装卸效率，实现“门到门”运输。

3. 集装箱在铁路专用车辆上的固定

集装箱在铁路专用车辆上的固定，与在货车上固定的方法相同，即利用四个底角件加以固定。

集装箱在铁路车辆上一般采用锥体固定件来固定。铁路货车上锥体固定件有两种形式，一种是固定件直接安装在货车底板上，如图 5-3 所示；另一种是把固定件安装在一块活动翻板上，如图 5-4 所示。当货车上不装载集装箱时，翻板通过铰链可翻倒在货车的两侧。这样在装载其他货物时，既不会影响货物的装载，也可避免固定件的损坏。

为了确保铁路运输作业的安全，集装箱在铁路专用车辆上的固定应做到：

1）栓固装置的位置必须明显易见。

2）所有的中介装置应能拆除或移开。

3）在车辆起动之前，须检查集装箱的栓固装置情况。

4）在起吊集装箱之前，应松掉栓固件。

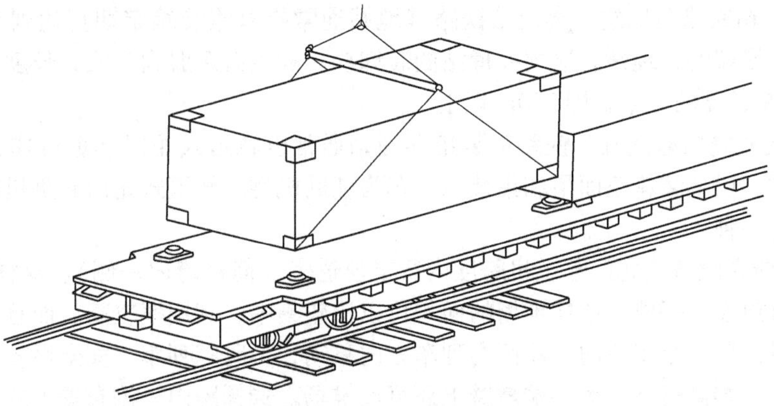

图 5-3　固定件直接安装在货车底板上

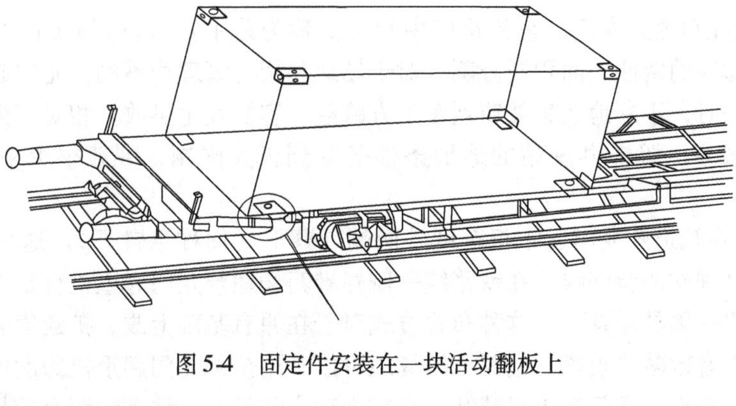

图 5-4　固定件安装在一块活动翻板上

二、集装箱铁路办理站设备与设施

集装箱铁路办理站的设施，通常包括装卸线及轨道式龙门起重机、堆箱场地、辅助生产与管理区设施等。

1. 装卸线及轨道式龙门起重机

集装箱铁路办理站必须拥有一股或数股集装箱装卸线，用于集装箱列车出发前的装车、到达后的卸车、中途的换装，如图 5-5 所示。装卸线的股数和长度与办理站的地位（是基地站还是一般办理站）和集装箱通过量及办理站的业务特点有关。

（1）集装箱通过量小的办理站　必须有一股装卸线，装卸线应不短于相当于 10 节列车的长度，以一节集装箱专用车长 14m 来计算，装卸线长度应不短于 140m。装卸量比较大的办理站，装卸线长度应相应延长到相当于 20 节列车的长度，即 280m。

图 5-5　集装箱铁路装卸线及轨道式龙门起重机

如果是中转量较大（指从一列火车转到另一列火车）的办理站，装卸线应并列放置两股，便于从一列货车上将集装箱直接换装到另一列火车。

（2）集装箱铁路基地站　集装箱铁路基地站通常指有集装箱定期直达列车或集装箱专运列车始发或终端的办理站。这类办理站的装卸线一般应有两股到三股，长度通常应该是一列 50 节专用车长度的一半，即 350m 以上。

（3）轨道式龙门起重机　铁路集装箱办理站通常以轨道式龙门起重机作为装卸线上的基本装卸机械，以集装箱正面吊和集装箱叉车为辅助机型。轨道式龙门起重机在装卸线上布置方式通常有三种：

1）装卸线在轨道式龙门起重机跨度内行走轨道旁（简称跨内一侧）。这样的布置方式，集装箱堆场可放在另一侧，这样堆场的面积可以比较集中，利用率较高。而且龙门起重机在装卸集装箱时，装卸小车单向从箱区向列车方向移动，不跨越列车，安全性较高。货车通道可以放在任意一端悬臂下，另一端悬臂下还可设堆场。选择跨内一侧布置方式，各种操作最协调，平面使用也比较经济，只要办理站的地形条件允许，大多数办理场均采用跨内一侧布置方式。

2）装卸线在轨道式龙门起重机跨度中间（简称为跨中）。这样的布置方式，集装箱堆场只能放在装卸线的两侧，面积被分割，对于场地利用与管理均不利。龙门起重机的装卸小车在装卸集装箱时，不断地在集装箱列车上方跨越，容易发生事故。相对跨内一侧布置，跨中布置的缺点较多。除非办理站的地形条件等受到很大限制，一般很少采用这种布置方法。

3）装卸线在轨道式龙门起重机跨度外两端悬臂下（简称悬臂下）。这种布置大多是利用原铁路线作办理站的装卸线，在铁路线一侧建堆箱场地与龙门起重机行走轨道，将装卸线置于龙门起重机一侧的悬臂下。这种布置方式对于在原有基础上改、扩建集装箱办理站的情况较适宜，可以有效减少投资，同时堆箱场地可以利用全部龙门起重机跨度位置，堆箱量更大。这种方法的缺点是龙门起重机装卸小车在装卸集装箱时，移动的距离较长，降低了作业效率。而且货车道只能置于龙门起重机的另一端悬臂下，当将集装箱在火车与货车之间换装时，龙门起重机的装卸小车所走路线更长。

2. 作业区堆箱场

根据铁路集装箱办理站的集装箱运量，场内存放的空、重箱数量，及办理站每日作业量、作业方式、保管期限、集装箱堆放层数等因素的不同，每个铁路集装箱办理站必须有几个大小不等的堆箱场，堆箱场应划分为若干作业箱区，如图 5-6 所示。

图 5-6　铁路集装箱作业区堆箱场

（1）到达和发送箱区　这里的到达箱是指用火车运输到达，等待由集装箱拖挂车、半挂车送往货主处的集装箱；发送箱是指货主托运的集装箱，已由拖挂车等送到集装箱办理站，等待装车发送的集装箱。这类箱区的安排，应贯彻既有利于铁路车辆，又有利于公路车辆的原则。通常到达箱区应设在靠近集装箱拖挂车场地的位置；发送箱区应设在靠近铁路装卸线的位置。

一般国际标准集装箱与国内标准铁路箱应设不同的堆放箱区。如果办理站受场地面积限制，两类箱子在同一箱区堆放，一般大型国际标准集装箱应设在堆场的尽头处，这样可使箱区划分清晰，便于管理，不同吨位的机械也可分别停放。大小箱区的地面强度也可按不同要求铺设，能有效减少投资。

（2）中转箱区　中转量小的办理站，不一定单独设中转箱区，中转箱可堆放在发送箱区。中转量大的办理站，应专设中转箱区。如有两条装卸线的办理站，中转箱区可设在两条装卸线之间，这样便于在两列集装箱列车之间换装。中转时间长的集装箱，则应移到较远的箱区堆放。

（3）拆装箱区　需在办理站内拆箱与拼箱的集装箱，应设专区堆放。这一箱区应选择在离轨道式龙门起重机较远的地方，场地应较为开阔；也可设置在装卸场地之外。铁路集装箱办理站应尽可能少承担拆、装箱业务。

（4）备用箱区　备用箱区一般设置在装卸机械作业范围之外，主要用于堆存到达后未能及时提取的集装箱。设置备用箱区，可提高到达和发送箱区箱位的利用率。备用箱区一般设置在轨道式龙门起重机的悬臂范围之外。

（5）维修箱区　有维修集装箱能力的铁路集装箱办理站，应单独设置维修箱区。

3. 辅助设施

（1）停车场集装箱送达办理站　从办理站提货，一般都采用集装箱拖挂车或半挂车，因此集装箱办理站会有许多集装箱拖挂车与半挂车进出。由于等待等原因，有些车可能需要在办理站停留一定的时间。所以根据业务量的大小、疏运能力的优劣，铁路集装箱办理站均应设置大小不等的停车场。

（2）维修部门　维修部门既需要维修、保养办理站的各种集装箱装卸设备、设施，也需要维修损坏的集装箱。一般国内标准的小型铁路集装箱修理要求较低，可由办理站的维修部门修理。大型国际标准集装箱，办理站通常不具备维修的条件。

（3）营业与办公部门　集装箱办理站的办公房屋，一般放置在大门入口处，便于对进出的集装箱货车进行登记、检查，办理各类承运交付业务手续。

有些集装箱码头，铁路线一直铺设到码头前沿，这时铁路集装箱办理站与集装箱港口实际已融为一体。铁路集装箱办理站的装卸线甚至会直接延伸到码头集装箱装卸桥的下面，集装箱办理站的概念已完全变化。这样的集装箱水—铁联运，效率是最高的。

训练与提高

一、填空题

1. 火车运输到达，等待由集装箱拖挂车、半挂车送往货主处的集装箱称为________、货主托运的集装箱，已由拖挂车等送到集装箱办理站，等待装车发送的集装箱称为________。

2. 轨道式龙门起重机在装卸线上布置方式有三种，包括：________、________和________。

3. 集装箱专用车的类型按运输组织分，分为________的专用车辆和________零星挂运的车辆。

二、选择题

1. 世界各国最常见、使用最普遍的集装箱运输车辆是哪一种？（　　）

A. 普通集装箱专用平车　　B. 公铁路两用车

C. 双层集装箱车　　D. 驮背运输车

2. 将集装箱车货车或拖车原封不动的搭载在平车或凹底平车上来运输，主要运用在公铁联运，提高装卸效率，实现“门到门”运输。这是下列哪一种运输方式？（　　）

A. 公路运输　　B. 铁路的驮背运输　　C. 水路运输　　D. 航空运输

3. 铁路集装箱办理站的作业区堆箱场包括了下列哪些设施？（　　）

A. 到达和发送箱区　　B. 中转箱区　　C. 拆装箱区

D. 备用箱区　　E. 维修箱区

三、简答题

为了确保铁路运输作业的安全，集装箱在铁路专用车辆上的固定应该注意什么问题？

第三节　集装箱铁路运输和装卸

根据托运人托运货物的数量、体积、形状等条件，结合铁路的车辆和设备等情况，铁路货物运输的形式可分为三种：整车、零担和集装箱。整车运输是指货物的重量、体积或形状需要以一辆或一辆以上的货车装运时；零担运输是指一批货物的重量、体积或形状不够整车运输条件时按零担托运的货物还需具备另两个条件：一是单件货物的体积最小不得小于

0.02m^3（单件货物重量在10kg以上的除外），二是每批货物的件数不得超过300件。符合集装箱运输条件的货物都可按集装箱运输办理。所谓集装箱的“门到门”的运输是指在托运人的装货地点，将货物装入集装箱，通过各种运输方式，将集装箱直接运到收货人卸货目的地的运输。

在运输组织方法和管理手段方面，铁路集装箱运输与零担运输和整车运输不同。铁路集装箱运输经过货源组织、计划配装、装车、中转、卸车、交付等运输过程来完成。一般来讲这些作业都是在铁路集装箱中心站完成。铁路集装箱办理站具有先进的技术装备和仓储设施，是集装箱铁路集散地和班列到发地，具有整列编解、装卸能力，具有物流配套服务和洗箱、修箱条件和进出口报关、报验等口岸综合功能。

一、铁路集装箱货源组织与条件

1. 铁路集装箱货源组织形式

（1）拼箱的集装箱货源　拼箱的集装箱货源是由运输部门根据不同货主托运的货物，加以整理后装载的集装箱货物，也就是一箱几个货主的货物。

（2）整箱的集装箱货源　对货运量较少的货主来说，在其货源能装满一个整箱，但不够一节整车时，有些国家铁路为方便这些货主托运集装箱，则采取按箱计费的办法。

（3）整车的集装箱货源　整车的集装箱货源较普遍，目前，有些国家铁路集装箱专用车长度一般为18.3m（60ft），最长的达27.4m（90ft），一节整车可装载3～4个6.1m（20ft）的集装箱。有些国家的铁路为了争取集装箱货源，规定集装箱运价按整车收取，集装箱总长不得超过24.4m（80ft），装多装少均按车计费。因此，如何配装一节整车的集装箱数量对每箱运费的分摊很有关系。

（4）整列的集装箱货源　同一品名的整列集装箱货源较少，但在与海运联运时，即与集装箱码头相连的枢纽站接运时，由于集装箱船载箱量大，铁路则需要编排整列的、到达同一终点站的集装箱直达列车。

2. 铁路集装箱货源组织的条件

目前，我国铁路集装箱运输主要是把普通零担货物中适合集装箱运输的货物组织起来使用集装箱，它的运输条件主要包括以下几方面：

（1）所装载的货物必须是适箱货　铁路集装箱以装运贵重、易碎、日用品等货物为主，这是因为这些货物价值较高，运输过程中不易发生被盗、丢失、损坏等货运事故。在货源少的情况下，也可装运其他适箱货源。但对那些易于污染和腐蚀箱体的货物、易于损坏箱体的货物、鲜活货物等一般来说不能使用通用集装箱装运。

（2）必须在集装箱办理站办理运输业务　集装箱运输是通过集装箱来运送货物的，所以开办集装箱运输的车站必须备有场地、装卸机械、专业管理人员等条件。

（3）货物必须按一批办理相关的手续　货物的集装箱运输的条件是要满足每批货物必须是同一吨位的集装箱和每批货物至少在一箱以上。

（4）必须由发货人确定重量　因为有些铁路车站不具备称量集装箱货物重量的设备，所以一般由发货人申报、确定，并负责由于货物重量超载所带来的严重后果。

（5）由发、收货人装箱、拆箱　通常，铁路集装箱运输货物的装箱、加封、启封、拆箱，应由发货人、收货人负责。铁路凭封印即铅封与发货人办理收箱、运输并以发货人的封印向收货人办理交付。

二、集装箱铁路运输工艺

不管铁路集装箱运输采用什么方式，基本工艺可以概括为从甲地集装箱办理站运至乙地集装箱办理站，再运至货主处。

我国铁路集装箱办理站主要用轨道式龙门起重机进行集装箱的装卸作业，甲地集装箱办理站将承运的集装箱吊装到集装箱专用车或代用车辆上运走，到达乙地集装箱办理站后，再用龙门起重机卸下集装箱，放在堆置场上。然后由龙门起重机将集装箱吊起装到拖挂车、半挂车或货车上运至货主处。如果是定期直达列车，因事先已有预报，可用龙门起重机直接将集装箱吊起卸至拖挂车、半挂车、货车等公路运输车辆上直接运到货主处。多式联运中的集装箱是从海船经岸边集装箱起重机卸至码头前沿地面上，然后用搬运机械或路运车辆把集装箱搬运到集装箱场地的指定箱位上。在有铁路专用线的港口则可用跨运车、轮胎式龙门起重机、轨道式龙门起重机、正面吊等将集装箱由码头堆场直接装到铁路专用车或代用车上，经铁路编组后在铁路上运输。如果港口集装箱码头的装卸工艺是采用岸边集装箱起重机—龙门起重机方案，由于龙门起重机不能直接与岸边集装箱起重机配合交接集装箱，尚需配备牵引车等在码头前沿与堆场之间作水平搬运集装箱用。

三、铁路集装箱的中转

铁路集装箱中转站的主要任务是把来自不同车站的集装箱货物，重新按到达站进行组织装车，尽快将集装箱货物运至到达站。

有时在进行集装箱中转时，会发现集装箱箱体损坏或封印丢失、失效等情况。一旦发现，中转站要立即会同有关部门清点货物，编制详细记录说明情况，补封后继续运送。如箱体损坏危及货物运输质量时，要立即换箱。

中转站的中转作业分以下过程完成：

1. 编制中转配装计划

首先应该详细核对中转计划表，主要内容有方向、主要到站和存箱数、已开始作业和待运的存箱数，并确定中转车的去向，审核到达货票，并根据到达待送车的货票统计中转集装箱去向，确定重车卸货后的新去向，做集配计划，并传达给相关的工作人员，为作业做好准备。

2. 中转作业

集装箱中转作业顺序一般是在货车送到后，根据中转作业计划，首先卸下落地箱，再将过车箱装载到应过的车上，最后整理仍在车上的其他货箱。在进行车内整理作业时，要检查留于车内的集装箱的可见箱体和铅封的状态，以便划分责任。进行装载时要按去向装车，然后对货车进行加封。

3. 中转作业后的整理工作

中转作业结束后对中转工作质量的检查，为下一次作业做准备。主要包括货运票据的整理，报表填记，复查中转作业完成的质量。

四、铁路集装箱货运程序

铁路集装箱的货运程序是指集装箱货物从接受、装车运送至卸车、交付整个过程的工作环节，一般包括如下步骤：

1. 集装箱承运日期表的确定

集装箱承运日期表是集装箱计划组织运输的重要手段，其作用在于使发货人明确装往某一方向或到站的装箱日期，有计划地安排货物装箱以及准备短途搬运工具等。通过承运日期表，使路内外紧密配合，共同搞好集装箱货物计划运输。

2. 集装箱货物的接受

目前，大多数车站都采用由货运公司集中受理的形式，这种受理形式大致又分集装箱单独受理和集装箱、零担统一受理。它是在接受发货人的托运后，由货运公司审批运单。审批的方法包括。

（1）随时受理　按装箱计划或承运日期表规定的日期，在货物运单上批注进箱（货）日期，然后将运单退还给发货人。

（2）集中受理　集中审批，由受理货运员根据货物运单，按去向、到站分别登记，待凑够一车集中一次审批，并由发货人取回运单。

（3）驻在受理　驻在受理是指车站在货源比较稳定的工厂、工矿区设受理室，专门受理托运的集装箱货扬。在货物运单受理后，批准进箱（货）日期，或由驻在货运员把受理的运单交货运室统一平衡，集中审批。

（4）电话受理　电话受理是指车站货运室根据发货人电话登记托运的货物，统一集配，审批后用电话通知发货人进箱（货）日期，在进箱（货）同时，向货运室递交运单，审核后加盖进货日期戳记。

3. 货物运单的审核

受理货运员接到运单后，按有关规定逐项详细审核下列内容：

1）托运的货物能否装载集装箱运输。

2）所到站能否受理该吨位、种类、规格的集装箱。

3）应注明的事项是否准确、完整。

4）有关货物重量、件数、尺码等是否按规定填写。

4. 空箱发放

车站在发放空箱时，应认真检查箱子外表状况是否会影响货物的安全运输而产生不应有的责任，在发放空箱时应做到：

1）发送货运员在接到运单后，应核实批准进箱日期，审核运单填写是否准确，并根据货物数量核对需要发放的空箱数，有不符时即应和受理货运员核实。

2）对实行门到门运输的货物，应开具集装箱门到门运输作业单交发货人，填写集装箱门到门运输登记簿。

3）会同发货人共同检查空箱箱体状态，发货人在集装箱门到门运输作业单上签字后，领取空箱。应注意的是，如发运员认为所领取的空箱不能保障货物安全运输时，发运员应予以更换；如无空箱更换时，发货人有权拒绝使用，如使用后发生货损行为，应由车站负责，除非空箱存在的缺陷是以一般手段无法从外表检查发现的。

4）发送货运员有义务向发货人介绍箱子的内部尺寸、容积和货物积载选择，这样不仅能充分利用箱容、载重量，而且能使货物牢固安全。

5）货物装箱后，由发货人关闭箱门，并在规定的位置悬挂标签和加封。

5. 集装箱货物的接受和承运

符合运输要求的才能接受承运，发送货运员在接受集装箱货物时，必须对由发货人装载的集装箱货物逐箱进行检查，同时车站在货物运单上加盖站名、日期戳记，表明此时货物已承运。所谓承运是指发货人将托运的集装箱货物移交铁路的开始，至到达站将货物交给收货人时止。

在接受所托运的集装箱货物时，发送货运员应做到：

1）对由发货人装载的集装箱货物，应逐批、按箱检查箱门是否已关好，锁舌是否落槽，合格后在运单上批注货位号码。对门到门运输的集装箱货物还要核对是否卸入指定货位，然后在集装箱门到门运输作业单上签字，返还给发货人一份。

2）以运单为依据，检查标签是否与运单记载一致，集装箱号码是否与运单记载相符，铅封号码是否正确。

3）检查铅封的加封是否符合技术要求。

4）检查箱体是否受损，如有损坏，应编制集装箱破损记录，如损坏是由于发货人过失所致，则要求发货人在破损记录上签章，以划分责任。检查时，如发生铅印失效、丢失、无法辨认站名、未按加封技术要求进行铅封，上述情况均由发货人负责恢复至正常状态。

5）检查确认无误，车站便在货运单上签字，交发货人交款发票。

6）对进行门到门运输的集装箱，还应补填集装箱门到门运输登记簿有关事项。

6. 装车

装车货运员在接到配装计划后到站确定装车顺序，并做到：

1）装车前，对车体、车门、车窗进行检查是否过了检查期，有无运行限制，是否清洁等。

2）装车时，装车货运员要做好监装，检查待装的箱子和货运票据是否相符、齐全、准确，并对箱体、铅封状态进行检查。

3）装车后，要检查集装箱的装载情况，是否满足安全运送的要求，如使用棚车装载时还要加封。装车完毕后，要填写货车装载清单、货运票据，除一般内容的填写外，还应在装载清单上注明箱号，在货运票据上填写箱数总和，即包括货重和箱体自重。

7. 卸车

集装箱货物到达后要卸车，卸车时应做到：

1）做好卸车前的准备工作，首先要核对货运票据、装载清单等与货票是否相一致。然后确定卸车地点，并确定卸箱货位，卸车前，还应做好货运检查，检查箱子外表状况和铅封是否完整。

2）开始卸车对棚车进行启封，做好监卸和卸货报告。如在卸车过程中发生破损应作出记录，以便划分责任。

3）做好复查登记，要以货票对照标签、箱号、封号，在运单上注明箱子停放的货位号码，根据货票填写集装箱到达登记簿和卸货卡片。

8. 集装箱货物的交付

交货时，交箱货运员在接到转来的卸货卡片和有关单据后，认真做好与车号、封号、标签的核对，核对无误后通知装卸工组交货，并当面点交收货人。收货人在收到货物后应在有关单据上加盖“交付讫”的戳记。对门到门运输的集装箱货物，应填写门到门运输作业单，并由收货人签收。对由收货人返回的空箱，应检查箱体状况，在门到门运输作业单上签章。

五、铁路集装箱货物的交接责任

集装箱运输的交接环节是划分责任的界限，下面介绍铁路与发货人、收货人之间的责任划分。

1. 铁路与发货人、收货人之间的交接

铁路与发货人、收货人之间（其中包括他们的代理人）的交接，主要是指集装箱的接收、交付两个作业环节，它直接关系到铁路与发货人、收货人之间的责任划分。

铁路集装箱的交接均应在铁路货场内进行，主要检查箱体状态，还要检查铅封。铁路集装箱启运时应由发货人将集装箱堆放在指定的货位上，关好箱门，并与发货人按批逐箱与货签核对，经检查接收完毕后，在运货单上加盖承运日期戳记即表明已接受承运，或承运已开始。

铁路在交付集装箱时，则应根据收货人提交的货物运单（或集装箱门到门运输作业单），与集装箱到达登记簿进行核对，然后到货场会同收货人按批逐箱进行检查对照，经确认无误后，将集装箱向收货人进行一次点交，并注销交货卡片，交付完毕，责任即告终止。对进行门到门运输的空箱交接，经双方检查，确认箱体完好后，在集装箱门到门运输作业单上签字盖章办理交接手续。

2. 集装箱破损的责任划分及其记录的编制

集装箱的破损大致有两种情况，一是箱子损坏，二是箱子破损。前者是指某一单位或个人的责任造成集装箱未及时修理、定期修理，而后者通常指箱子的全损或报废。上述两种损害按其责任可分为：

1）发货人、收货人的过失责任。

2）承运人的过失责任。

3）第三者的过失责任。

4）不可抗力、意外原因、自然灾害。

5）铁路装卸工人的过失。

6）铁路货运员的过失。

凡属于上述责任造成的损坏箱、破损箱，以及货主自己的集装箱在铁路运输过程中发生的破损，都由货运员按箱编制集装箱破损记录。这个记录是划分集装箱破损责任的重要依据，因此，记录中所记载的内容必须准确、明确、完整。

训练与提高

一、填空题

1. 铁路货物运输的形式可分为三种：________、________和________。

2. 铁路在交付集装箱时，则应根据收货人提交的________，与集装箱到达登记簿进行核对。

二、选择题

1. 按装箱计划或承运日期表规定的日期，在货物运单上批注进箱（货）日期，然后将运单退还给发货人。这种货物的受理形式属于________。

A. 随时受理　　B. 集中受理　　C. 驻在受理　　D. 电话受理

2. 装车时，装车货运员要做好监装，要检查的项目有________。

A. 待装的箱子　　B. 货运票据　　C. 箱体　　D. 铅封状态

三、判断题

1. 多式联运中的集装箱是从海船经岸边集装箱起重机卸至码头前沿地面上，然后用搬运机械或路运车辆把集装箱搬运到集装箱场地的指定箱位上。(　　)

2. 不可抗力、意外原因、自然灾害引起的货损承运方必须承担责任。(　　)

3. 铁路集装箱的交接均应在铁路货场内进行，只要是检查箱体状态。(　　)

4. 车站在发放空箱时，应认真检查箱子外表状况是否会影响货物的安全运输。(　　)

5. 按装箱计划或承运日期表规定的日期，在货物运单上批注进箱（货）日期，然后将运单退还给发货人的受理方式称为集中受理。(　　)

四、简答题

铁路集装箱货物在装车时的作业包括哪些？

五、案例分析题

英国铁路集装箱运输笑迎春天

由于目前英国公路交通拥堵的状况日趋严重，原本受到现代化高速公路集装箱运输和海运市场巨大冲击的铁路集装箱运输产业又迎来了新的市场发展机遇。

英国的铁路四通八达，铁路部门向来十分重视与港口的联运，即使在铁路运输遭受冷遇的时期也坚持把铁路线修到每一个港口，直通每一座码头泊位。这样，可以直接把进出口货物从港口运送到英国各地，中间不需要驳船转运，十分方便。英国铁路运输再次兴旺的直接原因是公路交通运输拥堵、货车司机不足、燃油成本越来越高等，不少集装箱无法通过公路运输。铁路运输不存在欧洲各国常见的汽车驾驶员奇缺的现象，也不受欧盟发布的汽车驾驶员限制工作时间规定的约束，其运量大、运距远、运价低、环保、安全可靠等优点再次受到集装箱运输客户的关注，因此，铁路运输的竞争能力反而威胁到势头一度强劲的公路运输。

英国的铁路集装箱运输并不是一开始就得到广大托运人和进出口商青睐的。由于铁路运输经营管理一时没有到位，基础设施不完备，再加上不少从事国际贸易的客户本来对其市场操作的可行性、准时性和高效率持有怀疑态度，因此，铁路运输、尤其是铁路集装箱运输发展曾经一度停滞不前。英国的铁路集装箱运输公司通过引进现代化信息技术，不断完善经营管理，大量投资自购和承租大批铁路货运车，专门从事各个港口到内地城市的铁路集装箱运输，铁路运输网络不断完善，达到了速度快、效率高、收费合理和售后服务全面的规范标准。现在，英国铁路运输模式运行性能超过了货车运输，信誉度越来越高，其铁路集装箱运输的准时率达到95%。同时，英国铁路集装箱的运量也在不断增长，在运输时间上与货车运输相差无几，但远程运输不仅快于货车，而且风险更小，运量更大，运费更低，集装箱型号的容纳范围更大，不少铁路地段甚至开辟了“短途半小时集装箱交付”的特别服务项目。

英国铁路集装箱运输行业大多与拥有远洋运输或者沿海运输业务的航运公司联合经营，在经营管理上可以减少层次，避免摩擦，提高效率，达到海洋和铁路运输的一体化经营管理，从而进一步确保铁路、港口码头和远洋承运人的密切协同。

目前，英国集装箱铁路运输也面临着一些难题，如基础设施严重不足，一些高箱无法在铁路线上畅通运输。此外，除了费力克斯托港的铁路运输线装卸设备功能比较完备外，其他港口码头，尤其是一些支线港口码头的铁路集装箱运输设备功能十分欠缺，无法完全适应现代化集装箱国际运输市场，其中包括超重箱、冷藏箱和超高箱运输有一定困难，还有待进一步改进。

通过以上案例，我们知道：英国铁路集装箱运输笑迎春天的主要原因何在？面临的困难有哪些？

来源：中国交通新闻网　2005年

【阅读材料一】

铁路集装箱

按2004年铁路集装箱运输总量约5 903万吨，折算成TEU约164万，我国集装箱运输量占铁路总运量的比例仅约2%，远低于国外超30%的水平，如图5-7所示。因此，未来国内铁路集装箱运输增长空间将十分巨大。

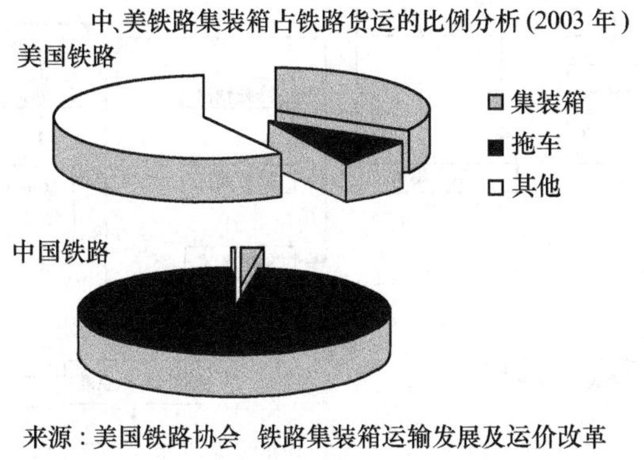

图5-7　中美铁路集装箱占铁路货运的比例分析

目前，国外很多发达国家的集装箱长距离运输，都在由货车运输转向环保、经济的铁路运输。铁海联运是集装箱运输发展的方向。集装箱铁路运输的关键是信息追踪系统，使客户能够清楚地知道货物途中运行状况。目前，我国铁路集装箱在信息追踪服务方面已经比较完善。随着公司业务逐步向我国内陆延伸，必须要依靠大能力、长运距的铁路运输。

【阅读材料二】

一、上海铁路集装箱站货运流程（见图5-8）

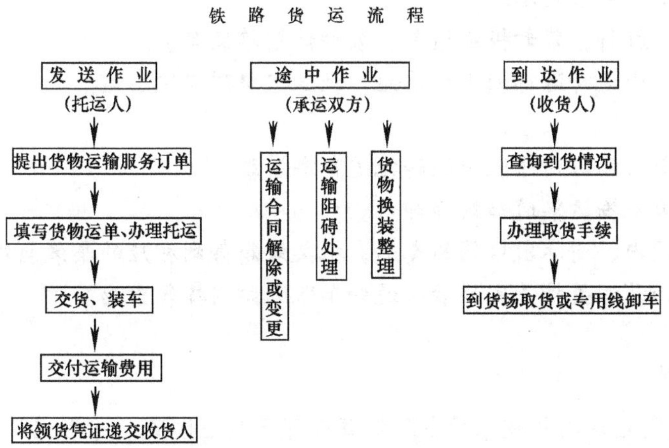

图5-8　上海铁路集装箱站货运流程图

二、上海铁路集装箱中心站到达作业集装箱流程（见图5-9）

上海铁路集装箱中心站到达作业集装箱流程图

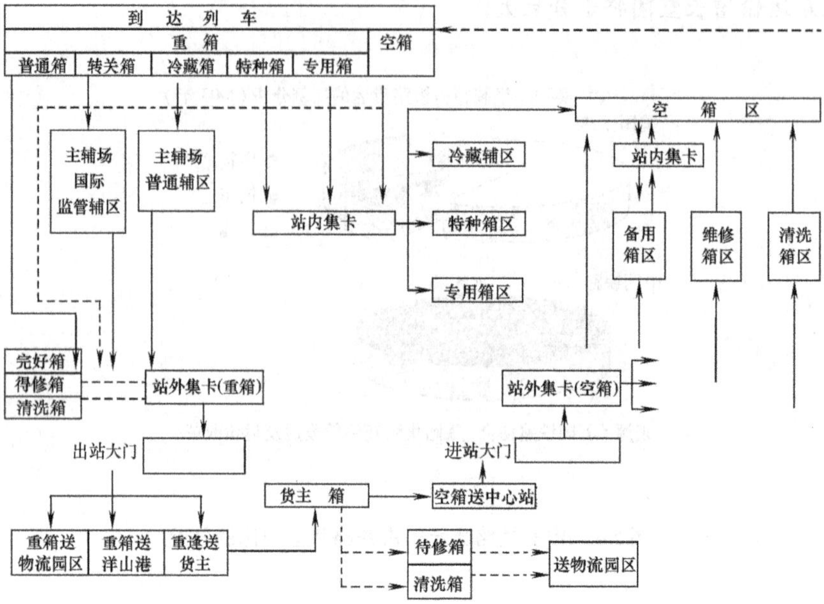

图 5-9　上海铁路集装箱中心站到达作业集装箱流程图

三、上海铁路操作集装箱装卸车流程

1. 装车流程

1）货主根据集装箱流向申请车皮计划。

2）计划办向上海路局计划处申请车皮批复，并批准计划。

3）货主自主调箱或委托铁路站调运集装箱进站。

4）计划、期票，申请装车。

5）海关验关、放行，装卸根据运单、装卸计划单装车。

6）班列发车，小运转运行到南翔编组，挂五定班列车次出运。

2. 卸车流程

1）内地到达集装箱班列通过小运转拖进芦潮港站。

2）到达受理办根据运单通知装卸卸车。

3）装卸根据国内、国际出口箱的类别，把集装箱卸到相应的集装箱堆放场地。

4）货主在洋山港海关转关完毕后，通知车队到站内提箱出场。

本章小结

✓目前铁路集装箱运输从技术设备到经营管理已日益改善，并形成了一整套新的运输体系。本章主要讲述了集装箱铁路运输方式的特点，集装箱铁路运输设备、集装箱铁路运输车辆的类型和特点以及集装箱铁路运输的组织和办理程序与货物交接方式以及责任的划分。

第六章　集装箱航空运输

本章知识要点

◇航空的特点与组成

◇航空集装运输设备

◇航空运输经营方式

◇航空进出口货物运输的程序

第一节　概　　述

航空运输是利用飞机进行空中运输的现代化的运输方式。第二次世界大战前，航空货运仅限于一些航空邮件和紧急物资。航空运输作为一种国际贸易货物运输方式，是第二次世界大战后才开始出现的。随着战争的结束，军用飞机逐渐转向民用，尤其是宽体飞机的出现和全货机的不断发展，航空货运在经济中的地位越来越重要。由于空运速度快，航线不受地形条件限制，安全准时，还可节省各项费用，而且手续简便，在开辟新市场，适应市场需要与变化等方面较其他运输方式更为优越，所以发展迅速，在整个国际贸易运输中的地位日益显著。

一、基础知识

航空运输由航线、航空港和航空器三部分组成。

1. 航线

民航从事运输飞行，必须按照规定的线路进行，这种线路叫做航空交通线，简称航线。航线不仅确定了航行的方向、经停地点，还根据空中管理的需要，规定了航路的宽度和飞行的高度层，以维护空中交通秩序，保证飞行安全。

航线由飞行的起点、经停点、终点、航路、机型等要素组成。

航线按飞机飞行的路线分为国内航线和国际航线。线路起降、经停点均在国内的称为国内航线，如北京—上海。跨越本国国境，通达其他国家的航线称为国际航线。

飞机由始发站起飞，按照规定的航线经过经停站至终点站所做运输飞行，称为航班。

2. 航空港

航空港一般称为机场，是航空运输的经停点，是供飞机起降、停放、维护、补充给养及组织保障飞行活动所用的场所。它是由飞行区、运输服务区和机务维修区三部分组成。近年来随着航空港功能的多样化，港内一般还配有商务、娱乐中心、货物集散中心，满足往来旅客的需要，同时吸引周边地区的生产、消费。

航空港按照所处的位置不同，分为枢纽航空港、干线航空港和支线航空港。国内、国际航线密集的航空港称为枢纽航空港，我国的枢纽航空港有北京、上海和广州三个。干线航空港是指各直辖市、省会、自治区首府以及一些重要城市或旅游城市的机场，其空运量集中，并连接枢纽机场。支线航空港的空运量很小，航线多为本省区内航线或邻近省区支线。按业务范围，分为国际航空港和国内航空港。其中国际航空港需经政府核准，可以用来供国际航线的航空器起降营运。空港内配有海关、移民检查（边防检查）、动植检疫和卫生检疫等政府联检机构。而国内航空港仅供国内航线的航空器使用。除特殊情况外不对外国航空器开放。

3. 航空器

根据国际民航组织的定义，“航空器是指可以从空气的反作用（但不包括从空气对地球表面的反作用）中取得支承力的机器。”飞机是航空器的一种。飞机是航空运输的基本运输工具，用于装载旅客和货物。飞机按发动机不同，分为螺旋桨式、喷气式飞机。按速度，分为超音速、亚音速、高速、低速（飞行速度低于400km/h）。

按机身的宽窄，可分为宽体飞机和窄体飞机。窄体飞机的机身宽约3m，旅客座位之间有一条旅客过道，这类飞机一般只能在下货舱装运散货。宽体飞机机身较宽，客舱内有两条旅客过道，三排座椅，机身宽一般在4.72m以上，这类飞机可以装运集装箱货和散货。

按用途的不同，飞机也可分为客机、全货机和客货混合机。客机主要运送旅客，一般行李装在飞机的深舱。由于目前航空运输仍以客运为主，客运航班密度高、收益大，所以大多数航空公司都采用客机运送货物，所不足的是，由于舱位少，每次运送的货物数量十分有限。全货机运量大，可以弥补客机的不足，但经营成本高，只限于某些货源充足的航线使用。客货混合机可以同时在主甲板运送旅客和货物，并根据需要调整运输安排，是最具灵活性的一种机型。

我国民航总局按飞机的客座数将飞机划分为大、中、小型飞机。飞机的客座数在100座以下的为小型，100～200座之间的为中型，200座以上的为大型。

飞机主要分为两种舱位：主舱和下舱。波音747有三种舱位：上舱、下舱、主舱。

二、国际航空组织

1. 国际民用航空组织（International Civil Aviation Organization，ICAO）

国际民用航空组织是协调世界各国政府在民用航空领域内各种经济和法律事务、指定航空技术国际标准的重要组织。它是根据1944年芝加哥《国际民用航空公约》（简称芝加哥公约）设立的联合国专门机构之一。所通过的文件具有法律效力，必须严格遵守。我国也是该组织的创始国，2004年成为该组织的第一类理事国（民航大国）。

该组织正式成立于1947年4月4日，总部设在加拿大的蒙特利尔市，同年5月13日成为联合国的一个专门机构。主要宗旨是制定国际空中航行原则，发展国际航行和技术，促进国际航空的规划和发展，以保证国际民航运输的安全和增长；促进和平用途的航空器设计和操作技术；鼓励发展用于国际民用航空的航路、机场和航行设施；保证缔约各国的权利受到尊重和拥有国际航线的均等机会等。

2. 国际航空运输协会（International Air Transport Association，IATA）

国际航空运输协会是各国空运企业自愿联合组织的非政府性的国际组织，是全世界航空公司之间最大的一个国际性民间组织。包括来自世界一百多个国家，经营国际、国内定期航班业务的航空公司。其会员所属国必须是有资格参加ICAO的国家。

国际航空运输协会1945年4月在古巴的哈瓦那成立，总部设在加拿大的蒙特利尔市，目前下设公共关系、技术、法律、运输、财务及政府和行业事务六个部门。

其主要任务有：

1）促进安全、正常和经济的航空运输。

2）为国际空运企业提供协作的途径。

3）促进本组织与其他国际组织合作。

4）进行航空技术合作。

5）协商制订国际航空客货运价。

6）统一国际航空运输法律和规章制度。

3. 国际货运代理人协会（International Federation of Freight Forwarders Association，FIATA）

国际货运代理人协会是国际货运代理人的行业组织，于1926年5月31日在奥地利维也纳成立，创立的目的是为了解决由于日益发展的国际货运代理业务所产生的问题，保障和提高国际货运代理在全球的利益，提高货运代理服务的质量。

知识卡 **航空公司和航空货运公司**

航空公司以自身拥有的飞机从事航空运输活动。

航空货运公司是航空运输代理公司，是受航空公司委托，专业从事航空货物的揽货、订舱、接货、交付、报关或送货上门等服务的独立企业。在航空运输业务中既是货主的代理又是航空公司的代理。

三、集装箱航空运输特点

集装箱航空运输与水路、铁路、公路运输等运输形式相比，其运输量较小，主要原因是集装箱航空运输的一些不利因素制约所致。

1）飞机的负荷有限。航空运输的特殊性，使飞机的负荷处于非常有限的范围内。如果飞机要造得更大，其负荷要扩展，起落重量就要成倍增长，从而要求其起落架的对数和强度也要相应增加。

2）航空运输成本高，运费昂贵。航空运输成本大大高于水运，比铁路运输与公路运输也要高很多，所以其运费昂贵，超出很多货物所能负担的范围。

3）水路、陆路采用的国际标准集装箱无法用于航空，限制了多式联运的开展。目前，国际标准集装箱的主要类型，是根据水运、铁路、公路运输的需要与可能性确定的，其外形尺寸与总重量，飞机均无法承受；而飞机所能运载的集装箱，又大多与飞机各部位运载的可能性相配合，直接接载到船舶、火车、货车上，尺寸又太小，负荷太少，形状奇异，与船舶、火车、货车不配套。所以航空与其他运输方式之间的国际标准集装箱多式联运，开展的难度较大。这也限制了航空集装箱运量的增加。

从前景来看，集装箱航空运输也存在许多有利因素，航空货物运输与集装箱航空运输未来的发展空间很大。

1）航空运输有着运程长，速度快的突出优势。速度快，商品和原材料的供应就及时，生产周期能大幅度缩短，企业的竞争力会大幅上升，这对货主无疑具有巨大的吸引力。就拿航空运输与铁路运输比较，尽管航空运输成本高，但是它耗时少，而铁路运输运费低，而耗时多。如从运费和运输时间两个角度考虑，铁路运输就不一定是最佳选择。如从订货到把货物交付到收货人手里的时间（称为前置时间）的角度比较，航空运输与铁路运输相比具有明显的优越性。

2）随着整体经济的增长，许多商品对运费的承受能力大大提高，这也使航空运输的发展空间增大。特别是某些对保鲜要求较高的货物如食品、海鲜、鲜花、水果，某些价值昂贵的货物如电脑芯片、电子产品、家用电器，还有某些高档消费品，对运价的承受能力都很好。通过航空运输，更能增加这些商品的市场竞争力。

3）航空运输可以节省包装费，降低货物的货损、货差。相对于铁路、公路和水路运输，航空运输是最平稳、对所运货物的冲击最小的。所以航空运输货物，包装可以相对轻薄，从而可减少货物的包装费用。由于运输平稳，货损、货差就少，也可以相应降低运输成本。

4）海陆空联运国际标准集装箱的出现，使航空运输进入了国际集装箱多式联运的运输链，这也使航空运输与航空集装箱运输出现了一片光明的前景。

四、集装箱运输对空运的要求

由于航空运输在集装箱尺寸、结构和容积等方面与其他运输方式所使用的集装箱不同，并且航空公司更注重关心避免飞机损伤和减轻箱体重量，因此，所有空运集装箱和国际航空协会批准的成组货载装置、弯顶、低底板的集装箱都比国际标准化集装箱要轻得多。

空运集装箱不需要重型角铸件、角柱，它不受海运或其他装卸作业的压力。而且，这类集装箱不符合国际标准化装卸设备，如门式起重机、集装箱起重机、抓具等要求。所以，空运成组货载要与海运和其他运输方式开展集装箱多式联运业务时，则必须在机型、箱型等方面进行改革，使空运的集装箱能符合国际标准化的要求。此外，就航空运输而言，它与其他运输方式，如陆运、海运和水运等相接送的机会很少。这是因为空运的接箱有两种类型：其一是接送、转运业务，在这一类型中，航程两端都用货车来完成接送业务，并用货车将货物从一个机场集疏运至另一个机场；其二是陆运和空运相接业务，这种类型实际上属于短程货车接送业务，即用货车在机场两端四周接送业务，且这类货物仅限于适宜空运的货物，具有一定价值与重量比率，因而也是能承受较高的空运费用的货物。同时，由于空运货物的包装比陆运和海运轻，因此就箱子本身来说，也不能进行接送和交替使用。在短程接送业务中，货车接送是航空运输的一个附带部分，整个航程都包括在空运提单内，空运承运人对全程运输负责，并受华沙公约严格赔偿责任制的制约。

训练与提高

一、填空题

航空运输由________、________和________三部分组成。

二、选择题

1. 国际救灾抢险物资一般采用________。

A. 公路运输　　B. 水陆运输　　C. 铁路运输　　D. 航空运输

2. 国际航空运输的特点是________。

A. 运费高　　B. 速度快　　C. 运量有限　　D. 货损货差少

三、简答题

国际航空运输的有关组织有哪些？

第二节　航空集装运输设备

航空集装运输的设备，包括货机和航空集装设备两部分。

一、航空集装设备

由于航空运输的特殊性，这些集装设备无论是外形构造还是技术性能指标，都具有自身的特点。以集装箱为例，就有主甲板集装箱和底甲板集装箱之分。海运中常见的 40ft 和 20ft 的标准箱只能装载在宽体飞机的主甲板上。

1. 集装器按是否注册划分

（1）注册的飞机集装器　注册的飞机集装器是国家政府有关部门授权集装器生产厂家生产的，适宜于飞机安全载运的，在其使用过程中不会对飞机的内部结构造成损害的集装器。注册的飞机集装器装载在飞机内与固定装置直接接触，不用辅助器就能固定的装置，它可以看成是飞机的一部分。从结构上又可分为部件组合式和完全整体结构式两种。部件组合式是由货板、货网和非固定结构圆顶 3 部分组成，或者由货板和货网组成；完全整体结构式则有主货舱用集装箱、下部货舱用集装箱和固定结构圆顶集装箱等几种。

（2）非注册的飞机集装器　非注册的集装器是指未经有关部门授权生产的，未取得适航证书的集装器。非注册的集装器不能看作为飞机的一部分。因为它与飞机不匹配，一般不允许装入飞机的主货舱，但这种集装器便于地面操作，仅适合于某些特定机型的特定货舱。国际航空运输协会对属于非注册的飞机集装器范畴内的货主登记的集装箱给予的定义为：“这种集装箱是指用铝、波纹纸、硬板纸、玻璃纤维、木材、胶合板和钢材等组合而制成的，并可以铅封和密封的箱子。其侧壁可以固定，也可以拆卸”。

2. 航空用成组器和非航空用成组器

国际航空运输协会（IATA）将在航空运输中所使用的成组工具称为成组器（VLD）。成组器分为航空用成组器和非航空用成组器两类，见表 6-1。其中的非航空用成组器中，包括与 ISO 标准同型的集装箱。

表 6-1　成组器的分类

<table>
<tr><td rowspan="10">成组器</td><td rowspan="6">航空用成组器</td><td rowspan="4">部件组合式</td><td>航空用托盘</td></tr>
<tr><td>航空用货网</td></tr>
<tr><td>固定结构圆顶</td></tr>
<tr><td>非固定结构圆顶</td></tr>
<tr><td rowspan="2">整体结构式</td><td>主货舱用集装箱</td></tr>
<tr><td>下部货舱用集装箱</td></tr>
<tr><td rowspan="4">非航空用成组器</td><td colspan="2">国际航空运输协会标准尺寸集装箱</td></tr>
<tr><td rowspan="3">国际标准集装箱</td><td>航空运输专用集装箱</td></tr>
<tr><td>陆—空联运用集装箱</td></tr>
<tr><td>海—陆—空联运用集装箱</td></tr>
</table>

（1）航空用成组器　航空用成组器是指与飞机的形体结构完全配套，可以与机舱内的固定装置直接联合与固定的成组器。这类成组器又可分成部件组合式与整体结构式两类。

1）部件组合式指由托盘、货网、固定结构圆顶或非固定结构圆顶组合成一个可在机舱内固定的装卸单元。

托盘是指具有平滑底面的一块货板，能用货网、编织带把货物在托盘上绑缚起来，并能方便地装在机舱内进行固定。货网是用编织带精工编制的网，用于固定托盘上的货物，通常由一张顶网和两张侧网组成。货网与托盘之间利用装在网下的金属环连接，也有顶网与侧网组成一体的，这种货网主要用于非固定结构圆顶上。固定结构圆顶是一种与航空用托盘相连接的，不用货网就能使货物不移动的固定用罩壳。托盘固定在罩壳上，与罩壳形成一体。而非固定结构圆顶是一种用玻璃纤维、金属制造的，设有箱底，能与航空用托盘和货网相连的罩壳。

2）整体结构式指单独形成一个完整结构的成组器，它的外形不是长方形，而是与机舱形状相配合，可直接系固在机舱中。这类成组器又可分成上部货舱用集装箱和下部货舱用集装箱。前者上圆下方，后者上方下圆，分别与飞机形体吻合。不同机型飞机这类组合器的尺寸不一样。这类组合器又可分为整体形和半体形两种，如图 6-1 所示。半体形再分左、右两种不同形状，分别与机舱的左边和右边形状相吻合。

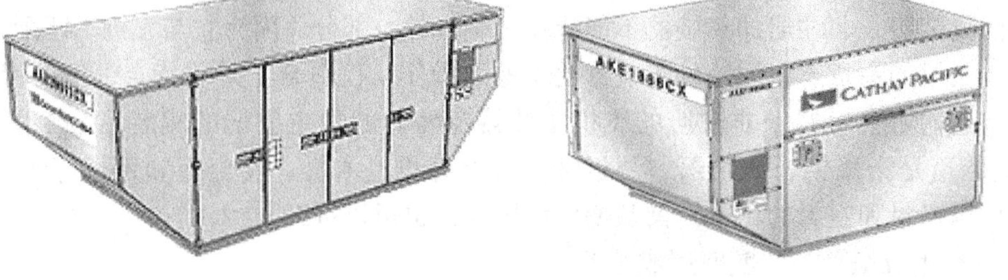

图 6-1　整体结构式航空用成组器

（2）非航空用成组器　这里所谓“非航空用”，只是指成组器的形状与飞机内部不吻合，为长方形，也不能直接在机舱中系固。这类成组器中，国际航空协会标准尺寸集装箱与 ISO 国际标准集装箱不配套，不能进行多式联运；国际标准集装箱与 ISO 国际标准相衔接，分成 10 ft、20 ft、30 ft、40 ft 四种尺寸，可以进行多式联运。这类箱子又分三种。

1）航空运输专用集装箱。航空运输专用集装箱形状为长方形，不能在机舱内直接系固，在箱上不设角件，不能堆装。

2）陆—空联运用集装箱。它可以用空运和陆运系统的装卸工具进行装卸和搬运。有的上部无角件而下部有角件，不能堆装；有的上下部都有角件，既可吊装，也可堆装；还有的除上下部都有角件外，还有叉槽，可以使用叉车进行装卸。

3）海—陆—空联运集装箱。分为20ft或40ft，高和宽为8ft。这种集装箱只能装于全货机或客机的主货舱，主要用于陆空、海空联运。其特点是上下部都有角件，可以堆装。但由于其结构强度较弱，堆码层数受到严格的限制。在海陆空联运时，要注意装卸时必须与其他标准集装箱区别开来，绝对避免装在舱底。

另外，从航空集装箱在飞机上的装载位置不同划分为主货舱集装箱和下货舱集装箱。主货舱集装箱只能装于全货机或客机的主货舱的高度是163cm以上。下货舱集装箱只能用于飞机的下货舱。

还有一些特殊用途的集装箱，例如：保温箱，它是利用绝缘材料制成的箱体，通过封闭等方法控制箱内的温度，以便装载特种货物。它分为密封保温箱和动力控制保温箱两种。

除此之外，还有专门用于运载活体动物和特种货物的集装器。

二、航空货运飞机

飞机中能装载航空成组器的机型主要有波音、道格拉斯和洛克希德三类。由于各飞机制造公司基本采用相同的基本尺寸，所以成组器在各种机型中的互换性较好。这种互换性使航空公司可以减少“互换器”的备用量，节约投资，也在转机运输时，使货物不必捣载，缩短了转机时间。图6-2为某一货运飞机货舱。

图6-2 某一货运飞机货舱

训练与提高

一、填空题

1. 国际航空运输协会将成组器分为__________和__________两类。

2. 部件组合式成组器是由__________、__________、固定结构圆顶或非固定结构圆顶组合成一个可在机舱内固定的装卸单元。

二、简答题

在航空集装箱运输设备中，航空用成组器和非航空用成组器有何不同。

第三节 航空运输实务

一、航空运输经营方式

航空运输的主要经营方式有：班机运输、包机运输、集中托运和联运。

1. 班机运输（Scheduled Airline）

班机是指定期开航的，定航线、定始发站、定目的港、定途经站的飞机。一般航空公司都使用客货混合型飞机（Combination Carrier）一方面搭载旅客，一方面又运送少量货物。但一些较大的航空公司在一些航线上开辟定期的货运航班，使用全货机（All Cargo Carrier）运输。

班机运输特点：

1）班机由于固定航线、固定停靠港和定期开飞航，因此国际间货物流通多使用班机运输方式，能安全迅速地到达世界上各通航地点。

2）便利收、发货人可确切掌握货物起运和到达的时间，这对市场上急需的商品、鲜活易腐货物以及贵重商品的运送是常有利的。

3）班机运输一般是客货混载，因此，舱位有限，不能使大批量的货物及时出运，往往需要分期分批运输。这是班机运输不足之处。

适合运输急用物品、行李、鲜活物品、电子元器件等商品。

2. 包机运输（Chartered Carrier）

由于班机运输形式下货物运量有限，所以当货物批较大时，包机运输就成为重要方式。

由租机人租用整架飞机或若干租机人联合包租一架飞机进行货运的方式，适合专运高价值货物。包机如往返使用，则价格较班机低，如单程使用则较班机为高。

包机运输方式分为整架包机和部分包机两类。

（1）整架包机　是指航空公司或包机代理公司，按照与租机人事先约定的条件与费率，将整架飞机出租给包机人，从一个或几个航空站装运货物到指定地点的运输方式，它适合大宗货物运输。

（2）部分包机　部分包机有两种方式，一种是由几家航空货运代理公司或发货人联合包租整架飞机，另一种是由包机公司把整架飞机的舱位分租给几家航空货运代理公司。部分包机适合于不足整机，或一吨以上的货物运送，运费较班机费率低，但运送时间比班机长。

包机运输满足了大批量货物进出口运输的需要，同时运费比班机运输低，随国际市场供需情况的变化而变化，给包机人带来了潜在的利益，但包机运输是按往返路程计收费用，存在回程放空的风险。

与班机运输相比，包机运输可以由承租飞机的双方议定航程的起止点和中途停靠点，因此更具灵活性，但由于各国政府处于安全的考虑，也为了维护本国航空公司的利益，对他国航空公司的飞机通过本国领空或降落本国领土往往大加限制，复杂繁多的审批手续大大增加了包机运输营运成本，因此目前使用包机业务的地区并不多。

3. 集中托运（Consolidation）

集中托运是指航空代理公司把若干单独发的货物，按照到达同一目的地，组成一整批，用一份主运单发运到同一到站，由预定的代理收货，然后再报关、分拨后交给各实际收货人的运输方式。航空货运代理公司对每一委托人另外签发一份分运单，以便委托人转给收货人凭以收取货物价款或提取货物。

4. 联运方式

（1）联运方式的概念　陆空陆联运是火车、飞机和货车的联合运输方式，简称 TAT（Train-Air-Truck），或火车、飞机的陆空联合运输方式，简称 TA（Train-Air）。

（2）航空快递（Air Express）　航空快递实际也是一种联合运输，与空运方式前后衔接的一般是汽车运输。由专门经营快递业务的公司与航空公司合作，派专人以最快的速度，在发货人、机场、用户之间，传递货物的方式。

航空快件运输（尤其是包裹运输）与普通空运货物相比，需要办理的手续相同，运输单据和报关单证也基本一样，都要向航空公司办理托运；都要与收发货人及承运人办理单货交接手续；都要提供相应的单证向海关办理进出口报关手续。

航空快递的特点：

1）快递公司有完善的快递网络。快递是以时间、递送质量区别于其他运输方式的，它的高效运转只有建立在完善的网络上，才能进行。一般洲际快件运送在 1～5 天内完成；地区内部只要 1～3 天。这样的传送速度无论是传统的航空货运业还是邮政运输都是很难达到的。

2）从收运范围来看，航空快递以收运文件和小包裹为主。文件包括银行票据、贸易合同、商务信函、装船单据、小件资料等，包裹包括小零件、小件样品、急用备件等。快递公司对收件有最大重量和体积的限制。

3）从运输和报关来看，航空快运业务中有一种其他运输形式所没有的单据 POD，即交付凭证。交付凭证由多联组成（各快运公司的 POD 不尽相同），交付凭证一式四份。第一联留在始发地并用于出口报关；第二联贴附在货物表面，随货同行，收件人可以在此联签字表示收到货物（交付凭证由此得名），但通常快件的收件人在快递公司提供的送货纪录上签字，而将此联保留；第三联财务结算联作为快递公司内部结算的依据；第四联作为发件凭证留存发件人处，同时该联印有背面条款，一旦产生争议时可作为判定当事各方权益，解决争议的依据。

4）从服务层次来看，航空快运因设有专人负责，减少了内部交接环节，缩短了衔接时间，因此运送速度快于普通货运和邮递业务，这是其典型特征。

5）从服务质量来看，快件在整个运输过程中都处于电脑的监控之下，每经一个中转港或目的港，电脑都得输入其动态，派送员将货送交收货人时，让其在 POD 上签收后，电脑操作员将送货情况输入电脑。这样，信息很快就能反馈到发货方。一旦查询，立刻就能得到准确的回复。这种运输方式使收发货人都感到安全、可靠。

当然，航空快递同样有自己的局限性。如快递服务所覆盖的范围就不如邮政运输那么广泛。国际邮政运输综合了世界各国的力量，可以说有人烟的地方就有邮政运输的足迹，但航空快递毕竟是靠某个跨国公司的一已之力，所以各快递公司的运送网络只能包括那些商业发达、对外交流多的地区。

（3）国内出口货物的联运方式　我国空运出口货物通常采用陆空联运方式。这是因为，我国幅员辽阔，而国际航空港口岸主要有北京、上海、广州等。虽然省会城市和一些主要城市每天都有班机飞往上海、北京、广州，但班机所带货量有限，费用比较高。如果采用国内包机，费用更贵。因此在货量较大的情况下，往往采用陆运至航空口岸，再与国际航班衔接。由于汽车具有机动灵活的特点，在运送时间上更可掌握主动，因此一般都采用“TAT”方式组织出运。

二、进出口运输的程序

1. 办理进口货物的程序

1）在国外发货前，进口单位就应将合同副本或订单以及其他有关单证送交进口空港所在地的空代，作为委托报关、接货的依据。

2）货物到达后，空代接到航空公司到货通知时，应从机场或航空公司营业处取单（指航空运单第三联正本）。取单时应注意两点：第一航空公司免费保管货物的期限为三天。超过此限取单要付保管费；第二进口货物应自运输工具进境之日起14天内办理报关。如通知取单日期已临近或超过期限，应先征得收货人同意缴纳滞报金后方可取单。

3）取回运单后应与合同副本或订单校对。如合同号、唛头（运输标志）、品名、数量、收货人或通知人等无误，应立即填制“进口货物报关单”并附必要的单证，向设在空港的海关办理报关。如由于单证不全而无法报关时，应及时通知收货人补齐单据或通知收货人自行处理，以免承担延期报关而需缴滞报金的责任。作为收货人应立即答复或处理。

4）海关放行后，空代应按海关出具的税单缴纳关税及其他有关费用。然后凭交费收据将所有报关单据送海关，海关对无需验货的货物直接在航空运单上盖章放行；对需要验货的，查验无讹后放行；对单货不符的由海关扣留，另行查处。

5）海关放行后，属于当地货物立即送交货主；如为外地货物，立即通知货主到口岸提取或按事先的委托送货上门。对须办理转运的货物，如不能就地报关的，应填制海关转运单并附有关单据交海关制作关封随货转运。

6）提货时如发现缺少、残损等情况，空代应向航空公司索取商务记录，交货主向航空公司索赔，也根据货主委托代办索赔；如提货时包装外表完好，但内部货物的质量或数量有问题，则属于原残，应由货主向商检部门申请检验出证向国外发货人交涉赔偿；如一张运单上有两个或两个以上的收货人，则空代应按照合同或分拨单上的品名、规格、数量、型号，开箱办理分拨与分交。收货人应向空代出具收货证明并签字，注明日期。

2. 办理出口货物的程序

1）出口单位如委托空代办理空运出口货物，应向空代提供空运出口货物委托书和出口合同副本各一份。对需要包机运输的大宗货物出口单位应在发运货物前40天填写包机委托书送交空代。对需要紧急运送的货物或必须在中途转运的货物，应在委托书中说明，以便空代设法安排直达航班或便于衔接转运的航班。

2）空代根据发货人的委托书向航空公司填写国际货运托运书，办理订舱手续。托运书上要写明货物名称、体积、重量、数量、目的港和要求出运的时间等内容。订妥舱位后，空代应及时通知发货人备货、备单。

3）出口单位备妥货物、备齐所有出口单证后送交空代，以便空代向海关办理出口报关手续。

4）空运出口货物要妥善包装，每件货物上要有收货人的姓名、地址、箱号、唛头、栓挂或粘贴有关的标签。对须特殊处理或照管的货物要粘贴指示性标志。空代在接货时要根据发票、装箱单逐一清点和核对货物的名称、数量、合同号、唛头，检查包装是否符合要求，有无残损等。

5）对于大宗货物和集中托运货物一般由货代在自己的仓库场地、货棚装板、装箱，也可在航空公司指定的场地进行。在装板、装箱时要注意以下问题：

①不要用错板型、箱型。因不同航空公司的集装板、集装箱的尺寸不同，用错了不能装机。而且每家航空公司的板、箱不允许别家航空公司的航班使用。

②货物装板、装箱时不得超过规定的重量、高度和尺寸。一定型号的板、箱用于一定的机型。一旦超装，就无法装机。所以既不可超装，又要用足板、箱的负荷和尺寸。

③要封盖塑料薄膜以防潮防雨。板、箱要衬垫平稳、整齐，使结构牢靠，系紧网索，以防止倒垛。

④对于整票货尽可能装一个或几个板、箱，以防散乱、丢失。

6）空代向航空公司交货时，应预先制作交接清单一式两份。航空公司接货人员根据空代提供的交货清单逐一核对点收，如有下述情况之一将予拒收：

①航空运单上未注明货物的包装方式和尺寸，或包装不符合要求。

②包装上无收货人、发货人的姓名地址。

③货物标签失落或粘贴不牢。

④运单上第一航空承运人为外国航空公司。

⑤运单上更改处未加盖更改图章。

⑥运价和运费有错。

⑦随附的文件未用信封装好，或订附不牢。

货物经核对无误后接货人员应在交接单上签字，各执一份。

7）空代将所有报关单证送海关后，海关审单未发现任何问题（必要时需查验货物）便在航空运单正本、出口收汇核销单和出口报关单上加盖放行章。

8）出口单位凭空代签发的“分运单”向银行办理结汇。如出口单位直接向航空公司托运，就凭航空公司签发的“主运单”向银行办理结汇。

9）到目的地后，航空公司立即以书面或电话通知当地空代或收货人提货。空代或收货人接到通知后应先行办理进口报关手续，提货时应当场查看货物，如无问题应在运单的“发货收据”上签收。如发现货物损坏或短缺应要求承运人出具运输事故记录，以便事后进行索赔。

3. 变更运输

托运人在货物发运后，可以对货运单上除声明价值和保险金额外的其他各项做变动。托运人要求变更时，应出示运单正本并保证支付由此产生的费用，在收货人还未提货或还未要求索取运单和货物，或者拒绝提货的前提下，托运人的要求应予以满足。托运人的要求不应损害承运人的利益，当托运人的要求难以做到时，应及时告之。

（1）费用方面

1）运费预付改为运费到付，或将运费到付改为运费预付。

2）更改垫付款的数额。

（2）运输方面

1）在运输的始发站将货物撤回。

2）在任何经停站停止货物运输。

3）更改收货人。

4）要求将货物运回始发站机场。

5）变更目的站。

6）从中途或目的地退运。

（3）变更运输的处理方式　货物发运前，托运人要求更改付款方式或代垫付款数额时，应收回原货运单，根据情况补收或返回运费，并按照有关航空公司的收费标准向托运人收取变更运输手续费、货运单费。托运人在始发站要求退运货物，应向托运人收回货运单正本，扣除已发生的费用（如地面运输费、托运手续费）后将余款退回托运人。

货物发运后和提取前，托运人要求变更付款方式或代垫付款数额时，应填写货物运费更改通知单，根据不同情况补收或退回运费，并按有关航空公司的收费标准向托运人收取变更运输手续费。

如托运人要求变更运输（如中途停运、改变收货人），除应根据上述有关规定办理外，还应及时与有关承运人联系，请其办理。改变运输意味着运费发生变化，应向托运人多退少补运费，并向托运人收取变更运输手续费。

训练与提高

一、填空题

1. 航空运输的主要经营方式有：________、________、________和________。

2. 包机运输方式有________和________两类。

二、名词解释

1. 班机：

2. 集中托运：

3. TAT：

三、案例分析题

联合包裹公司抢占我国快递

2001 年 4 月初，一架带有 UPS 字样的波音 747—200 型飞机降落在北京国际机场。这架美国直抵我国的 UPS 飞机，标志的不是一条客运航线的开通，而是美国联合包裹运送服务公司的货运飞机获准直航我国，但对国内的速递企业、物流业来说，来的不仅是飞机。

1. 飞机只是货运的手段，而 UPS 的电子商务的作用远大于飞机

有数字显示，去年圣诞节期间，美国有 40% 的圣诞礼物是通过网络订购获得的。在我国，2 250 万的因特网用户中，有 1/3 的人在过去一年中通过网络购物。而对于现代企业来说，通过电子商务，可以减少物资周转的时间、加快新资讯的传递、缩短资金的使用周期、大大降低企业生产成本。要满足现代企业的这一需求，传统的速递公司要依靠的就不仅仅是飞机，还要借助电子商务手段。正如 UPS 董事长兼首席执行官吉姆·凯利所言：“电子商务不单单是生意上交流，我们通过电子商务所产生的非包裹运送服务大大拓展了公司的业务。”目前，UPS 作为一家包裹快递公司已经在三年内为全球 6 万多客户提供在线采购和网上包裹跟踪。同时，借助网络，UPS 的包裹快递概念已有了更广的涵义，如 2000 年 1 月，UPS 将它的服务软件与另一家公司软件进行整合。整合后的软件使该公司的重要文件在因特网上传输时几乎不可能出现泄密事件。

2. 包裹快递贵在神速，直航中国开阔了国内对外贸易

我国近几年进出口贸易连年上升，这使得我国与世界的快递业务需求增长迅速。吉姆·凯利在一次同中国记者的见面会上不止一次地说："直航中国带给UPS的不只是兴奋。"通过直航，UPS可以更合理的对货运飞机进行合理的装载控制，有效实行更多的服务项目。因航程的缩短，为客户节约费用，缩短运送时间。随着直航飞机的降落，每周会有6班货运飞机抵达北京、上海。到今年年底，UPS的快递业务将遍及我国120个城市。中国直航权的取得，使UPS成为最快的空运快递公司之一，并领先于大多数竞争对手。

3. UPS代表着世界快递业进入我国的步伐将越来越快

综观UPS在中国的发展，1988年与中国外运集团签订合作协议，1996年6月在中国成立第一家合资企业，期间用了8年时间。2001年，刚刚5年的时间，UPS的飞机获准直航中国。可以看出，以UPS为代表的世界快递公司进入我国的步伐正在加快。那么下一步做什么？吉姆·凯利先生对此的回答是："我相信，中国加入世贸之后，UPS有可能进入到中国国内包裹快递领域，具体时间现在不好确定。

分析：从以上案例中知道，联合包裹公司的竞争优势是什么？

【阅读材料】

《2006年度中国快递行业兼并重组决策分析报告》简介

1. 中国快运快递行业基本概况

近两年，我国快运快递行业发展迅速，随着中国加入WTO后中国的经济平稳快速发展，中国目前快递市场规模已经达到200多亿元，而且每年还在以超过30%的速度增长。中国快运快递市场以丰厚的利润回报率、庞大的市场潜力、较低的进入壁垒，吸引了国内外众多同行业企业和行业外潜在进入者的目光。外资快递企业不断地进入中国，尤其是全球快递行业的四大巨头，联邦快递、敦豪、天地快运、联合包裹等在中国不断参与合资、并购或独资，给我国现有的快递企业前所未有的挑战。然而机遇与挑战并存，快运快递企业唯有增强自身竞争力，使自身做大做强，才是快递企业迎接挑战的有利工具。

我国目前快递企业高度分散。目前国内大小快递企业存在3万多家，仅上海就有6 000多家。而美国的物流公司有9 000多家，日本只有1 000多家。未来几年，国内快递企业兼并重组将成为一种趋势，只有这样国内快递业才会出现一些龙头企业。

目前已经在我国东部地区形成了以沿海大城市群为中心的几个大区域性快运速递圈。以部分大城市作为区域性快运速递产业发展中心，以递进式的扇面向外部辐射，带动中部和西部地区的发展。目前我国快运产业中有航空快运、铁路快运、公路快运、水运快运，其中航空快运发展最快，但铁路快运具有价格和运输网络的优势。

目前，我国快递业出现了国营、民营、外资等多经济主体、多运输方式相互竞争的市场状况。Heading-century指出分布于我国的快递公司主要有四个层次，第一就是外资快运快递行业，包括联邦快递、敦豪、天地快运、联合包裹等大跨国公司，对于这些企业来说，丰富的经验、雄厚的资金以及完善的全球网络而使其拥有强大的竞争实力。第二就是我国一些国有大快递公司，包括中国邮政、民航快递（CAE）、中铁快运（CRE）、中外运等，这些企业以其背景优势和完善的网络而在中国的快运行业处于优势地位。第三层次就是大通快递(EAS)、北京的宅急送，上海的申通快递公司、深圳顺丰等一些民营大中型快递公司，这些公司占据着一些地方市场，同时以一些城市为中心向其他地区渗透。第四就是一些小型民营企业，目前管理比较混乱，这些速递公司以其规模小、成本低、体制灵活、对市场需求的快速反应，而占据了当地一定的市场份额，往往以同城快递和省内快递为主要营利方式。

我国的物流及快运快递行业已于2005年12月1日开始完全对外放开。外资巨头的进入，更加加剧了我国快运行业的竞争，同时也直接对我国的大型多有快递企业构成了威胁，近而极有可能影响到我国快运行业未来的格局。

2. 中国快运快递行业兼并重组动因

快递行业的高收益导致快递行业的竞争几年来异常激烈，对于我国的快递快运企业来讲，若想在跨国公司大举进入我国国内市场的情况下，保持我国民族快递的品牌，在与国外快递行业巨头的竞争中立于不败之地，就必须要对目前国内快递市场进行整顿，重新整合国内的快递资源，做到优势互补。过去几年，我国快递快运行业的兼并重组一直不断。

我国快运快递行业不断发生这种兼并重组，有其背景因素。咨询指出我国的快运快递行业兼并重组具有以下几点原因。一是并购可以提升行业集中度，增强与外资对抗的资本。我国有多家大中型快递公司，同时还有一些地方性的中小企业在抢占市场份额，在这种情况下，如果各自为政，相互之间使用各种方法争夺市场资源，相当于资源的内耗，并不能提升我国快递快运公司的总体竞争实力。二是通过行业内的并购可以加深对我国市场的参与度，可以向纵深发展，开发我国二三级城市的客户群。三是通过兼并重组实现物流、资金流、信息流的统一。咨询分析我国快递快运行业可通过实现资金、信息的集中统一，提高抗御风险的能力，从而实现低成本的扩张。四是新的邮政法规的出台，加速了我国民营快运快递行业的兼并重组。新的《邮政法》圈定了邮政的专营范围和职能，将350g以下的信件作为邮政企业专营，这其中包括商业信函。还规定非邮政企业从事信件、包裹等业务，需要取得邮政监管机构的许可：分别对从事省内、跨省、国际快递业务的企业限定注册资本为50万、100万和200万元。因此快递企业的生存空间被大大压缩。因此一些企业选择了整合、兼并重组来增强实力，保证自己的生存空间。

3. 中国快运快递行业兼并重组趋势

我国未来的快运快递行业的竞争日趋激烈已经是不争的事实，咨询分析认为外资的进入导致我国快运快递行业会出现几种变局。

(1) 多元化趋势　随着我国经济的发展，各地经济技术开发区建设的不断完善，为满足开发区内高速增长的进出口物流及快递的需求，我国的快递公司通过兼并重组不断向多元化发展。企业之间通过并购不同业务的快递公司或者不同的部门，可以做到物流、信息流、资金流的整合，原来的快递业务已经开始转为快递与物流业务的融合，更好地提升了递送效率、降低了成本。

(2) 国有快递企业整合民营快递势头加剧　随着外资快递的进入，我国国有大型快递公司明显感受到了威胁，认为我国的国有快递公司包括中铁快运、民航快递、中国邮政等，为了打造我国的国有品牌，加上一些政策上的扶持，国有快递公司将会加速并购民营企业的步伐，从而实现强强联合，联合发展业务，实现优势互补，中国邮政的末端优势加上中铁快运的价格优势加上民航快递的速度优势，国内快递公司有能力在国内、国际的快递市场进行竞争。

(3) 外资独资化趋势明显　随着2005年12月我国物流与快递行业的完全放开，我国的快递企业资源渠道遭到了外资企业的疯狂抢夺。他们开始进入中国时，为了争夺快递渠道，与国内企业进行并购或合资。而当我国的物流快递完全放开之后，他们对国内市场也已非常了解，一些国外快递公司开始了独资化道路，他们通过收购合资股份从而达到独资目的。如今年初的联邦快递以4亿美元现金收购大田在双方合资企业大田-联邦快递有限公司中的50%股份，以及大田集团的国内快递网络。这样，联邦快递就获得了独资身份，而联邦快递所看重的正是民营快递大田覆盖全国502个城市的服务网络，这将使联邦快递加速在中国市场的扩张，从而顺利进入我国的二三级城市的市场。

我国的快递行业未来竞争的结果将会几家大的龙头企业及几家外资快运行业巨头并存的局面。

来源：www. zikoo. com

本章小结

✓航空运输是利用飞机进行空中运输的现代化的运输方式。本章主要介绍航空运输的特点、航空集装运输设备和航空运输实务等知识，同时也对班机运输、包机运输、集中托运和航空快递等航空运输经营方式等内容作了介绍。

第七章　集装箱货物的装载方法

本章知识要点

◇起重集装箱货物的特征

◇集装箱货物运输时选择集装箱时的标准

◇使用前要进行的检查

◇普通集装箱货物的装载方法和一些特殊货物的装载要求

第一节　集装箱的使用与装载

集装箱最大的特征就是它既是一种包装容器又是一种运输容器。因此在装卸的过程中要特别的注意，装卸方法的得当与否关系到整个运输环节的效率。因此在进行集装箱货物的装卸时要先对集装箱所装载的货物特征有所了解，选择合适的集装箱，并对使用的集装箱进行全面的检查，然后再根据正确方法进行装卸。

一、集装箱货物

在选择集装箱之前，必须了解集装箱货物是什么类型、性质，下面我们先来介绍一下集装箱货物的相关知识。

1. 集装箱货物的定义

集装箱货物是指以集装箱为单元积载设备而投入运输的货物。集装箱运输的出现改变了传统件杂货运输的货运单位，从而有效地克服了传统方式所存在的各种不同的缺陷，但这并不意味着所有的货物都可以成为集装箱货物。有很多货物也还是不适合用集装箱来进行装运。那么如何分辨哪些是适合用集装箱来装运的货物呢?

一般来说，通常适宜用集装箱装运的货物具有两个基本特点：一是货物装运时能较好地利用集装箱的载货重量和载货容积；二是货物价格较高。符合这样两个基本特征的货物都可称为适合集装箱货物。因而实际上集装箱货物的种类是很多的。

2. 集装箱货物的种类

（1）按货物对集装箱化的适应程度分

1）最适合集装箱化的货物。此类货物一般具有的两个基本特征：一是货物的重量、体积、形状、包装等物理属性能较好地与集装箱的载货能力（载货重量和载货容积）相适应。二是货物本身的价值和其运价都较高。因此，用集装箱装运此类货物，一方面能充分地发挥集装箱的载货能力，另一方面又能获得较高的经济效益。此类货物通常是贵重商品，如小型精密机械、仪器、各种纺织品、医药制品等等。

2）适合集装箱的货物。与上述货物相比，此类货物从物理属性来看也能较好地利用集装箱的载货能力，但从经济性来看，此类货物的价值和运价都要低一些。通常指一般杂货，如日用商品、电器电料、生皮等。

3）边缘/临界集装箱货物。所谓边缘，通俗地讲，就是这类货物可以用集装箱装运，也可以不用集装箱装运，而且一般情况下最好不用集装箱装运，这是因为这类货物本身的价值和其运价都很低，如生铁、原木、大米、饲料等半成品和原材料，用集装箱装运经济效益不好。

动动脑

哪些货物适宜用集装箱装运？举实例。

4）不适合集装箱的货物。这类货物是指根本无法用集装箱装运的超大、超重货物，如桥梁、钢轨、大型机械设备等。严格地说，这些货物不属于集装箱货物。

（2）按集装箱货物装箱数量和方式来分

1）整箱货（Full Container Load，FCL）。一个集装箱装满一个托运人同时也是一个收货人的货物。通常一批货物，达到一个或一个以上集装箱的内容积的75%或集装箱负荷重量的95%，即可作为整箱货。整箱货一般具有两个特征，一是箱内货物属于一个货物托运人，二是货物的装、拆箱作业由货主自理。实际业务中只要具有这两个特征，就可作为整箱货，而不计较其数量的多少。这种情况在货主有足够货源装载一个或数个整箱时通常采用，除有些大的货主自己置备有集装箱外，一般都是向承运人或集装箱租赁公司租用一定的集装箱。空箱运到工厂或仓库后，在海关人员的监管下，货主把货装入箱内、加锁、铅封后交承运人并取得站场收据，最后凭收据换取提单或运单。

2）拼箱货（Less Than Container Load，LCL）。一个集装箱装入多个托运人或多个收货人的货物。凡不足整箱货的容积或重量的货载，即需要两批或两批以上同装一箱的货载，称为拼箱货。它也具有两个特征，一是箱内货物属于多个货物托运人，二是货物的装、拆箱作业由承运人负责。实际业务中同时具有这两个特征的货物，就可作为拼箱货。一般地，承运人（或代理人）接受货主托运的数量不足整箱的小票货运后，根据货类性质和目的地进行分类整理，把去同一目的地的货，集中到一定数量拼装入箱。由于一个箱内有不同货主的货拼装在一起，所以叫拼箱。这种情况在货主托运数量不足装满整箱时采用。拼箱货的分类、整理、集中、装箱（拆箱）、交货等工作均在承运人码头集装箱货运站或内陆集装箱转运站进行。

（3）按货物的包装形式、规格、性质来分

1）货板货。这是用专门的货板，将杂货组成以一个货板作为一个单位的货物。

2）箱装货。这类货物是指用不同材料的箱子作为包装形式的货物，包括纸板箱、金属壳箱和木箱等。另外这种箱装货还有大小型之分，一般小型箱装货可以用手操作进行装拆箱作业，而大型箱装货一般用叉车进行装拆箱作业。

3）袋装货。这类货物是用各种材料制成的袋子作为包装形式的，一般粉粒状的货物都采用这种袋装的形式。

4）滚筒货及线圈货。例如卷纸、卷钢、钢丝绳，电缆和轮胎等的货物都是属于滚筒货或线圈货。

5）桶装货。包括鼓桶和木桶货两类，主要是指液体和粉状的化学制品、酒精、糖浆和各种油脂货等。

6）大件货。这类货物是指外部尺寸较大（主要是长度方向）和重量大的货物。

7）特殊货。这类货包括超重、大件货、冷藏货和危险品等。

二、集装箱的选择

1. 根据货物特征来选择集装箱类型

在进行集装箱货物装箱前，应根据所运输的货物种类、包装、性质和其运输要求选择合适的集装箱。对货物种类与性质进行了解，目的是看其对装箱与选箱及装卸方式方法等有无特殊要求。例如，对于危险货物，要了解是属于哪一类危险货物；对于普通货物，则应了解其是清洁货还是污染货等等。不同的货物具有不同的特性，例如货物的危险性、易碎性、对温湿度的敏感性以及能否与其他货物进行混装等，这些具体特性在装箱前必须了解清楚。

当然首先要考虑的是货物是否装得下，其次再考虑在经济上是否合理，与货物所要求的运输条件是否符合。因此选用集装箱，一般从以下几方面去考虑：

（1）尽量选择与货物载重相适应的集装箱　选择装载量与货物相适应的箱型，其目的在于使集装箱载重量得到充分利用。集装箱的最大载货重量等于总重量减去自重。从装卸运输的安全性、集装箱本身及装载机械设备的负荷等方面考虑，集装箱实际装载量不能超过规定的总重数值。

（2）尽量使得货物密度与集装箱的堆密度两者相适应　为使集装箱的容积和载重量得到充分利用，在选箱时，应选择单位堆密度与货物密度相接近的集装箱。

（3）装载量、运输路线及其通过能力　根据运输道路通过能力及有关规定选择相应的运输路线或选择与其相适应的箱型。要了解集装箱货物运输经过的道路、桥梁、隧道的通过规定，防止运输中出现问题。

（4）货物特性对集装箱有无特殊要求　由于集装箱的适箱货物类型多种多样，因此在装运时，对一些特殊货物的装运会有其特殊的要求，比如，普通的杂货选择通用干货集装箱即可，但对一些新鲜的海鲜水果蔬菜类产品就需要选用有冷藏功能的冷藏集装箱。

2. 所选集装箱应符合的要求

在完成了上面的工作之后，还必须选择采用统一标准规格的集装箱，这样不仅能保证货运质量，而且还是提高集装箱运输效率的必要条件。所以选用的标准箱一般要满足以下几个要求：①符合 ISO 标准；②四柱、六面，八角完好无损；③箱子各焊接部位牢固；④箱子内部清洁、干燥、无味、无尘；⑤不漏水、漏光；⑥具有合格检验证书。

目前，国际集装箱标准有 3 个系列，共 15 种集装箱。采用何种规格为宜，应根据航线上途经运输路线具体的货源条件和集装箱条件来定，这对集装箱运输能否取得成效有重大的关系。一般来说，在货物批量较少的航线上，选用集装箱的规格不宜太大，当然，还得视货物的密度，如在进口、出口货物中轻泡货较多，则以采用规格较大的集装箱为宜。

另外，在决定选用何种规格的集装箱时，还应考虑到与国外船公司、货主的合作问题。因此，在进行集装箱货物的国际多式联运中，很有可能与国外船公司进行箱子交换、互用。因此，最好选用国际上广泛使用的集装箱。

开展集装箱的国际多式联运，应以实行“门到门”运输为原则。因此，在选用集装箱运输时，必须注意到内陆运输的条件。为了适应公路、铁路运输条件的限制，使货运量少、运输条件差的国家和地区也能实现“门到门”运输，可采用“子母箱”运输方法。此外，有些航线经常会发生由于两港之间货源的不平衡而造成的大量集装箱的回空运输，不仅会降低集装箱运输的经营效益，严重时会影响集装箱运输的发展。为了解决空箱回运的问题，有些国家的船公司在货源不平衡的航线上使用折叠式集装箱（Collapsible Container）运输方式。

知识卡　　**子母箱运输**

子母箱运输方法系指子箱的尺寸应与母箱的尺寸紧密配合，在海上运输时可采用大型国际集装箱，而在内陆运输时，则采用小型集装箱运输，等那些货运量少、运输条件差的国家和地区的集装箱运输得以发展成熟和货运量增大后，逐步完善集装箱的“门到门”运输。

三、集装箱的检查

1. 集装箱的检查内容

集装箱在装载货物之前，都必须经过严格检查。一只有缺陷的集装箱，轻则导致货损，重则在运输、装卸过程中造成箱毁人亡事故。所以，对集装箱的检查是货物安全运输的基本条件之一。发货人、承运人、收货人，以及其他有关人员在相互交接时，除对箱子进行检查外，则应以设备交接单等书面形式确认箱子交接时的状态。通常，对集装箱的检查内容包括：

（1）集装箱的外部检查　对集装箱外部的检查，主要是看其外表有无损伤。如发现有弯曲、凹痕、擦伤等痕迹时，应在其损伤周围进行仔细检查，同时对该损伤处的内侧也应进行检查。有时因铆钉松动和断裂，箱顶部分有气孔等原因容易引起货物污损事故，对于经过修理的地方也要进行检查。

知识卡　　**折叠式集装箱**

这种集装箱折叠后其体积仅为固定式集装箱的1/4，也就是说，四个集装箱折叠后，重在一起为一个固定的国际标准集装箱的体积。这种方法可以大大降低空箱回运时的舱容损失。

（2）集装箱的内部检查　在对集装箱的内部进行检查时可将集装箱关闭，在其内部察看有无漏光现象，以确认是否存在破孔。也可通过内衬板上有无水湿痕迹判断其有无破孔现象。其中，对集装箱的内表面进行检查时，应注意检查其有无凸出物，以免对货物造成伤害。

（3）集装箱箱门的检查　在对集装箱检查的时候还要对其箱门进行必要的检查，主要是检查其门锁装置是否处于正常状态，箱门周围的风雨密封是否完整。

（4）属件、附件的检查　属件、附件的检查是指对货物的加固环节状态，如：板架式集装箱的支柱状态，平板集装箱、敞棚集装箱上部延伸用加强结构的状态等，这些都必须进行检查。

2. 集装箱的清理

在集装箱使用前，除检查其有无破损情况外，还应对集装箱进行必要的清理，这也是保证装载货物不被污染的一个必要环节，其主要清理工作包括：

1）清洁、除湿。

2）除臭、除污染。

3）清除检疫对象的残留物。

训练与提高

一、填空题

1. 集装箱最大的特征就是它既是一种________，又是一种________。

2. 选择集装箱时运输货物的________、体积、形状、________等物理属性能较好地与集装箱的________相适应。

3. 集装箱的选择要根据货物的________来定，普通的杂货选择________，但对一些新鲜的海鲜水果蔬菜类产品就需要选用________。

二、选择题

1. 下列哪些货物适合使用集装箱运输________。

A. 小型精密机械　B. 仪器　C. 各种纺织品　D. 超重钢轨
E. 药制品　F. 日用商品　G. 电器

2. 拼箱货具有的特点有________。

A. 货物属于多个货物托运人　B. 货物属于一个货物托运人
C. 货物的装、拆箱作业由货主负责　D. 货物的装、拆箱作业由承运人负责

3. 以选用的标准箱一般要满足以下________要求。

A. 符合 ISO 标准　B. 四柱、六面，八角完好无损
C. 箱子各焊接部位牢固　D. 箱子内部清洁、干燥、无味、无尘
E. 不漏水、漏光　F. 具有合格检验证书

三、简答题

1. 适宜用集装箱装运的货物应该具有什么特征？

2. 集装箱的检查内容有哪些？

第二节　集装箱货物装载的一般要求

前面我们介绍了集装箱的特征，以及它所装载货物种类繁多，性质不同，形状各异的特点，因而在装卸时货物对装卸的要求也不一样，但无论装载什么类型的货物，一般都应满足下面的基本要求。

一、必须将货物固定好

货物的形状千差万别，一般不会完完整整的填满箱，一般都会剩下一些空隙。而在运输的过程中，可能由于道路的不平或起动刹车时造成晃动，尤其是海上运输中由于船体摇摆而造成货物坍塌与破损，因此必须对箱内货物进行固定处理，以减低不必要的损失。现在我们常用来固定货物方法主要有以下几种：

1）绑扎，用绳索、带子等索具捆绑货物。

2）网罩，用钢制网或其他材料制成具有一定强度的网状物罩住货物。

3）加筐，可用将衬垫材料、扁平木材等制成栅栏来固定货物。

4）支撑，用方形木条等支柱来将货物与集装箱之间固定。

5）塞紧，用方木等支柱将货物与集装箱侧壁之间在水平方向加以固定，货物之间插入填塞物、缓冲垫、楔子等防止货物移动。不过在此要强调一点，由于集装箱的侧壁、端壁、

门板处的强度较弱，因此，在集装箱内对货物进行固定作业时要注意支撑和塞紧的方法，不要直接撑在这些地方，应设法使支柱撑在集装箱的上下横梁柱等主要构件上。

二、对货物进行必要的衬垫

装载货物时，由于货物的包装材料各异，要根据包装的强度和货物的性质来决定对其进行必要的衬垫。对于外包装脆弱的货物、易碎货物应夹衬缓冲材料，防止货物相互碰撞挤压。为填补货物之间和货物与集装箱侧壁之间的空隙，有必要在货物之间插入垫板、覆盖物之类的隔货材料。要注意对货物下端进行必要的衬垫，使重量均匀分布。

值得一提的是，应使用清洁、干燥的垫料（胶合板、草席、缓冲器材、隔垫板）。如使用潮湿的垫料，易发生货损事故。

三、货物在箱子内的重量分布应均衡

如箱子某一部位装载的负荷过重，则有可能使箱子底部结构发生弯曲或脱开的危险。在吊机和其他机械作业时，箱子会发生倾斜，致使作业不能进行。此外，在陆上运输时，如存在上述情况，拖车前后轮的负荷因差异过大，也会发生故障。特别是要严格禁止负荷重心偏在一端的情况，要避免产生集中载荷，因此要根据货物的体积、重量、外包装的强度以及货物的性质进行分类，把外包装坚固和重量较重的货物装在下面，外包装较为脆弱、重量较轻的货物装在上面，装载时要使货物的重量在箱底上形成均匀分布如装载机械设备等重货时，箱底应铺上木板等衬垫材料，尽量分散其负荷。标准集装箱底面平均单位面积的安全负荷大致如下：20ft 集装箱为 $1330\times9.8\mathrm{N/m^2}$，40ft 集装箱为 $980\times9.8\mathrm{N/m^2}$。

四、拼箱货混装应合理

货物混装时，要避免相互污染或引起事故。因此在不同种货物混装时要求：

（1）危险货物之间不得混装　危险货物相互混装，容易引起着火和爆炸等重大灾害，所以不能混装。

（2）避免干、湿货物的混装　液体货物或有水分的货物与干燥货物混装时，就有可能引起干燥货物的湿损、污染、腐败等事故，因此，要尽可能避免混装。当然，如果货物装在坚固的容器内，或装在下层，可以考虑混装。

（3）包装不同的货物要分别装载　木质包装的货物不要与纸质包装或袋包装的货物混装，防止包装破损。

（4）尽可能不与粉末类货物混装　水泥、肥料、石墨等粉末类的货物与清洁货物不得混装。

（5）尽可能不与强臭货物或气味强烈的货物混装　如肥料、鱼粉、兽皮等恶臭货物，以及胡椒、樟脑等强臭货物不得与茶叶、咖啡、烟草等香味品或具有吸臭性的食品混装。对于与这些恶、强臭货勿混装的其他货物也应采取必要措施，有效阻隔气味。

五、装载托盘货时的要求

装载托盘货时要确切掌握集装箱的内部尺寸和托盘的外部尺寸，以便计算装载件数，达到尽量减少亏箱、多装货物的目的。

六、叉车装箱的要求

用叉车装箱时，将受到机械的自由提升高度和门架高度的限制。在条件允许的情况下，叉车装箱可一次装载两层，但上下应留有一定的间隙。

如条件不允许一次装载两层，则在箱内装第二层时，要考虑到叉式装卸车的自由提升高

度和叉车门架可能起升的高度。门架起升高度应为第一层货高减去自由提升高度，这时第二层货物才能装在第三层货物上层。

一般用起重量为2t的普通叉式装卸车，其自由提升高度为50cm左右，但还有一种是全自由提升高度的叉式装卸车，这种机械只要箱内高度允许，就不受门架起升高度的影响，能很方便地堆装两层货物。此外，还应注意货物下面应铺有垫木，以便使货叉能顺利抽出。

七、选用的箱子必须符合国际标准

根据货物的不同性质、种类、包装，选用不同规格的集装箱，经过严格的检查，并具有检验部门发给的合格证书。

训练与提高

一、填空题

1. 装载货物时，由于货物的________，要根据包装的________和货物的________来决定对其进行必要的衬垫。

2. 装载托盘货时要确切掌握集装箱的________和托盘的________，以便计算装载件数，达到尽量减少亏箱、多装货物的目的。

3. 液体货物或有水分的货物与干燥货物混装时，可能引起干燥货物的________、污染、腐败等事故，因此，要尽可能避免________。

二、选择题

1. 集装箱货物在装箱时可以通过________方法进行固定。

A. 绑扎　　B. 网罩　　C. 加箧　　D. 支撑　　E. 塞紧

2. 用集装箱来装载托盘货物的时候要考虑________的因素。

A. 集装箱的尺寸　B. 托盘的尺寸　C. 货物的尺寸　D. 集装箱的内部尺寸与托盘的外部尺寸

三、简答题

如何实现拼箱货物的合理混装？

第三节　特殊货物的装载要求

在集装箱运输货物中有很多特殊货物，如一些超高、超长、超重货物，散装货、液体货、冷藏货、危险货，动、植物等在进行集装箱装运时，都有着其各自不同的要求。

一、超尺度货和超重货的装载

所谓超尺度和超重货是指货物的尺度超过了国际标准集装箱的尺寸而装载不下的货物，以及单件货物重量超过了国际标准集装箱的最大载货重量而不能装载的货物。而集装箱是可国际通用的，具有统一标准，集装箱船的箱格结构和装卸集装箱的机械设备也都是根据这一标准来设计的。因此，如货物的尺寸、重量超过了这一标准规格，则对集装箱船的装载和集装箱的装卸作业，都会造成一定的困难。但是，由于集装箱运输的不断扩展，货主要求以集装箱来装载这些非标准的货物，这就迫使有关方面研究如何运输这些超尺寸和超重货物的方法，以满足货主们的要求。

1. 超宽货

集装箱运输下允许货物在横向突出的距离，首先是受到集装箱船箱格结构的限制。在陆上运输时其超宽的限制没有像超高那么严格。装卸机械对超宽的限制则根据所使用的机械设备类而定，如跨运车，一般对每边超宽 10cm 以内的集装箱可从底盘车上卸下，但如超过了 10cm，跨运车则无法作业。

2. 超高货

通常，干货集装箱箱门的有效高度，20ft 型箱为 2 135 ~ 2 154mm，40ft 型箱为 2 265 ~ 2 284mm，如货物超过了这一高度，则称之超高货。超高货的运输必须用开顶集装箱，或用板架集装箱装载。超高货的装载运输，对内陆运输，车站、码头、装卸机械、船舶装载等都带来许多问题，如：

（1）陆上运输　超高货通过陆上运输时，公路对超高货的高度一般都有限制，这种限制高度各国规定不统一，但在公路交通法规中均有具体规定。国外大城市内的安全通行高度在 4.5m 左右。例如日本政府规定，限制高度离地面不得超过 3.8m。国际标准集装箱的高度为 2 438mm（1AA 型、1BB 型、1CC 型为：2 591mm）。在这一高度内，一般来说，陆上运输没有问题，如超高 20cm 左右，一般可通过，但如超过 20cm 以上时，应向有关部门提出申请，在得到允许时方可进行运输，而这种许可往往带有附加条件的，如只能在夜间通行，或必须减速通行等。

（2）装卸机械作业　集装箱码头堆场和车站使用的装卸机械设备，如装卸桥、跨运车、搬运起重机等都是按标准装箱设计的，没有考虑超高货装载的特殊情况，因而无法利用吊具装卸超高集装箱。如对超货进行装卸，必须在装卸机械上临时安装一定的附属工具。

（3）船舶装载问题　集装箱船载超高货箱时，只能堆装在舱内，或甲板上的最高层。但集装箱船的设计高度一般是以 2.6m 的集装箱高度的整数倍，因此，在舱内装载超高集装箱时，舱内垂直方向将会留有一定的空隙。另外，如超高量太大，整个货物的重心高度必然会提高，会影响船舶稳性高度，给海上货物运输带来不安全因素。

3. 超长货

在箱格结构的集装箱船上，船舱内是无法装载超长货的，因为，每个箱格都有横向构件，必须装运时，只能装载在甲板运输。从集装箱本身条件看，只有板架集装箱才能装载超长货，因板架集装箱可将两端插板取下，装货时，把插板铺在货物下面就可以了。

4. 超重货

集装箱装载货物的重量和箱子自重的总重是有限制的，所有的与其有关的运输工具和集装箱机械也都是根据这一总重来设计的。因此应注意在装箱完毕后，其总重量不能超出其限制的数值，否则，会影响集装箱的安全运输。一旦在装箱完毕后发现已超出了所规定的最大允许重量，应取出部分货物，因为，箱子超重是绝对不允许的。

二、散装货的装载

用集装箱装载运输散装货可节约包装费、装卸费。散装集装箱主要用于装载运输小麦、麦芽、谷物、树脂、铅粉等，在装载该类货物时应注意的事项如下：

1）装卸地的装卸设施与设备要满足散料装卸的要求。

2）箱型的选定要便于货物的装卸及清扫。

3）箱子应清洁、干燥、无味，保证货物不受损。

4）了解不同货物的自然特性，避免由于潮湿或温度过高造成货物的变质，对于一些粉状物甚至会发生爆炸，因此在温湿度上要有所控制。

三、液体货的装载

液体货也可看作是散装货物的一种，利用罐式集装箱运输液体货可大量减少包装费和装卸费。运输液体货物的集装箱主要有两种，一是用罐式集装箱运输，二是液体货物在装入其他容器后再装载集装箱。在采用罐式集装箱运输液体货物时应该注意：

1）罐式集装箱本身结构、性能、箱内面的涂料是否满足货物的运输要求。

2）了解货物的特性，在运输和装卸过程中是否需要加温，以及装卸地是否具有蒸汽源和电源。

3）查明集装箱的容量和所允许的载重量的比例与货物密度是否接近一致。当货物密度较大并且装载半罐的情况下，在装卸和运输过程中有损罐的危险。

4）查明排罐时是否具有必要的设备，这些设备是否适用于集装箱的阀门等。

5）检查溢流阀是否有效等。

这里值得一提的是，用罐式集装箱来装载运输液体货，虽然在经济上有较大收益，但发展较慢。其主要原因是制造罐式集装箱工艺高，成本也高；由于液体货物特性各异，其物理性能和化学性能不同，制造多种液体货集装箱在技术上有困难；清扫该种箱子的场所和污水处理有一定的困难。国际上对该种集装箱的运输、装载缺乏明确规定，有些国家和地区对一些罐装集装箱运输有规定不统一，所以在国际贸易的运输时还要了解有是否受相关法规的制约。不过随着集装箱运输的快速发展，这方面的法规也将会得到不断地补充和完善。

四、冷藏货的装载

冷藏货集装箱装载可分冷却货物（Chilled Cargo）和冷冻货物（Frozen Cargo）两种。

冷却货物是指一般选定不冻结的温度，或者是货物表面有轻微结冻以上的湿度，其温度范围在 -1 ~ +11℃，冷却货物目的是为了维护货物的呼吸和防止箱内出汗。冷冻货物是指将货物冻起来运输，其温度范围通常在 0 ~ -25℃左右。

对冷藏货物在运输途中应保持的温度，货主在托运时都有明确指示，对承运人来说必须严格遵照执行。同时，把货主签发的有关该票货物在运输途中所需要的文件保管好，避免一旦发生纠纷后在货主与承运人之间就温度问题引起争执。

冷藏货在装箱前，对集装箱和货物都应进行检查：

1）集装箱具有集装箱所有人出具的集装箱合格证书或文件。

2）集装箱的起动、运转、停止装置处于正常状态。

3）集装箱通风孔处于所要求的状态，泄水管保持畅通。

4）货物达到规定的装箱温度。

5）货物装箱时，不能堵塞冷气通道，天棚部分应留有空隙。

6）装载期间，冷藏装置停止运转。

在装货前，冷冻集装箱内使用的垫木和其他衬垫材料要预冷；要选用清洁卫生的衬垫材料，不使它污染货物。严格禁止已降低鲜度或已变质发臭的货物装进箱内，以避免损坏其他正常货物。

五、危险货的装载

危险货的装载方法和运输要求与非危险货是完全不同的，这是因为考虑到该类货物的物理性、化学性以及运输安全的要求。对危险货物装载的要求是：

1）不符合“国际危规”要求的货物，或已货损、渗漏的货物不得装入箱内。危险货只有按“国际危规”中有关规定包装后才能装载集装箱运输。

2）货物装箱前应调查清楚该类危险货物的特性、防灾措施和发生危险后的处理方法，作业场所要选在避免日光照射、隔离热源和火源、通风良好的地点。

3）作业场所要有足够的面积和必要的设备，以便发生事故时能有效地处置。

4）作业时要按有关规则的规定执行。作业人员操作时应穿防护工作衣，戴防护面具和橡皮手套。

5）危险货物的任何部分都不允许突出于集装箱外，装货后箱门要能正常地关闭。当一票危险货物只构成集装箱内容的一部分，应装载在箱门附近。

6）不应将危险货与不相容的物质装载同一箱内，除特殊情况由主管部门同意外。液体货物和非冷藏的压缩气体的装载应得到主管部门的批准。

7）某些干燥的散装危险货，可装载由主管当局特准制作的用于该种货物运输的集装箱内。

8）装载危险物质和其他任何物质的包件在集装箱内应装紧或有足够的支撑和固定，以适合航行的要求。包装的方式，应尽量减少在运输过程中因集装箱装置造成损坏，用于包装上的这些集装箱装置应充分加以保护。

9）对托运人来说，应在货物托运单上或单独的申报单上保证他所托运的货物已正确地加以包装、标记、标志等内容，并具有适运的条件。对危险货物来说，其特殊的情况还应写明其正确的名称，单证内应确切地说明所属的危险货物的类别。

10）运输危险货物时，应准备与运输其他种类货物所需的同样单证，这些单证的格式和应填写的具体内容，及其所承担的责任由适用于该项运输方式的国际公约和有关立法加以确定。

11）装入集装箱内的危险货物，应目测其有无损坏，如证实有实质性的损坏，则不宜装箱。

12）负责将危险货物装入箱内的工作人员，应提交“装箱证明书”，以证实已正确装箱并符合以下规定：

①集装箱清洁、干燥、外观上适合装货。

②集装箱内未装入不相容的货物。

③所有包件都经过外部破损检查，装入箱内的包件是完好的。

④所有包件都已恰当地装入集装箱内并加以牢固。

⑤集装箱及其包件都有正确的标记、标志。

⑥对集装箱内所装的每一票货物，应已经收到其根据《国际危规》所要求的危险货物申报单。

13）装有危险货物的集装箱，应有规格不少于250mm×250mm的符合贴《国际危规》规定的图案标志（标牌），应至少有四幅这种标志（标牌），并将其贴在外部明显的地方，每侧各一幅，前后端各一幅。集装箱一经认为无危险性，所有危险标志应从箱上去掉或加以遮盖。

14）装载有危险货物的集装箱，应检查外部有无所装内容的破损、撒漏或渗漏现象，若发现有破损、撒漏或渗漏的集装箱，在未加以修理和将容器移走前，都不予以承运。

15）装载危险货物的集装箱卸空后，应采取措施保证集装箱没有污染，从而使集装箱不具有危险性。

六、动、植物货的装载

一般情况下，动、植物的检疫应根据出口国的规定，但也有部分国家规定动、植物的进口一定要经过检疫人员的检查，并得到许可后才能进口，因为动物或植物类货物可能带有某种害虫、细菌或病原体，所以在其进口时需要对其进行检疫。需要进行动、植物检疫的货物，必须经检查合格后方准进口。检查不合格时，应根据进口国的规定，进行熏蒸或消毒后才能进口，有的只能作焚烧处理。

1. 动物检疫与装载

动物检疫的对象通常指牛、马、羊、猪等活动物和用这些动物制成的畜产品，如牛皮、羊毛、兔毛、猪肉、腊肠等。运输该类货物的集装箱有两种，一种是密闭性的，另一种是非密闭性的。

（1）检疫的内容　检疫内容各国均有不同的具体规定，但其基本内容是：

1）检疫对象为装载活动物或由其制成的畜产品的集装箱。如果杂货与畜产品混装时，则该集装箱在检查结束前不准打开。要求杂货与畜产品一起进行消毒处理后，才能开箱取出。

2）对于活动物必须在第一个进口港内接受检疫。

3）消毒时一般用5%的甲酚液进行消毒。

（2）在装载时应注意的方面

1）活动物应尽量装在甲板上受风浪影响较小的地方，周围最好用一些杂货集装箱遮蔽起来，减少风浪的袭击。

2）要求供水方便，周围应留有通道，以便在航行中进行喂料和清扫。

3）畜产品一般采用通风集装箱装载，例如兽皮在运输中会流出液体，故应选择带有液槽的集装箱装运。

2. 植物检疫与装载

（1）植物的检疫　需要进行植物检疫的货物属于食品类的一般有：麦芽等谷物，柠檬、桔子等水果，土豆等蔬菜，属于非食品类的有木材、草制品等货物。集装箱进口检疫时，其具体情况应依据各国有关规则进行，检疫地点原则上应在该集装箱所卸码头的指定场所进行。如该地点不能进行检疫时，则应按照检疫人员指定的地点进行。如植物检疫不合格，即发现植物上有害虫或确定为有害植物时，应按检疫机关的批示进行熏蒸消毒或就地掩埋。

（2）植物货物的装载　需要进行植物检疫的货物，在谷物中主要是麦芽，在蔬果类中主要是柑桔类货物，而木材中主要是胡桃木。

1）麦芽可按散货的装载方法进行装载。

2）柑桔类货物一般采用波纹纸板箱包装，以便于进行植物检疫。这类货物通常选用冷冻集装箱装载。

3）木材应选用板架集装箱装载，但板架集装箱必须设有立柱，否则运输途中会产生塌货。木材也可以采用开顶集装箱装载，但装货时作业较复杂，而且容易损坏集装箱。

训练与提高

一、填空题

1. 液体货也可看作是散装货物的一种，这类货物应该选择______运输，这种运输工具的优点是大量减少包装费和______。

2. 危险货只有按《国际危规》中有关规定包装后才能装载集装箱运输。不符合______要求的货物，或已______的货物不得装入箱内。

3. 畜产品一般采用______集装箱装载。

二、选择题

1. 需要进行植物检疫的、属于食品类货物包括______。

A. 谷物　B. 水果　C. 蔬菜　D. 木材　E、草制品

2. 对冷藏货物在运输途中应保持的温度，对承运人来说必须严格按______执行。

A. −1 ~ +11℃　B. 0 ~ +5℃　C. 0 ~ 10℃　D. 货主的要求

三、简答题

1. 散装货的装载要求有哪些？

2. 冷藏货的装载要求有哪些？

四、案例分析题

茶叶装载集装箱串味案

浙江省茶叶进出口公司在 1987 年 10 月委托浙江省钱塘对外贸易运输公司（以下简称钱塘外运）将 750 箱红茶从上海出口运往德国汉堡港。钱塘外运又转委托上海对外贸易运输公司（以下简称上海外运）代理出口。上海外运将红茶在上海装入三个 20ft 集装箱中，委托广州远洋运输公司（以下简称广州远洋）所属的船舶运往德国汉堡港。货到目的地，发现其中一个 20ft 集装箱内的 250 箱红茶串味变质，经中国保险公司在汉堡的代理人 BDJ 出具了有关检验机构的检验报告，确定这 250 箱红茶受精萘气味污染。为此，该货物保险人浙江省保险公司（发下简称浙江人保）按保单赔偿了收货人损失 7 476.63 英镑和 1881 西德马克，并取得了收货人签署的权益转让书。

浙江人保凭权益转让书先后向货物承运人广州远洋及上海外运追偿，但这两个公司均拒绝履行其赔偿责任。于是，浙江人保便向上海海事法院提起诉讼。广州远洋被列为第一被告；上海外运被列第二被告。人保诉讼称第一被告承运其承保的 750 箱红茶，由于提供了不洁集装箱，而第二被告作为装箱人未尽职责检查，致使茶叶串味污染，故要求两被告赔偿其遭受的全部经济损失和从赔付收货人时起至判决之日止的利息，并承担全部诉讼费用。

第一被告辩称，该提单项下集装箱运输条款为 FCL，即由发货人装箱、点数、铅封的整箱货运输。第一被告提供的集装箱应视为货物包装，箱体检查应属发货人的职责，而且污染原因不明，原告赔付收货人过于草率。对于非第一被告原因引起的损失，不负赔偿责任，并要求原告赔偿其因应诉而引起的经济损失。

第二被告辩称，发货人委托进行装箱作业，只对装箱过程负责，不对以后发生的损失负责。根据惯例，承运人应该提供清洁、干燥、无味的集装箱，而且法律并未规定需要对集装箱进行检查。对于不可预知的损失不承担赔偿责任。

本案经调查取证后，法院认为：BDJ 出具的有关检验机构的报告，装在 HTMJ—5005420 集装箱内的 250 箱红茶受精萘气味污染。事后经有关单位查明，该集装箱上一航次装载的是精萘，本航次装载于该箱内的是 250 箱红茶，也就是说，红茶的串味与上一航次所装货物有关。汉堡 BDJ 出具的检验报告和事后在国内调查的事实是吻合的。据此，法院认定 HTMJ—5005420 集装箱上一航次残留的精萘气味是这一航次 250 箱红茶唯一的污染源。

根据国际惯例，集装箱应该清洁、干燥、无残留物和前批货物留下的持久性气味。第一被告签署的提单适用于“海牙规则”规定，即承运人须在开航前和开航时尽到应尽的职责，使货舱、冷藏舱和该船装载货物的其他部分适于并能安全地收受、承运和保管货物。而且两被告双方在其航线的集装箱运输中亦有协议规定：第一被告应在船舶受载前五天，在港区的堆场提供清洁、干燥、无味、完整的空箱交至第二被告的运送车上。根据国内常规，承运人亦应保证提供适载的集装箱。第一被告以 FCL 条件之下的集装箱应视为货物包装的观点，在本案中过于牵强，应视为《海牙规则》中表述的“该船装载货物的其他部分”较为妥当。因此，法院认为第一被告作为提供集装箱的承运人，明知发货人托运的是极易串味的茶叶，却将残留有上一航次货物气味的不适载集装箱发给发货人装箱，犯有疏忽大意的过错。按照我国《民法通则》，应该承担茶叶损失的赔偿责任。

法院同时还认为，第二被告全权代理发货人发货、点数、装箱、铅封。尽管目前商检局还未明文规定对装茶叶的集装箱实施法定检验，但是国家商检总局制定的《集装箱检验办法》第 5 条规定，除法定商检外，“对外贸易关系人可根据需要向所在地区商检机构申请办理集装箱货物装箱、拆箱检验”，检验项目包括集装箱适载条件、清洁情况等单项鉴定。第二被告明知对于集装箱的检验，应是他作为发货人代理的职责，但本航次茶叶装箱前，第二被告却没有申请商检，这只能认为其对装货的集装箱的适载性有充分的把握。根据中远提单背面条款第 12 条规定，托运人装箱的集装箱，当货方在装箱或装载之时或之前进行适当的检验便可明显发现的集装箱的适货性或条件欠缺，托运人应该负责。尽管本案发生时，我国对集装箱货物装载还没有明确的管理法规，然而参照我国目前制定的有关规定，承运人应向装箱人提供技术状况良好的集装箱，装箱人在装箱前应该认真检查箱体，不能保证货物安全的集装箱不得使用。集装箱交接标准是：空箱、箱体完好、水密、无漏光、清洁、干燥、无味、箱号及装载规范清晰。本案中产生污染是由于没有彻底清除集装箱内的残留精萘气味。精萘是一种有毒的化学工业品，其散发的刺激气味是明显的。既然经过一个多月的航行周期，货物到汉堡港时还散发出浓重气味（BDJ 报告），法院据此认为，第二被告作为装箱、铅封的发货人代理，在装箱前没有尽到认真检查箱体的责任，犯有过于自信或疏忽大意的过错，亦应承担本案货损的赔偿责任。

综上所述，首先是第一被告违背有关规定和国际惯例，疏忽大意提供了不适货的集装箱，使污染成为可能；其次是第二被告未能按照常规认真检查箱体，疏忽大意或过于自信使污染成为事实。据此法院判决第一被告与第二被告应分别承担 60% 与 40% 赔偿责任。

分析：从本案中我们得到什么启示？

【阅读材料】

集装箱内的货物系固不良的风险和建议

许多因集装箱或拖车内的货物损坏而引起的索赔案件，这些货物都是由托运人自己装箱的整箱货。人们都期望托运人能尽谨慎注意义务以保证他们的货物在到达其客户时仍然处于完好的状态，但往往事与愿违！

集装箱内货物的系固不良，或是集装箱内的空隙没有用垫舱物料进行填充，或是没有对重大物件进行绑扎，又或是对超重大的物件仅仅做了机座的系固等等；对于此种种现象，任何一位理赔人员都可以在其案卷中找到相关的例子。这类案件中最为严重的一桩索赔是：某一厂商将一批危险化学品倒立堆放了，尽管包装上标有清楚的“向上（This Way Up）”标记。此外还有一个案例，即一批卷钢只用了两个小木楔进行固定，当货车上山时卷钢就从货车上滚了下来。幸好后面没有别的车辆跟随，这重达 5t 的卷钢最后安全地停下来了。

整个问题的关键在于托运人并不知晓和理解其货物在长达几周的运输过程中的环境和条

件。一个空箱由货车运到了工厂后，托运人往往趋向于参照该批货物是通过一条平坦的高级高速公路运送给 100km 外的客户的积载方式进行货物装载。但不幸的是，海路运输并不那么简单。首先，从工厂出发的公路运输可能只是将集装箱运到铁路的起点；然后，集装箱将要被吊起 10m 后再放进铁路货车内进行运输。经过几次转车后，它将由快速列车连夜加速运输，接下来再经过几次转车，之后再次被吊到空中后放下到堆场。此后，在被吊装上船舶之前，它还得由拖车进行一次短距离的陆上运输。如果你认为那样还不够的话，那么麻烦就真的要出现了。根据船舶的种类、集装箱堆载的地方，当然还有航行的状况，集装箱由于船舶在大浪中的纵摇和撞击（不是一次或两次，而可能是连续几天内都达到每小时 30 到 40 次）而向船头严重倾斜，倾斜度可能高达 25°。箱子到达目的港后，在其被最终送到收货人的仓库前，还要有更多的吊装、运输和转车等等。尽管如此，如果托运人恰当地履行了他的职责的话，货物还是能够完好地从集装箱中被卸出来。

遗憾的是，有些情况并非如此。节约成本的理念可能会导致错误的经济策略，特别是当会计师们把注意力集中在货物包装上时：取消厚实而昂贵的纸板，代之以小块的聚苯乙烯塑料和一些轻薄的收缩性包装纸——毕竟，这些货物都是要被放到那些大而结实的钢质集装箱中，不是吗？为什么还要花费这些不必要的费用呢？对于价值 100 000 美元的货物来说，节约的费用或许只有几美元。但是，一旦改变了其包装，我们可以设想一下：船舶遇到了一场小风暴，不算很大，风力 8 级或 9 级，而所有这些良好的新机器就将要在这个大集装箱里滚动。当到达目的地时，它们或许就成了一堆只值 1 000 美元的废料。或许，这个会计师是一位只在 8 月份去海边并且认为大海永远是那么安静和蔚蓝的人吧！

更要注意货物在到达码头之前的情况。大量的案件都涉及货物在离开装运点后几公里就从货车上掉了下来或是货物在到达联合仓库时已经散架。试想一下这些货物是要穿越太平洋的，可它们却甚至连下一个城镇都无法到达！

幸好集装箱有着钢质的箱壁，除非遇上极恶劣的情况，其箱壁足以保护许许多多的货物。对于一些软质箱壁的集装箱（如带帘边的集装箱）、可换体集装箱甚至是标准的拖车集装箱来说，都存在许多问题，特别是在滚装作业中。如果装载在这种箱体中的笨重货物在海中漂流，很显然这种集装箱的箱壁是不足以保护货物的。有一个案例，笨重的钢坯从系固在船舶露天甲板上的可换体集装箱中滚了出来，并径直掉入海中，在这过程中，钢坯损坏了船舷和其他结构。原来，钢坯根本就没有进行安全系固。如果装载在甲板下拖车集装箱中的笨重货物松动了，这些货物将会随着船舶的移动前后滚动，这将造成无法设想的损害。

从轮渡操作员的检查记录显示，在交付运输的货物中有超过半数是没有得到安全系固的。当托运人被电话通知并要求前往校正其货物系固否则其货物将不获发运之后，这一巨大的比例才开始下降。其他调查结果也显示了相似的惊人数字。根据国际海事组织的要求在加拿大进行的抽样调查结果显示，超过 40% 的载有危险物品的集装箱在货物系固和积载方面存在不足；另外有 35% 的集装箱在包装、标记或单证上有瑕疵。在瑞典的类似调查也显示了有超过三分之一的集装箱没有得到良好积载。

对于拼箱货而言，无船承运人更需要遵循最好的行业惯例以保证货物得到适当的积载和系固，这样才能在航程中抵抗各种恶劣情况。货物的重量应该尽可能地分散到集装箱底板的各处；所有笨重物件都应该做好固定和隔垫，以防止在运输过程中发生移动；集装箱内的所有空隙都应该用垫舱物料、空气袋或其他材料填充，以防止货物滑动；集装箱门端的任何空隙也都必须用旧垫板或者其他类似物品固定。(这还附带起到防盗的作用，因为小偷在打开其中一个箱门后，还必须克服紧紧地固定在里面的垫板的阻碍。)

如果只有少量的桶装货物，则会出现一个特别的问题。如果可能的话，桶装货物不应该积载在其他货物上面。因为桶在倾斜后，其里面装载的货物很容易溢出并渗透到其他货物中；可是桶装结构又不能承受笨重的货物。理想的做法是，将桶装货放在集装箱的地板上；如果桶装货上必须再堆装其他货，则只能是一些轻纸箱；如果桶装货必须要装载在其他货物上面，则必须对其进行适当地系固，以防止在运输中发生倾倒；如果有需要装载几层的桶装货，则每层之间必须要有充足的垫板。桶或者其他圆柱状的物体（比如气筒）应紧密装载牢固绑扎。这类货物在运输途中受到轻微振动即可能会发生轻微位移，这样，小间距就变成了大间距，其他东西也就可能掉到间距中，最终导致货物完全倒塌。

来源：www. apak. com. cn

本章小结

✓集装箱最大的特征就是它既是一种包装容器又是一种运输容器。本章主要介绍了集装箱货物的要求和集装箱选择及使用，在集装箱货物的装箱要求上，又从集装箱货物装载的一般要求和特殊货物的装箱要求展开。

第八章　集装箱货物的交接

> **本章知识要点**
> ◇集装箱货物在国际运输过程中的货物流程
> ◇整箱与拼箱运输的区别
> ◇集装箱货物的各种交接方式
> ◇各种交接方式的交货点和责任点的划分

第一节　集装箱货物的流转程序

集装箱运输打破了传统的运输形式，不但运输效率提高了很多，而且也给多式联运创造了良好的条件。传统的货物运输带来的杂件货运输是通过多次托运、反复换装、分段运输的方式完成的，各段的运输经营人独立完成自己承担区段的运输。而集装箱运输使货物的流转和交接都发生了极大的变化，使全程运输出现了统一组织的变化，实现了“门到门”的运输。

在传统的国际货物运输中，托运人要从内陆各地用公路、铁路等运输方式将货物集中到出口港，再通过与船公司的运输合同装船出运。货物运到目的港卸船后，再通过公路、铁路等运输方式将货物运到交货地点。在货物运输的全过程中，各运输区段的运输批量、运输线路和实际承运人的选择及各段之间的衔接等运输组织工作都是由众多的托运人独立进行的。从总体来看，运输组织是混乱的。由于各托运人托运货物的批量都较小，特别在内陆运输中无法实现经济规模，而集装箱的出现则克服了这些缺点。

随着货物集装箱化运输方式的兴起和迅猛发展，集装箱货流占整个社会货流的比重明显提高，从而对整个社会的物流活动带来了深远影响，这种影响主要表现为货流重新整合，运输方式的分工更加明确；通过集装箱化运输，使得原有货流按照集装箱装载与运输的要求重新进行分解与整合。

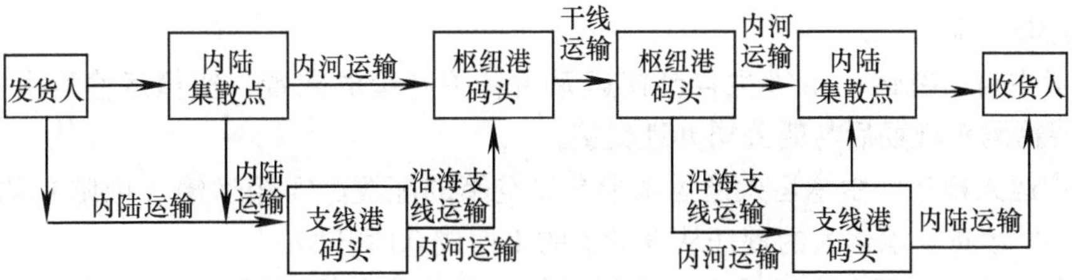

图 8-1　集装箱货物流程示意图

集装箱货物的运输无论在全程流通过程还是在运输组织上都发生了根本性的变化。集装箱货物的运输根据各国运输法规的不同和具体航线上的经济、地理等条件决定其不同的集散方式和流转程序。一般流程如图 8-1 所示。

在图 8-1 中，集装箱内陆中转（集散）站是指供集装箱及其货物进行转运、拆箱、拼装等业务并由海关及国家其他主管部门监理的内陆货运转运场所。

动动脑

集装箱中转站或集装箱运输港的基本功能有哪些？

支线集装箱运输（Container Feeder Service）是为解决集装箱船舶挂靠港多、不能装卸大型船舶、没有干线运输航线的矛盾，在沿海港口和内陆设置的集散集装箱为目的的集装箱集散港或点，将各集散港、点附近地区的集装箱汇集到各集散港、点，集中运至枢纽港。这种内陆城市或沿海的集散点与枢纽港口之间的运输为支线集装箱运输。

集装箱枢纽港（Through Container Service Port 简称 TCSP）集装箱枢纽港是对集装箱港进行分类的术语，指有较大量货源，又能起到海上与陆地及海上港口间集装箱运输交接点作用的港口。港内有集装箱场（CY），集装箱货运站（CFS），可进行集装箱货物交接，并可以从这些港口到内陆地区交纳内陆运输费以后，提供内陆运输服务。

在上述集装箱货物的流程中，对于货物的交接主要有两种不同的形态：整箱货和拼箱货，两者具体的流转程序是不同的。

一、整箱货的流转程序

一般来说，整箱货的货流包括以下几个过程：

1）发货人在自己工厂或仓库装箱地点配置集装箱并将货物进行装箱。

2）通过内陆运输或内河运输将集装箱货物运至集装箱码头。

3）在集装箱码头堆场办理交接，根据堆场计划在堆场内暂存集装箱货物，等待装船。

4）根据装船计划将集装箱货物装上船舶。

5）通过水上运输将集装箱货物运到卸船港。

6）根据卸船计划从船上卸下集装箱货物。

7）根据堆场计划在堆场内暂存集装箱货物。

8）通过内陆运输将集装箱货物运至收货人工厂和仓库。

9）收货人在自己工厂或仓库拆箱地点拆箱。

10）集装箱空箱回运。

上述发货人至集装箱码头堆场，以及从集装箱码头堆场运至收货人方面的内陆运输，可采用三种运输系统。

（1）货主自己拖运　由货主自己拖运系指有关空箱的配置、实箱运输均由货主负责，在运至集装箱码头堆场后与船公司办理交接。

（2）承运人拖运　由承运人拖运系指有关空箱的配置、实箱运输（内陆）均由船公司安排，并支付运费。承运人的责任从发货人的工厂或仓库开始。

（3）混合拖运　混合拖运系指由船公司负责并监管空箱配置，有关实箱的运输由货主安排，并支付运费。在由承运人负责拖运时，内陆运输费用作为全程费用的一部分。

二、拼箱货的货流程序

一般来说，拼箱货流转一般包括以下这些过程：

1）发货人自己负责将货物运至集装箱货运站。

2）集装箱货运站负责配箱、装箱。

3）集装箱货运站负责将装载货物的集装箱运至集装箱码头。

4）根据堆场计划将集装箱暂存堆场，等待装船。

5）根据装船计划将集装箱货物装上船舶。

6）通过水上运输将集装箱货物运抵卸船港。

7）根据卸船计划从船上卸下集装箱货物。

8）根据堆场计划在堆场内暂存集装箱货物。

9）将集装箱货物运到货运站。

10）集装箱货运站拆箱交货。

11）集装箱空箱回运。

训练与提高

一、填空题

1. 货主自己拖运是指有关空箱的________、实箱________均由________负责，在运至集装箱码头堆场后与________办理交接。

2. 支线集装箱运输是为解决________、不能装卸大型船舶、没有干线运输航线的矛盾。

3. 集装箱运输使货物的流转和交接都发生了极大的变化，使全程运输出现了统一组织的变化，实现了________的运输。

二、选择题

1. 在集装箱的流转流程中从内陆集散点到枢纽港码头之间的运输有下列________方式。

A. 沿海支线运输　B. 内陆运输　C. 内河运输　D. 干线运输

2. 拼箱货是由集装箱货运站负责的工作包括________。

A. 配箱　B. 装箱　C. 掏箱　D. 卸货

三、判断题

1. 集装箱枢纽港起到海上与陆地及海上港口间集装箱运输交接点的作用。(　　)

2. 现代的国际货物运输中，托运人要从内陆各地用公路、铁路等运输方式将货物集中到出口港，再通过与船公司的运输合同装船出运。(　　)

3. 集装箱运输减少了货物中转的程序，减少货物的装卸搬运次数，从而减少货物的损失。(　　)

四、简答题

1. 传统货物运输的特点是什么？

2. 简单介绍拼箱货的货流程序。

第二节　集装箱货物的交接

随着集装箱货物运输的扩展，流通途径发生了极大变化，同时也为了适应集装箱运输的特点，充分发挥这种运输方式的优越性，货物的交接方式出现了许多变化，不再如传统方式那样仅限于码头库、场、船边，而且可以深入到内陆货主单位、中转站进行交接在集装箱运输中，根据实际交接地点不同，集装箱货物的交接有多种多样，在不同的交接方式中，承运人、集装箱运输经营人、货主与收货人各自承担的义务、责任不同，集装箱运输经营人的运输组织内容、范围也不同。

一、集装箱货物的交接地点

1. 集装箱码头堆场（Container Yard，简称为 CY）

集装箱堆场一般有两种含义：广义的集装箱场可理解为进行装卸、交接和保管重箱、空箱的场地，包括前方堆场、后方堆场和码头前沿在内；狭义的集装箱堆场是指除码头前沿以外的堆场。其中也包括存放底盘车的场地在内。

集装箱码头堆场包括集装箱前方堆场（Marshalling Yard）和集装箱后方堆场（Container Yard）。集装箱前方堆场是在集装箱船进港前，须将准备装船的出口集装箱按积载图事先堆叠好；在将进口集装箱从船上卸下时按交货的要求排列在堆场上，为进行这种编排而预留的场地，就是集装箱前方堆场。简而言之，集装箱前方堆场在集装箱码头前方，是为加速船舶装卸作业暂时堆放集装箱的场地。集装箱后方堆场（Container Yard）是指用来堆存与船舶装卸作业没有直接关系的集装箱的堆场。一般后方堆场远离集装箱码头甚至有的后方堆场设在港区范围以外，简单地讲就是重箱或空箱进行交接、移管和堆存的场所。有些国家对集装箱堆场并不分前方堆场或后方堆场，统称为堆场。集装箱后方堆场是集装箱装卸区的组成部分。在集装箱码头堆场交接的货物都是整箱交接。在发货港集装箱码头堆场交接意味着发货人自行负责运输集装箱到发货港集装箱码头堆场的运输。在卸货港集装箱码头堆扬交接意味着收货人自行负责集装箱货物到最终目的地的运输和拆箱。

2. 集装箱货运站（Container Freight Station，简称为 CFS）

集装箱货运站是处理拼箱货的场所。是运输业主接受货主的委托进行装箱、拆箱工作，并完成货物的交接、分类和短时间保管等辅助工作的场地和仓库。

从集装箱货运站的任务看，它实际上起到了货物的集中、疏散的作用。集装箱货运站一般包括集装箱装卸港的货运站、内陆城市、内河港口的内陆货运站和中转站。在集装箱货运站交接的货物都是拼箱交接。在起运地集装箱货运站交接意味着发货人自行负责将货物送到集装箱货运站。在到达地集装箱货运站交接意味着收货人自己到集装箱货运站提取货物，并自行负责提货后的事宜。

为了能很好地完成货运站的任务，货运站应满足以下几个要求：

1）便于货物进行装箱和拆箱作业。

2）便于对货车进行非成组货的装卸。

3）为了便于货物疏运和分类应有充分的操作面积。

4）为暂时保管进出口货物应有适当的堆存保管设施。

5）要有海关、检疫等机构的办公室及其附属设备。

3. 发货人或收货人的工厂或仓库（Door，即门）

如果是在“门”交货，就表示在发货人或收货人的工厂或仓库交接的货物，这种一般都是整箱交接，这就意味着发货人或收货人自行负责装箱或拆箱。

二、集装箱货物的交接方式

1. 按货物的装箱方式不同分，可分为：

（1）整箱交，整箱接（FCL/FCL） 货主在工厂或仓库把装满货后的整箱交给承运人，收货人在目的地以同样整箱接货，换言之，承运人以整箱为单位负责交接。货物的装箱和拆箱均由货方负责。

（2）拼箱交、拆箱接（LCL/LCL）　货主将不足整箱的小票托运货物在集装箱货运站或内陆转运站交给承运人，由承运人负责拼箱和装箱（Stuffing，Vanning）运到目的地货站或内陆转运站，由承运人负责拆箱（Unstuffing，Devantting），拆箱后，收货人凭单接货。货物的装箱和拆箱均由承运人负责。

（3）整箱交，拆箱接（FCL/LCL）　货主在工厂或仓库把装满货后的整箱交给承运人，在目的地的集装箱货运站或内陆转运站由承运人负责拆箱后，各收货人凭单接货。

（4）拼箱交，整箱接（LCL/FCL）　货主将不足整箱的小票托运货物在集装箱货运站或内陆转运站交给承运人。由承运人分类调整把同一收货人的货集中拼装成整箱，运到目的地后，承运人以整箱交，收货人以整箱接。

上述各种交接方式中，以整箱交、整箱接效果最好，也最能发挥集装箱的优越性。

2. 按交接地点不同分，可分为以下 9 种：

（1）门到门交接（Door to Door）　这种交接方式是指承运人在发货人的工厂、仓库接受所托运的货物，直到收货人的工厂、仓库交货为止。一般是货物批量较大，能装满一箱的货主，把空箱拉到自己的工厂仓库装箱后，由海关在工厂仓库内加封验收，承运人在发货人工厂或仓库整箱接货，然后把重箱运到集装箱码头堆场，等待装船；在目的港，由承运人负责把货物运到收货人的工厂或仓库整箱交货，收货人则只需在其工厂或仓库整箱接货就可以了。

这是一种整箱货运方式，发货人负责装箱，收货人负责拆箱，承运人与货主所进行的交接都是以整箱为单位进行的，承运人负责全程运输，保证集装箱数量的正确和外表的良好，而对箱内货物是不负责交接的。

（2）门到场交接（Door to CY）　这种交接方式是指承运人在发货人的工厂、仓库接受所托的货物，然后负责全程运输，直到目的港的集装箱码头堆场交付货物为止。

这也是一种整箱货运方式，货物的装、拆箱作业仍由货主自理，承运人与货主进行的交接还是以“整箱”为单位进行的，与上述“门到门”方式所不同的是：承运人负责的范围变小了，不再负责从目的港码头堆场到收货人所在地的内陆运输，此段运输转由收货人负责。承运人的责任仍然是保证集装箱数量的正确和外表的良好，对箱内货物不负责交接。

（3）场到门交接（CY to Door）　这种交接方式是指承运人在装运港的集装箱码头堆场接受所托运的货物，然后负责全程运输，直到收货人的工厂、仓库交付货物为止。

这是一种整箱货运方式，发货人负责装箱，收货人负责拆箱，承运人与货主的交接是以整箱为单位进行的，与“门到门”方式不同的是，从发货人所在地到装运港集装箱码头的内陆运输不再是由承运人负责，而是由发货人负责，承运人同样要保证集装箱数量的正确，外表状况的良好。

（4）门到站交接（Door to CFS）　这种交接方式是指承运人在发货人的工厂、仓库接受所托运的货物，然后负责全程运输，直到目的港集装箱货运站交付货物为止。

这是一种整箱—拼箱货运方式。货物的装卸作业由发货人负责，而拆箱作业则由承运人负责，即承运人要在目的港集装箱货运站拆箱后并交付给收货人，承运人不再负责从货运站到收货人所在地的内陆运输，而是由收货人负责。由于交给收货人时，是进行实际货物的交接，而不是以整箱为单位进行的，所以承运人应保证货物数量的正确和外表的良好。

（5）场到场交接（CY to CY） 这种交接方式是指由承运人在装运港的集装箱码头堆场接受所托运的货物，然后负责全程运输，直到目的港集装箱码头堆场交付货物为止。

这也是一种整箱货运方式，货物分别由发货人和收货人负责装、拆箱，承运人与货主的交接都是以整箱为单位进行的，同时保证集装箱数量的正确，外表状况的良好，与“门到门”方式不同的是其收货前和交货后的内陆运输分别由发货人和收货人负责。

（6）场到站交接（CY to CFS） 这种交接方式是指承运人在装运港的集装箱码头堆场接受所托运的货物，然后负责全程运输，直到目的港的集装箱货运站交付货物为止。

这是一种整箱—拼箱货运方式，发货人负责装箱，承运人负责拆箱，即在目的港的集装箱货运站拆箱，并将货物交给收货人，因为是进行实际货物的交接，所以承运人应保证货物数量的正确，货物外表状况的良好，同时承运人不负责收货前交货后的内陆运输，这分别由发货人、收货人承担。

（7）站到门交接（CFS to Door） 这种交接方式是指承运人在装运港的集装箱码头货运站或收货地内陆货运站（中转站）接受所托运的货物，然后负责全程运输，直到收货人的工厂、仓库交付货物为止。

这是一种拼箱—整箱货运方式，承运人接收的是散件货物（实际货物），而向收货人交付货物则是以“整箱”为单位的集装箱，所以装箱作业由承运人负责，而拆箱作业由收货人负责，承运人要保证货物的数量正确，外表良好。

（8）站到场交接（CFS to CY） 这种交接方式是指承运人在装运港的集装箱码头货运站或收货地内陆货运站（中转站）接受所托运的货物，然后负责全程运输，直到目的港集装箱码头交付货物为止。

这是一种拼箱—整箱货运方式，与“站到门”方式相比，所不同的是从码头堆场到收货人工厂、仓库所在地的内陆运输由收货人负责。

（9）站到站交接（CFS to CFS） 这种交接方式是指承运人在装运港的集装箱码头货运站或收货地内陆货运站（中转站）接受所托运的货物，然后负责全程运输，直到目的港的集装箱码头货运站或交货地内陆货运站（中转站）交付货物为止。

这是一种拼箱货运方式，货物的装、拆箱作业由承运人负责，交接时以货物为单位，而不是整箱交接。因此，承运人必须对货物的数量、外表状况负责，但是收货前的内陆运输由发货人负责，交货后的内陆运输由收货人负责。

若将1、2结合起来，则交货方式可归纳如表8-1所示：

表8-1　9种集装箱交接方式

出　口	进　口	交 货 方 式
FCL	FCL	Door-Door, CY-CY, Door-CY, CY-Door
FCL	LCL	Door-CFS, CY-CFS
LCL	LCL	CFS-CFS
LCL	FCL	CFS-Door, CFS-CY

三、承运人、港口办理集装箱交接责任的划分

1. 承运人、港口应按下列规定办理交接：

1）海上承运人与港口的交接由外理代表海上承运人与港口在船边交接。

2）经水路集疏运的集装箱，水路承运人与港口在船边交接；在船到船（驳）直取作业时由处理代表海上承运人与水路承运人办理交接；在国内中转的集装箱，由处理代表水路承运人与港口在船边交接。

3）经公路集疏运的集装箱，港口、内陆中转站、货运站与公路承运人在其大门交接。

4）经铁路集疏运的集装箱，铁路承运人与托运人、收货人或受委托的港口、内陆中转站、货运站在装卸现场或双方商定的地点交接。

2. 集装箱交接的标准

1）集装箱重箱交接的标准：箱体完好，箱号清晰，封志完整无误，特种集装箱的机械、电器装置运转正常并符合进出口文件记载要求。

2）集装箱空箱交接的标准：

①核箱号。

②外检查。检查集装箱外表有无损伤，变形、破口等异样。

③内部检查。对集装箱内侧六面进行察看，是否有漏水、漏光、水迹、油迹、残留物、锈蚀。

④箱门检查。检查箱门有无变形，能否进行270°开启。

⑤特种集装箱的机械、电器装置运转有无异常。

训练与提高

一、填空题

1. 集装箱码头堆场包括________和________。

2. 门到场交接是一种整箱货运方式，货物的________、________作业仍由________自理，承运人与货主进行的交接还是以________为单位进行的。

3. 站到站交接是一种________货运方式，货物的装、拆箱作业由________负责，承运人必须对货物的数量、外表状况负责，但是收货前的内陆运输由________负责，交货后的内陆运输由收货人负责。

4. 集装箱货物的交接类型有________和________两种，交接方式有________种，最常见的交接方式是________，最具优越性和发展前景的交接方式是________。

二、多项选择题

1. 下列哪些交接方式由货主自行负责装箱________。

A. 门到门交接　　B. 门到场交接　　C. 场到门交接　　D. 站到场交接

2. 集装箱重箱交接的标准包括了________。

A. 箱体完好

B. 箱号清晰

C. 封志完整无误

D. 特种集装箱的机械、电器装置运转正常并符合进出口文件记载要求

3. 集装箱货运站的主要作业包括________。

A. 装箱　　B. 拆箱　　C. 保管　　D. 分类

三、简答题

集装箱货物按交接地点不同分，可分为哪几种？

四、案例分析题

上海某公司从美国进口一个装载电子产品的40ft集装箱，美方的托运人在向船公司订舱时，在订舱托单上注明“装载舱内”。船公司接收托运，但在实际中集装箱并非装载舱内，而是装载甲板运输。提单上运输条款CY-CY，并记载SLAC（由货主装载并计数）。集装箱运抵上海外高桥集装箱码头，卸船时箱子外表状况良好，铅封也正常。收货人前来提箱时箱子外表状况也良好、铅封也正常。但拆箱时却发现箱内电子产品相当部分已受潮，经商检认定，锈损系海水所致。于是收货人对此锈损提出赔偿要求。

分析：收货人该向谁提出赔偿要求？为什么？

【阅读材料】

集装箱货运站经营人案例分析

上海一家公司（以下称发货人）出口30万美元的皮鞋，委托集装箱货运站装箱出运，发货人在合同规定的装运期内将皮鞋送货运站，并由货运站在卸车记录上签收后出具仓库收据。该批货出口提单记载CY-CY运输条款、SLAC（由货主装载并计数）、FOB价、由国外收货人买保险。国外收货人在提箱时箱子外表状况良好，关封完整，但打开箱门后一双皮鞋也没有。也许有人会提出，皮鞋没有装箱，怎么会出具装箱单？海关是如何验货放行的？提单又是怎样缮制与签发的？船公司又是怎样装载出运的？收货人向谁提出赔偿要求呢？

1. 收货人向发货人提出赔偿要求。

由于出口提单记载由货主装载并计数，收货人根据提单记载向发货人索赔，但发货人拒赔，其理由：“尽管提单记载由货主装载并计数，但事实上皮鞋并非由货主自行装载，在皮鞋送货运站后，货运站不仅在卸车记录上签收，而且又出具了仓库收据。仓库收据的出具表明货运站已收到皮鞋，对皮鞋的责任已开始，同时也表明货主责任即告终止。因此，提单记载是没有任何意义的，不具有任何法律效力。此外，提单记载CY-CY运输条款并不能说明整箱交接，因为该批皮鞋由货运站装箱。而且，装载皮鞋的集装箱装船后，船公司已出具提单，更为主要的是集装箱货物交接下买卖双方风险以货交第一承运人前后划分，由于集装箱运输下承运人的责任是从“接受货开始”，因而随着货交承运人，其贸易风险也转移给了买方。

2. 收货人向承运人提出赔偿要求。

当收货人向承运人提出赔偿时，承运人认为：提单记载的运输条款是CY-CY，即整箱交接，提单的反面条款也规定：整箱货交接下，承运人在箱子外表状况良好下，关封完整下接货、交货。既然收货人在提箱时没有提出异议，则表明承运人已完整交货。承运人进一步说：“至于提单上记载由货主装载并计数，因为对承运人来说是货运站接受的已装载皮鞋的整箱货，事实上并非知道箱内是否装载皮鞋”。提单正面条款内容对提单签发人、提单持有人具有法律效力。

3. 收货人向保险人提赔

当收货人向保险人提赔时，保险人也拒赔，并提出：此种赔偿归属于集装箱整箱货运输下的“隐藏损害”，即无法确定皮鞋灭失区段和责任方。如收货人向保险人提赔，收货人应向保险人举证说明皮鞋灭失区段、责任方，这样才可保证在保险人赔付后可行驶追赔权，即进行“背对背”赔偿。保险人进一步说：整箱货隐藏损害同时应具备三个条件：

①货物灭失或损害发生在保险人责任期限内。

②货物灭失或损害属保险人承保范围的内容。

③箱内货名称、数量、标志等装载必须与保单内容记载一致。

收货人在向发货人、承运人、保险人提出索赔而又得不到赔偿后，收货人转向货运站进行提赔，其理由是装箱过失所致。然而，集装箱货运站说：“收货人与发货人之间有买卖合同关系；发货人与承运人之间有运输合同关系；收货人与保险人之间有保险合同关系，而收货人与货运站之间既无合同关系又无提单关系；而装箱过失属货运站管货过失行为，即使赔偿也可享有一定的责任限制，但如按侵权过失，则应按实际损失赔偿。”货运站进一步说：“即使由货运站装箱，但也是货主委托行为，货运站是货主的雇佣人员”。显然，货运站的观点是错误的，因为：

①仓库收据的出具表明货运站已收到货主的货物。

②仓库收据的出具表明货运站对收到的货开始承担责任。

③货运站在卸车记录上签收，表明双方交接责任已明确转移。

④装箱单出具则表明皮鞋已装箱。

根据现行的仓储合同规定：“货物进仓库交由保管方后，则表明保管方责任已开始，如保管方在保管货物过程中造成货物灭失或损害则由保管方承担责任”。由于涉及本案的各当事人均不承担责任，收货人向法院提起诉讼，法院判决：“仓库收据是货运站出具给货主的仓储合同，出具装箱单表明皮鞋已实际装箱。收货人在箱子外表状况良好、关封完整下收货，则表明承运人已完成交货责任，由于箱内并没有装载皮鞋，保险人也没有赔偿事实，因而由货运站承担赔偿责任”。但货运站不服法院判决，提出上诉，但很快撤诉，原来皮鞋在仓库内堆存。

从本案的判定中可看出，集装箱货运经营人的法律地位是非常明显的，他既是货主委托的装箱人，但又是与货主订有仓库合同的一方，承担仓储合同责任，同时又因是装箱人承担装箱过失责任。经过货运站与发货人、收货人协商，货运站除承担皮鞋再出运的所有费用外给予收货人相应补偿而结案。

来源：www. jctrans. com

本章小结

✓本章介绍了整箱货与拼箱货集装箱的运输流程，着重讲解了 3 种集装箱货物的交接地点和 9 种交接方式，最后介绍了承运人、港口办理集装箱交接责任的划分。

第九章　集装箱运输业务

本章知识要点

◇集装箱运输进出口业务的基本流程

◇集装箱运输进出口业务的相关单证

◇提单的概念、作用和种类

第一节　集装箱运输出口货运程序及货运单证

一、集装箱出口货运流程

集装箱出口货运基本流程可用图 9-1 表示。

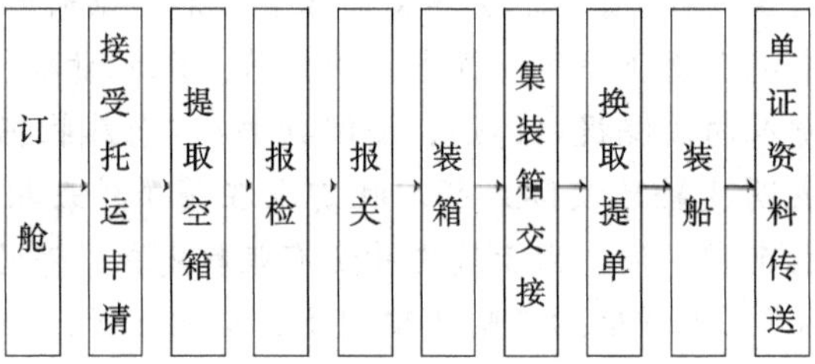

图 9-1　集装箱出口货运基本流程

1. 订舱

发货人或其货运代理人根据贸易合同或信用证条款的规定，在货物托运前的一定时间，填写集装箱货物托运单或订舱单，向船公司或其代理公司或其他运输经营人申请订舱。

2. 接受托运申请

船公司或其代理公司在接到托运申请时，首先应考虑其航线、船舶、港口、运输条件等状况能否满足发货人的要求。在接受托运申请后，应审核托运单并与订舱单核对，确认无误后，在装货单上签章，然后将装货单退还给货主或货运代理人。货主或货运代理人即可持装货单向海关办理货物出口报关手续。而船公司或船公司的代理人则在承运货物后，根据订舱单或托运单缮制订舱清单，分送集装箱装卸作业区的集装箱码头、堆场和货运站，以准备空箱的发放和重箱的交接等事宜。

3. 提取空箱

通常，集装箱是由船公司无偿借给货主或集装箱货运站使用的。在整箱货的情况下，船公司或其代理公司在接受托运申请后，即签发集装箱发放通知单，连同集装箱设备交接单一并交给托运人或货运代理人，据此到集装箱堆场或内陆站提取空箱。而在拼箱货的情况下，则由集装箱货运站提取空箱。提取空箱时，在集装箱装卸作业区的门卫处，由装卸作业区的门卫会同提取空箱的货车司机代表集装箱堆场及集装箱使用人对集装箱及其附属设备的外表状况进行检查，然后分别在设备交接单上签字，各执一份。

4. 报检

发货人或货运代理应按照国家有关法规并根据商品特性，在规定期限内填写好申报单，分别向商检、卫检、动植物检疫等口岸监管部门申报检验。经监管部门审核或查验，依据不同情况分别予以免检放行或经查验处理后出具有关证书放行。

5. 报关

发货人或货运代理应依据国家有关法规，在规定期限内持报关单、场站收据、商业发票等有关单证向海关办理申报手续。经海关审核后，根据不同情况分别予以直接放行或查验后出具证书放行，并在场站收据上加盖放行章。

6. 装箱

货主或货运代理人托运的货物既可能是整箱货，也可能是拼箱货。在整箱货的情况下，由货主自行办理出口报关手续，装箱时需有发货人或货运代理所申请的理货人员到场计数验残。装箱完毕，由发货人或货运代理负责施加船公司铅封，并缮制装箱单和港站收据，注明卸货港口、提单号码、箱号、封志号、货名、件数、质量和尺码等。

其中内陆（通过水路、公路、铁路）运输至集装箱码头堆场的整箱货，另外应有内陆海关关封，由有关代理向出境地海关办理转关手续。

拼箱货装箱由发货人或货运代理将不足一整箱的货物连同事先缮制的港站收据送交集装箱货运站。集装箱货运站核对港站收据和货物并在港站收据上签收。如发现货物外表状况有异状，需在港站收据上按货物的实际情况作出批注。集装箱货运站根据各货主的货物性质类别组拼装箱。装箱时，需有货运站所申请的理货人员到场计数验残。装箱完毕，由货运站负责施加船公司铅封，并填制装箱单（内容同整箱货）等。

7. 集装箱交接

不论是整箱货还是拼箱货最终都须送交集装箱装卸作业区的集装箱堆场等待装船。发货人或其代理人将重箱连同按装箱顺序缮制的装箱单和设备交接单（进场）以及港站收据，通过内陆运输送交集装箱装卸作业区集装箱堆场码头。首先，集装箱装卸作业区的门卫会同内陆运输的货车司机对进场的重箱检验后，双方签署设备交接单，并将设备交接单中的用箱人联退还运箱人；其次，集装箱堆场码头则在核对有关单证后在港站收据上签字并退交发货人或货运代理以换取提单。

8. 换取提单

发货人或货运代理经集装箱堆场签署的场站收据向船公司或其代理公司换取提单，并据此向银行结汇。

9. 装船

集装箱进入集装箱装卸作业区的集装箱堆场后，装卸作业区根据待装货箱的流向和装船顺序编制集装箱装船计划或积载计划，在船舶到港前将待装船的集装箱移至集装箱前方堆场，按顺序堆码于指定的箱位，船舶到港后，即可顺次装船。装船后缮制出口载货清单向海关办理船舶出口报关手续。

10. 单证资料传送

船公司或其代理应于船舶开航前 24h 向船方提供提单副本、舱单、装箱单、积载图、特种集装箱的清单、危险货物集装箱清单、危险货物说明书、冷藏集装箱清单等全部随船资料，并应于起航后（近洋开船后24h，远洋起航后48h内）采用传真、电子邮件、电传、邮寄的方式向卸货港或中转港发出卸船的必要资料。由于目前集装箱船舶航行速度的加快，船公司内部信息系统（单证交换系统）的建立，上述单证已经基本通过电子化的方式在船公司内部交换。

二、集装箱出口货运主要单证

集装箱出口货运主要单证有：

1. 集装箱货物托运单（Con Tainer Booking Note）

集装箱货物托运单是指由托运人（发货人或货运代理）根据买卖合同和信用证的有关条款规定，向承运人或其代理人办理货物运输的书面凭证。托运单的主要内容应包括：托运人名称、收货人名称、货物名称、质量、尺码、件数、包装式样、标志及号码、目的港、装船期限、信用证有效期、能否分运或转运等。

2. 订舱单（Booking Note）

订舱单是由船公司或其他承运人在接收发货人（或托运人）的订舱时，根据发货人的口头或书面申请货物托运的情况，用以安排集装箱货物运输而制作的单证。该单证一经承运人确认，便作承、托双方订舱的凭证。

3. 装货单（Shipping Order）

装货单是由承运人或其代理人签章后，它既是货物办理托运的凭证，又是通知船上接受承运货物装船的凭证。装货单通常一式三联：第一联留底，作为编制装货清单用；第二联是装货单本身，作为货方凭以向海关办理货物出口申报手续，又称关单；第三联是收货单，又称大副收据，是承运人收到货物的凭证，也是发货人换取提单的依据。

4. 装货清单（Loading List）

装货清单是由承运人或其代理人，根据本航次所托运的货物，按先后到港把性质接近的货物加以归类后制成的一张装货单的汇总清单。

5. 装箱单（Container Load Plan，CLP；Or Packing List）

集装箱装箱单是详细记载每一个集装箱内所装货物的名称、数量及箱内货物积载顺序的单证。由于装箱单是详细记载箱内所载货物情况的唯一单证，因此在国际集装箱运输中，集装箱单是一张极为重要的单证。其功能主要体现在以下几个方面：

1）在装货地点，作为向海关申报货物出口的代用单据。

2）作为发货人、集装箱货运站与集装箱码头堆场之间的货物交接单。

3）作为承运人通知集装箱内所装货物的明细表。

4）在卸货地点作为办理集装箱保税运输手续的单据之一，并据以安排拆箱作业。

5）装箱单上所记载的货物与集装箱的总质量是计算船舶吃水差和稳定性的基本数据。

由此可见，装箱单记载内容准确与否，对保证集装箱货物运输的安全有着非常重要的意义。在整箱货的情况下，装箱单由货主缮制，在拼箱货的情况下，装箱单则由集装箱货运站编制。装箱单上所记载的货运资料必须与订舱单及港站收据上所记载的内容一致。

6. 集装箱发放通知单（Container Release Order）

集装箱发放通知单又称空箱提交单，是船公司指示集装箱堆场交空集装箱及其他设备提交给予本单持有人的书面凭证。在集装箱运输中通常由船公司提供空集装箱，借给发货人或集装箱货运站，供发货人或集装箱货运站将货物装箱。但考虑到集装箱的造价，为了集装箱的安全，船公司根据订舱清单向发货人或集装箱货运站签发集装箱发放通知单，并通知集装箱堆场。在货主或集装箱货运站向集装箱堆场提出空箱时，须出示这种单证。而集装箱堆场只向持有本单证的人发放空箱。

7. 设备交接单（Equipment Receipt）

设备交接单是集装箱进出港区、场站时，用箱人、运箱人与管箱人或其代理人间交接集装箱及其他机械设备的凭证，并兼有管箱人发放集装箱的凭证的功能。当集装箱或机械设备在集装箱码头堆场或货运站借出或回收时，由码头堆场或货运站制作设备交接单，经双方签字后，作为两者之间设备交接的凭证。

通常，不论空、重集装箱，在进出集装箱场站时，由集装箱场站业务人员会同用箱人或运箱人对集装箱及设备，对照设备交接单的内容进行检查，代表集装箱所有人和使用人在设备交接单上签字。如果发现集装箱等设备有异常状况时，则应将异常状况记入设备交接单。设备交接单有三联，除船舶代理留底外，集装箱场站与用箱人或运箱人各执一份。

集装箱设备交接单分进场和出场两种，交接手续均在集装箱装卸作业区的大门口办理。

1）当集装箱出场时，集装箱场站业务人员与用箱人或运箱人就设备交接单上的内容共同审核：

①用箱人名称。

②出场时间、地点、出场目的。

③所卸船舶的船名、航次。

④集装箱箱号、封铅号、箱型、类型、空箱还是重箱。

⑤集装箱箱体及有关设备的状况，正常还是异常。

2）当集装箱进场时，集装箱场站业务人员与用箱人或运箱人就设备交接单上的内容共同审核：

①用箱人名称。

②进场时间、地点、进场目的。

③集装箱箱号、封铅号、箱型、类型、空箱还是重箱。

④集装箱箱体及有关设备的状况，正常还是异常。

3）设备交接单的背面条款主要包括以下内容：

①出租人（集装箱所有人）的义务。集装箱或机械设备的所有人应提供完好的，并具有合格、有效证书的设备和集装箱。当交接集装箱、机械设备时，用箱人、运箱人如无异议，则表示该集装箱或设备处于良好状态。

②用箱人的责任与义务。用箱人在接收集装箱或机械设备后，在其使用期间应保持集装箱、机械设备的状态良好，并应负责对该集装箱和机械设备进行必要的维修保养。在用箱期间，不论是何种原因引起的有关集装箱或机械设备的丢失、损坏，则由用箱人负责赔偿，但自然磨损除外。此外，对于在用箱期间，因使用集装箱或机械设备不当所引起的对第三者的损害责任，由用箱人负责赔偿。

用箱人应在规定的时间、地点，将集装箱或机械设备按租赁时的状况交还给出租人，无论是何种原因引起的延期交还，用箱人应支付附加费用。此外，用箱人在事先得到出租人允许的情况下，可以将集装箱或机械设备转租给第三方，但原出租人与用箱人之间的责任、义务等各项规定并无任何改变。

8. 提单（Bill of Lading，B/L）

详见第三节“集装箱提单”。

9. 场站收据（Dock Receipt，D/R）

场站收据又称港站收据或码头收据，是指船公司委托集装箱堆场、集装箱货运站或内陆站在收到整箱货或拼箱货后，签发给托运人，证明已收到货物，托运人可凭以换取提单或其他单证的收据。

场站收据一般都由发货人或其代理人填制，并跟随集装箱货物一起至集装箱码头堆场，由接收货物的业务人员签字后交还发货人或其代理人，接收货物的集装箱码头堆场业务人员在签署场站收据时，应仔细核对收据上所记载的内容与该集装箱货物的实际情况相一致，如不一致，则必须修正；如发现箱子货物有损伤情况，则一定要在收据的备注栏内加批注。应引起注意的是码头接收的货物应是已报关的货物。

场站收据是集装箱运输专用出口单证，其格式和内容无论在国际还是在国内各口岸都基本相同，所不同的是使用的联数有多有少，较多的是使用十联作为标准格式。

10. 集装箱载货清单

集装箱载货清单又称集装箱舱单，是一份按卸货港顺序逐序逐票列明全船实际载运集装箱及其货物的汇总清单。它是在集装箱及其货物装船完毕后，由船公司或其代理公司根据场站收据，核对理货报告单编制而成的，编妥后还需送交船长签字认可。其内容应逐票标明货物的明细情况，如提单号、标志、货名、件数、质量、收发货人以及集装箱箱号、铅封号等外，还应填写船名、航次、国籍、装货港、卸货港、开航日期等内容。

集装箱载货清单是航行国际航线船舶使用的一份十分重要的单证，它的主要作用是船舶据此向出境地海关和进境地海关办理报关手续，是海关对出口船舶所载货物出境进行监督管理的单证。如果集装箱船舶货舱内所装载集装箱及其货物在载货清单上没有列明，海关可按走私论处，有权依据海关法进行处理。其次，集装箱载货清单也是船舶载运所列集装箱及其货物的证明，是随船单证之一。

训练与提高

一、填空题

1. 整箱货运空箱由______领取，拼箱货运的空箱由______领取；整箱货由______装箱并加铅封，拼箱货由______装箱并加铅封；整箱货的装箱单由______填制，拼箱货的装箱单由______填制。

2. 发货人凭______向代理公司换取提单。

二、选择题

1. 详细记载每一个集装箱内所装货物的名称、数量及箱内货物积载顺序的货运单证是______。

A. 装货单　B. 装货清单　C. 装箱单　D. 集装箱载货清单

2. ______是按卸货港顺序逐序逐票列明全船实际载运集装箱及其货物的汇总清单。

A. 装货单　B. 装货清单　C. 装箱单　D. 集装箱载货清单

三、简答题

简述集装箱出口货运基本流程?

第二节　集装箱运输进口货运程序及货运单证

一、集装箱运输进口货运程序

集装箱运输进口货运流程可用图 9-2 表示：

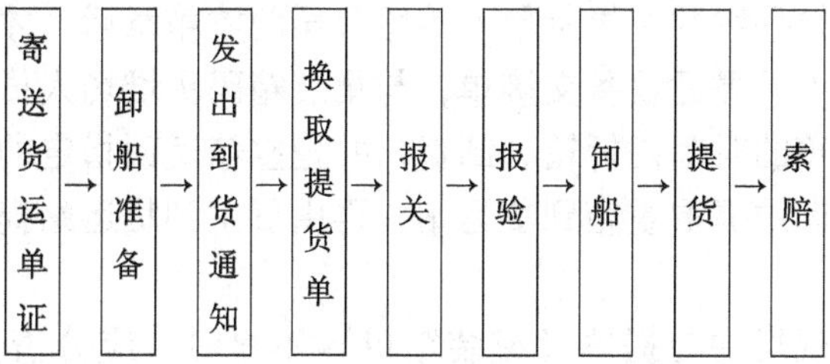

图 9-2　集装箱运输进口货运流程

1. 寄送货运单证

发货方及出口港在船舶开航后，将集装箱货物的有关单证航空邮寄给卸货港的船公司或其代理公司。

2. 卸船准备

卸货港船公司或其代理公司在收到从国外寄来的有关货运单证后，经整理即递送给有关集装箱码头堆场和集装箱货运站，以做好卸船准备。

3. 发出到货通知

船公司或其代理公司向收货人或其代理人发出到货通知书，通知收货人或其代理人做好报关提货准备。

4. 换取提货单

收货人或其代理人凭船公司或其代理公司所发的到货通知书和正本提单到有关船公司或其代理公司，换取提货单。如果是到付运费，则必须先付清运费再换单。

5. 报关

收货人或其代理人在规定期限内，持报关单、提货单和提单副本以及装箱单等其他商务、运输单证到海关办理申报、纳税手续。经海关审核同意后，在提货单上盖章放行；如需查验，则在提货单上盖查验章，另约时间进行查验，经查验后无问题，再在提货单上加盖放行章放行。

6. 报验

收货人或其代理人需在规定期限内，持提货单和其他有关单证，到商检、卫检、动植物检等口岸监管部门办理有关申报手续。经审核同意即在提货单上盖章放行；如需查验，则开出查验通知另约时间，经查验并消毒处理后，再在提货单上盖章放行。

7. 卸船

船舶靠泊后，集装箱码头堆场作业人员立即上船与船方洽谈卸船事宜，进行卸船作业。船方委托理货人员计箱验残，与集装箱码头堆场人员交接，码头堆场按照拟定的卸船堆场计划堆放集装箱。卸船完毕后，由理货编制理货报告单，送交船公司或其代理公司。

如果是烈性危险品集装箱卸船，那么在船舶靠泊前，船公司或其代理公司必须凭有关危险品单据向口岸港监部门，签证船舶载运危险货物申报单，经准许后才能准备卸箱。然后，根据事先约定，收货人或其代理人必须按计划即时派车到船边直接提箱。

8. 提整箱货或拼箱货

收货人或其代理人凭盖有一关三验等放行章的提货单，到有关集装箱码头堆场的提货受理处办理提货手续。如果提取整箱货，那么收货人或其代理人还必须向有关船公司或其代理人办理放箱单，办妥放箱手续并在提货单上盖船公司的放箱章后，才予以办理提箱手续。提箱时，收货人或其代理人另需凭设备交接单，与集装箱码头堆场人员进行交接。收货人提箱后，应尽可能在免费用箱的时间内拆箱、卸货，并把空箱返回指定的地点。如果提取的是拼箱货，则先由集装箱货运站提取重箱到货运站，再由货主到货运站提取货物。

9. 货物索赔

收货人在提货时发现货物与提单（或装箱单）不符时，应分清责任并及时向有关责任方（发货人、承运人、保险公司等）提出索赔，并提供有效的单据和证明。

二、集装箱运输主要进口货运单证

集装箱进口货运主要单证有：

1. 提货通知书（Delivery Notice）

提货通知书是船公司在卸货港的代理人向收货人或通知人发出的船舶预计到港时间的通知。目的在于要求收货人事先做好提货准备，以便集装箱货物到港后能尽快疏运出港，避免货物在港口、堆场的积压，使集装箱堆场能更充分地发挥中转、换装作用，集装箱能更快地周转，得到更充分地利用。

2. 到货通知书（Arrival Notice）

到货通知书是卸货港船公司的代理人在集装箱卸入集装箱堆场，或移至集装箱货运站，并办好交接准备后，用书面向收货人发出的要求收货人及时提取货物的通知。

3. 提货单（Delivery Notice）

提货单是收货人凭正本提单向承运人或其代理人换取的可向港区、场站提取集装箱或货物的凭证，也是承运人或其代理人对港区、场站放箱交货的通知。提货单仅仅是作为交货的凭证，并不具有提单那样的流通性。

在签发提货单时，首先要核对正本提单签发人的签署、签发提单的日期、提单背书的连贯性，判定提单持有人是否正当，然后再签发提货单。提货单应具有提单所记载的内容，如船名、交货地点、集装箱号、封志号、货物名称及收货人等交货所必须具备的项目。在到付运费和未付清其他有关费用情况下，则应收讫后再签发提货单。

在正本提单尚未到达而收货人要求提货时，可采用与有关银行共同向船公司出具担保书的形式。该担保书通常应保证：

1）正本提单一到，收货人应即交船公司或其代理人。

2）在没有正本提单情况下发生提货而使船公司所受的任何损失，收货人应负一切责任。

此外，如收货人要求更改提单上原指定的交货地点时，船公司或其代理人应收回全部的正本提单后，才能签发提货单。

4. 交货记录（Delivery Record）

交货记录，是集装箱码头堆场和集装箱货运站向收货人或其代理人交货的凭证，是证明船公司责任终止的重要单证。交货记录通常在签发提货单的同时交给收货人或其代理人，而后通过提货、交货，由收货人和承运人所委托的集装箱堆场或集装箱货运站的经营人共同签署。交接货时，应检查货物件数和外表状况，若发现任何损坏、丢失，都应在交货记录上列明。

训练与提高

一、填空题

1. 集装箱整箱货由收货人或其代理人向______办理提箱手续。

2. 集装箱拼箱货由货主到______提取货物。

3. ______是集装箱码头堆场和集装箱货运站向收货人或其代理人交货的凭证，是证明船公司责任终止的重要单证。

二、简答题

简述集装箱运输进口货运程序。

第三节　集装箱提单

海运提单（Marine Bill of Lading or Ocean Bill of Lading），或简称为提单（Bill of Lading，B/L），是国际结算中的一种最重要的单据。它是在海上运输（主要是班轮运输）方式下，由承运人或其代理人签发的，确认已经收到（或已装船）某种货物，并且承诺将其运到指定地点交与提单持有人的一种具有法律效力的证明文件。《中华人民共和国海商法》（1993年7月1日施行）第七十一条规定："提单，是指用以证明海上货物运输合同和货物已经由承运人接收或者装船，以及承运人保证据以交付货物的单证。提单中载明的向记名人交付货物，或者按照指示人的指示交付货物，或者向提单持有人交付货物的条款，构成承运人据以交付货物的保证。"

提单的主要关系人是签订运输合同的双方：托运人和承运人，其他关系人有收货人和被通知人等。收货人通常是货物买卖合同中的买方，被通知人是承运人为了方便货主提货的通知对象，可能不是与货权有关的当事人。如果提单发生转让，则会出现受让人、持有人等提单关系人。

一、提单的基本内容

提单的形式和种类多种多样，但基本内容大致相同，提单的基本内容一般包括：

1. 有关当事人的内容

（1）托运人（Shipper）　提单的托运人一般为信用证的受益人，即出口公司，除非信用证另有规定，托运人一栏应详细列明托运人的名称和地址，并且必须与信用证的规定完全一致。

（2）承运人（Carrier）　承运人一栏应明确、详细列明承运人的名称、地址和位置。

（3）收货人（Consignee）　收货人即提单的抬头人。这一栏应严格根据信用证的要求正确填制，分为记名抬头，指示性抬头或空白抬头。

（4）被通知人（Notify Party）　货物运抵目的港之前，承运人或其代理人向提单中这一栏记载的人发出船舶到港日期的通知，被通知的对象即被通知人。如果信用证规定了提单的被通知人，则这一栏应严格根据信用证的要求详细地列明被通知人的名称和地址。需要说明的是，尽管此栏写明了被通知人的姓名和地址，承运人并没有将船舶到港日期逐一分别通知的义务，通常采用登报通告船舶到港日期即可，除非被通知人一栏内注明“需通知”（To be Notified）字样。

2. 有关货物的内容

（1）货物的标志（唛头） 这一栏可以是空白，也可以填写信用证申请人。如果信用证中对货物的唛头有明确规定，则提单的唛头应与信用证的规定完全一致。另外，提单的唛头应与其他单据上的唛头完全一致。

知识卡

唛头，通常是由一个简单的几何图形和一些字母、数字及简单的文字组成，其作用在于使货物在装卸、运输、保管过程中容易被有关人员识别，以防错发错运。

（2）货名 提单的货名即是托运货物的名称。有时信用证列明的货物名称比较复杂，提单上不使用这种复杂的货名，而用统称或简写也是可以接受的，但不能与信用证列明的货物名称有本质的冲突。另外，如果信用证中要求在提单上列明信用证号码或其他有关号码，也应在这一栏中有明确反映。

（3）件数和包装 提单上货物的件数应以大、小写两种文字表示。对于无法计件的散装货，不仅要注明“散装货”字样，而且要注明净重。提单上应有对货物包装的描述，如散装、托盘装、集装箱装等，并且必须与信用证中对货物包装的规定完全一致。

（4）毛重 毛重是按质量吨计算运费的依据。如果信用证规定提单上注明货物的净重，则也应列明在此栏内，但前面要注明“净重”字样。

（5）尺码 货物的尺码是承运人按体积计算运费的依据，一般以立方米表示。

3. 有关运输和其他内容

（1）提单的号码 根据信用证中的有关规定，提单必须有承运人加注的号码，即提单的号码，如果信用证中规定其他单据中必须列明提单的号码，这时此号码必须与提单的号码完全一致。

（2）船名 船名一栏必须有运输船舶的名称。如果是直达运输，则应有直达船的名称。如果是转船运输，则应有下一程船的名称。

（3）装货港 装货港一栏必须列明装货港的名称，并且必须与信用证中对装货港的规定完全一致。

（4）卸货港 卸货港一栏必须列明卸货港的名称，并且必须与信用证中对卸货港的规定完全一致。如果是属于转运运输，卸货港一栏还应反映出中途转船的地点。

（5）运费支付地点 运费支付地点一栏必须列明运费的支付地点，特别是信用证有特别规定时。

（6）运费 运费一栏必须列明运费的支付方法，通常信用证中对此都有规定。运费的支付方法常用的有以下几种：

1）运费预付（Freight Prepaid）。

2）运费到付（Freight Collect）。

3）运费由租船人支付（Freight Paid by Charter Party）。

运费预付一般由托运人（出口公司）支付运费。运费到付一般由收货人（进口公司）支付运费。由收货人支付运费时，一般应列明运费的金额。

（7）提单的份数 提单的份数一般是指提单正本的份数。一般情况下，如果信用证对提单的份数有明确规定，提单的份数应与信用证的要求完全一致。如果信用证中未要求提单的份数，而只是要求提供全套的提单（Full set of Bill of lading），则提单的份数应依提单上的具体规定而定。

提单的签发人通常都规定了其所签发提单的份数。提单上列明的提单签发人签发的所有正本提单即是全套的提单，出口公司向银行提交的提单必须是全套的提单，除非信用证另有规定。

（8）提单的签发地点和提单的签发日期 提单必须有签发地点，通常为承运人或其代理人的营业地点，但不一定是装运港。签发日期是承运人或其代理人签发提单的日期，已装船提单的签发日期就是货物的装船日期。此日期必须在信用证规定的货物最迟装运期之内。收货待运提单的签发日期是承运人或其代理人收到货物的日期。收货待运提单如已转变为已装船提单，则"Shipped on Board"字样旁边的日期为装船日期，此日期必须在信用证规定的货物最迟装运期之内。

（9）提单的签发人 通常提单只有经以下三种签发人签字后才能生效：

1）承运人。

2）代表承运人的具名代理人。

3）船长。

4. 有关提单正面契约文句的内容

提单的正面通常印有以下四种契约文句：

（1）装船条款 说明承运人或其代理人已经收到表面状况良好的货物，并已装在指定的轮船上。

（2）内容不知悉条款 声明承运人或其代理人只对货物的表面状况进行核实，而对于托运人在提单上填写的货物的价值等内容不知悉，承运人只负责在目的地交付表面状况与提单描述相等的货物。

（3）承认接受条款 说明托运人、收货人或提单的持有人只要接受提单即认为同意接受提单背面规定的各种法律和责任条款。

（4）签署条款 声明承运人或其代理人签发了若干份正本提单（即全套提单），提单的持有人凭其中一份提货后，其余的自动失效。

集装箱提单的背面条款，则列明了运输合同中规定的当事人双方的权利，义务、赔偿责任和免责的约定。除传统的海运提单所具有的条款外，集装箱提单为适应集装箱运输的需要而修改或增列了一些条款，如承运人的责任期间条款、分立契约条款、船面货选择条款、承运人的责任限制条款、索赔与诉讼等。

二、提单的作用

1. 提单是承运人和托运人之间处理运输中双方权利和义务的依据

提单是证明承运人已接管货物和货物已装船的货物收据，对于将货物交给承运人运输的托运人，提单具有货物收据的功能。不仅对于已装船货物，承运人负有签发提单的义务，而且根据托运人的要求，即使货物尚未装船，只要货物已在承运人掌管之下，承运人也有签发一种被称为收货待运提单的义务。所以，提单一经承运人签发，即表明承运人已将货物装上船舶或已确认接管。

提单作为货物收据，不仅证明收到货物的种类、数量、标志、外表状况，而且还证明收到货物的时间，即货物装船的时间。

本来，签发提单时，只要能证明已收到货物和货物的状况即可，并不一定要求已将货物装船。但是，将货物装船象征卖方将货物交付给买方，于是装船时间也就意味着卖方的交货时间。而按时交货是履行合同的必要条件，因此，用提单来证明货物的装船时间是非常重要的。

2. 提单是货物的物权证书，也就是货物所有权的支配文件

提单是承运人保证凭以交付货物和可以转让的物权凭证，对于合法取得提单的持有人，提单具有物权凭证的功能。提单的合法持有人有权在目的港以提单相交换来提取货物，而承运人只要出于善意，凭提单发货，即使持有人不是真正货主，承运人也无责任。而且，除非在提单中指明，提单可以不经承运人的同意而转让给第三者，提单的转移就意味着物权的转移，连续背书可以连续转让。提单的合法受让人或提单持有人就是提单上所记载货物的合法持有人。

提单所代表的物权可以随提单的转移而转移，提单中所规定的权利和义务也随着提单的转移而转移。即使货物在运输过程中遭受损坏或灭失，也因货物的风险已随提单的转移而由卖方转移给买方，只能由买方向承运人提出赔偿要求。

3. 有转让、信贷、抵押或据以索赔和提货等用途

提单是海上货物运输合同成立的证明文件，提单上印就的条款规定了承运人与托运人之间的权利、义务，而且提单也是法律承认的处理有关货物运输的依据，因而常被人们认为提单本身就是运输合同。但是按照严格的法律概念，提单并不具备经济合同应具有的基本条件：它不是双方意思表示一致的产物，约束承托双方的提单条款是承运人单方拟定的；它履行在前，而签发在后，早在签发提单之前，承运人就开始接受托运人托运货物和将货物装船的有关货物运输的各项工作。所以，与其说提单本身就是运输合同，还不如说提单只是运输合同的证明更为合理。

如果在提单签发之前，承托双方之间已存在运输合同，则不论提单条款如何规定，双方都应按原先签订的合同约定行事；但如果事先没有任何约定，托运人接受提单时又未提出任何异议，这时提单就被视为合同本身。虽然由于海洋运输的特点，决定了托运人并没在提单上签字，但因提单毕竟不同于一般合同，所以不论提单持有人是否在提单上签字，提单条款对他们都具有约束力。

三、提单的种类

提单的种类很多，可以按照不同的形式加以分类，主要有以下几种：

1. 根据货物是否已装船分类

（1）已装船提单（On Board B/L 或 Shipped B/L）　这种提单表明提单上所列货物已经装上船舶，在提单上写明船名和装船日期。在对外贸易中，商业单位和银行都要求提供这种提单，它是在货物确已装船以后，由承运人、船长或其代理人予以签发的。

（2）收货待运提单（Received for Shipped B/L）　这种提单仅表明货物已集中码头仓库待装。当货物装船后，它还需交回，另换取已装船提单或由承运人或其代理人在收货待运提单上填明实际装船日期及船名，使之成为已装船提单。集装箱运输提单有时将收货待运提单

与已装船提单同样使用。

2. 根据收货人抬头分类

（1）指示提单（Order B/L）　这种提单也是一种可以转让的证券（Negotiable Document），即这种提单的持有人可以用背书的方式把提单转让给别人，因此便于流通，也便于在流通过程中发生问题时根据背书顺序查找原因。

（2）记名提单（Straight B/L）　这种提单只有指定的收货人才能提货。在正常情况下，当收货人未接到提单时，也可以凭船公司通知单或提供担保提货。这种提单不具备流通性，即不可转让。当发生债务关系必须转让时，需要经过法定程序才能办理。这种提单只在运送一些贵重货物或我国的援外物资等运输时采用，一般贸易物资很少用这类提单。

（3）不记名提单（Bearer B/L）　这种提单转让不需要任何背书手续，仅凭提单交货，所以极为简便。但是一旦提单遗失，就容易引起纠纷。

3. 根据货物外表状况批注与否分类

（1）清洁提单（Clean B/L）　这是在货物交运时外表状况完好，承运人签发提单时未加任何影响到货物外表状态、件数、质量等有碍结汇批注的提单。银行办理结汇时，都规定交清洁提单。

（2）不清洁提单（Foul B/L 或 Unclean B/L）　这种提单，银行是不接受结汇的。所以有的货主为取得清洁提单以便结汇，往往向船方出具保函，保证这些破损货物如发生索赔时由保证人负责，从而让船方签发清洁提单。这种做法掩盖装船货物的事实真相，所以船方要慎重处理。联合国海上货物运输公约内对此作了规定，允许此类做法，但有一定范围的限制。

4. 根据货物运输过程分类

（1）直达提单（Direct B/L）　即船舶从装货港装货后，中途不经过换船而直接驶往目的港卸货，这种情况下签发的提单称为直达提单。

（2）联运提单（Through B/L）　当远洋运输船舶对所运的货物不能完成全程运输任务，需要用其他运输工具接运时，即产生联运（包括海陆联运、江海联运或海空联运等），这时承运人就要发联运提单，这种提单，不管是哪一种方式的联运，一般都签发船公司的联运提单。

（3）转船提单（Trans Shipment B/L）　货物在起运港装船后，船不直接驶往货物的目的港，需要在其他一个或几个中途港换装另一船舶运输时，就要签发转船提单。

除上述情况外，尚有所谓并提单和分提单，前者是在两分装货单只签发一张提单时出现，后者是在一张装货单分签几张时出现，这些都是为了便利货方而办理的，在签发这种提单时应要求标志一致或声明由货方负担分标志费用。

四、提单的签发

1. 在实际操作中提单的签发主要形式

1）船公司签发的提单是在开船以后签发给货代公司的，货代公司把提单寄给发货人，发货人再把提单寄给收货人，到目的港代理处据以提货。

2）货代公司签发提单也是在开船以后签发，然后就寄给发货人，再由发货人寄给收货人据以到码头提货。

2. 在提单的签发过程中注意的事项

1）当承运人或实际承运人接管货物时，他必须按照托运人的要求，为托运人签发提单。

2）提单可由承运人授权的人签字。经载货船舶的船长签字的提单，视为代表承运人所签。

3）提单上的签字，如不违反签发提单所在国法律，可以是手写、签字复印、打透花字、盖章、使用符号或任何其他机械或电子工具。

有权签发提单的人有承运人及其代理、船长及其代理、船主及其代理。代理人签署时必须注明其代理身份和被代理方的名称及身份。签署提单的凭证是大副收据，签发提单的日期应该是货物被装船后大副签发收据的日期。

提单有正本和副本之分。正本提单一般签发一式两份或三份，这是为了防止提单流通过程中万一遗失时，可以应用另一份正本。各份正本具有同等效力，但其中一份提货后，其余各份均告失效。副本提单承运人不签署，份数根据托运人和船方的实际需要而定。副本提单只用于日常业务，不具备法律效力。

五、提单的流通性

提单作为物权凭证，只要具备一定的条件就可以转让，转让的方式有两种：空白背书和记名背书。但提单的流通性小于汇票的流通性。其主要表现为，提单的受让人不像汇票的正当持票人那样享有优于前手背书人的权利。具体来说，如果一个人用欺诈手段取得一份可转让的提单，并把它背书转让给一个善意的、支付了价金的受让人，则该受让人不能因此而取得货物的所有权，不能以此对抗真正的所有人。相反，如果在汇票流通过程中发生这种情况，则汇票的善意受让人的权利仍将受到保障，他仍有权享受汇票上的一切权利。鉴于这种区别，有的法学者认为提单只具有准可转让性（Quasi-negotiable）。

六、提单的更正与补发

提单若有错误，就应在每一更正处加盖船公司的更正章，如果超过3处错误，就应该把原来的提单寄回给船公司，船公司再重新签发一份正确提单给货代公司或发货人，如果是用信用证进行结汇的，就一定不能有错误，一旦有错误，就必须重签一份正确的提单。如果提单不幸遗失，船公司要在发货人出具证明时，才会重新出提单，否则不会出提单。提单有3份正本和3份副本，发货人不一定把全套提单都给收货人，也许只给一张正本提单，一张正本提单给保险公司，另一张正本提单发货人自己留底。对于一些特别港口（如地中海东部和埃及）应注明特别条款，比如注明货物在目的港能堆存多少天，超过多少天要罚多少钱等。

七、提单的填写说明

提单上必须填写的内容包括提单号、发货人、收货人、通知人、起运港、目的港、船名、有没有海运唛头、件数、质量、体积、货名、箱号（可以一个也可以多个）、注名正本提单数量（通常3张）、开船日期、提单签发日期、运费支付方式（D/P、L/C、T/T）、海运方式，以及船公司在收货港的代理地址。这些内容在提单上都是必须填写的。

训练与提高

一、名词解释

1. 提单：

2. 已装船提单：

3. 清洁提单：

二、简答题

1. 提单的作用有哪些？

2. 提单按不同的标准如何分类？

三、案例分析题

集装箱货物进口操作实务案例

1999 年 2 月，某市轻工进出口公司（以下简称 A 公司）从智利进口 1 000t 纸板，进口港为天津新港，共计 52 标箱。1999 年 2 月 8 日，A 公司接到出口方全套单据，其中包括正本海运提单（三正三副）、正本箱单发票、合同等。通过提单中的装货港（圣安东尼奥）、卸货港（釜山）及提单签发人可以了解到以下信息：①此票货物为转船运输，必须凭一程正本提单换取二程提单传真件；②提单签发人表明此票货物由 B 船公司负责承运。知道上述信息后，A 公司就及时与 B 公司天津代表处取得联系，并了解到船舶动态，该票货物于 2 月 9 日在釜山上二程船（PUSANTIANJIN VESSEL/VOY：LING QUAN HE V. 0520W），并获悉天津外轮代理公司作为该船的船舶代理，还要用二程提单的传真件去外代换取真正用于提货的提货单。

2 月 10 日，A 公司在 B 公司天津代表处交纳换单费、押箱费后，换取了二程提单传真件与一份开与塘沽外代的保函，（保函内容：B 公司正本提单已收回，请凭此保函放货；请协助放箱给收货人，并安排将空集装箱回运到指定堆场；押箱费用已向收货人收取，箱体追踪与外代无关。）2 月 11 日，A 公司携带二程传真件与保函到塘沽外代交纳换单费后换取了提货单，并马上将提货单 1、3 联与全套报关单据于报关行报关，之后报关行通知 A 公司：①纸板需要做商检，要先去做商检登记；②舱单没有传送到海关电脑系统中，因此无法预录报关单。

由于上述两点失误耽误了一些时间，以至报关员将报关单据递交海关申报后，直到海关下班还没有打印出税单，影响了通关速度。

2 月 12 日上午，海关审单完毕并打印出税单交于 A 公司去开户行交税。完税后将税单中海关留存联交于海关审核。下午，海关开出验货通知单，要求提 16 个 20ft 集装箱到指定地点开箱验货，并要求报关行出具保函放货，即打保放行（保函内容：由于海关验货需要先将集装箱从港内提至验货地点验货，因此要求报关行保证先验货，如无任何问题再放行）。

2 月 13 日上午，A 公司携带有海关放行的提货单白联（打保放行）及相关报验单据办理三检。一般情况下，将所有单据（即报验单据，包括箱单、发票、合同、报关单）提交结报验行，由它办理代报验，交纳一定费用后，由三检机构在提货单白联上盖商检、动植检、卫检放行章，三检手续办理完毕后，即可去所有货物的港区办理港务港杂，交纳港杂费用后，就可凭提货单白联提货。下午，A 公司及时与港区有关部门联系摆箱事宜，将海关指定开验的 16 个 20ft 集装箱调至海关指定的地点依次摆开，以便海关验货。海关验货放行后，A 公司即将提货单白联交与事先联系好的仓库，预计 2 月 14 日上午就可将 52 个 20ft 集装箱全部提回仓库。

2 月 14 日早晨，仓库来电，由于没有准备交接单，提箱车队不允许出港区。上午 A 公司马上到塘沽外代换取设备交接单并交于仓库车队，一直到 2 月 19 日，经过校对更正才将该箱提出。之后 A 公司及时安排汽车、铁路车皮将货物发往目的地。至此该票进口操作基本结束。

分析：在这个案例中，我们该吸取的经验教训有哪些？

来源：www. shippingchina. com

本章小结

✓本章介绍了集装箱运输进出口业务的基本货运流程和相应货运单证，并重点对集装箱提单正面内容、背面条款、作用、种类、签发等作了较为全面的描述。

第十章 集装箱运输多式联运

本章知识要点

◇集装箱运输多式联运的定义和基本条件
◇集装箱运输多式联运的优点
◇国际多式联运的种类
◇多式联运经营人及其赔偿责任
◇多式联运的一般业务流程
◇集装箱运输多式联运的发展趋势

第一节 国际集装箱运输多式联运概述

一、国际多式联运的定义与特征

联合运输是根据交通运输业实行专业化、系列化的要求而产生的一种新型的运输组织方式。它把现代化的交通运输工具有机地结合起来，把集、装、运、卸、散五个环节连接起来，加以长短分工、水陆协调、相互补充、综合利用，组成一个完整的运输体系，形成一个跨区域、多工种、多环节、四通八达的运输网络。

国际多式联运（Multimodal Transport）是指按照多式联运合同，以至少两种不同的运输方式，由多式联运经营人将货物从一国境内接管货物的地点运至另一国境内指定地点交付的货物运输，是一种以实现货物整体运输的最优化效益为目标的联运组织形式。它通常是以集装箱为运输单元，将不同的运输方式有机地组合在一起，构成连续的、综合性的一体化货物运输。构成国际多式联运必须具备以下特征或称基本条件：

1）必须具有一份多式联运合同。该运输合同是多式联运经营人与托运人之间权利、义务、责任与豁免的合同关系和运输性质的确定，也是区别多式联运与一般货物运输方式的主要依据。

2）必须使用一份全程多式联运单证。该单证应满足不同运输方式的需要，并按单一运费率计收全程运费。

3）必须是至少两种不同运输方式的连续运输。

4）必须是国际间的货物运输。这不仅是区别于国内货物运输，主要是涉及国际运输法规的适用问题。

5）必须由一个多式联运经营人对货物运输全程负责。该多式联运经营人不仅是订立多式联运合同的当事人，也是多式联运单证的签发人。当然，在多式联运经营人履行多式联运合同所规定的运输责任的同时，可将全部或部分运输委托他人（分承运人）完成，并订立分运合同。但分运合同的承运人与托运人之间不存在任何合同关系。

6）必须是单一的运费率。海运、铁路、公路以及航空各种单一运输方式的成本不同，因而其运费率也不同，在多式联运中，尽管组成多式联运的各运输区段运费率不同，但托运人与多式联运经营人订立的多式联运全程中的运费率是单一的，即以一种运费率结算从接货地至交货地的全程运输费用，从而大大简化和方便了货物运费的计算。

由此可见，国际多式联运的主要特点是，由多式联运经营人对托运人签订一个运输合同统一组织全程运输，实行运输全程一次托运，一单到底，一次收费，统一理赔和全程负责。它是一种以方便托运人和货主为目的的先进的货物运输组织形式。

二、国际集装箱多式联运的发展

联合运输的基本涵义是组织两种工具、两种运输方式、两个部门或多种工具、多种运输方式、多个部门之间的“接力式”运输。在历史上，由于船队规模的迅速发展，班轮航线的相继开辟，为海上运输与铁路运输的衔接或者说海陆联运提供了十分有利的条件。在这种情况下，一些船公司根据货主的要求，开展了极为有限的海陆联运。例如：20 世纪 20 年代，美国海铁公司利用被称为“丝绸快车”的陆桥运输，开展了从日本横滨到美国纽约的海陆多式联运，即日本的丝绸在横滨港被装上开往美国西雅图港的快速班轮，在西雅图从船上卸入等候在该港开往纽约的直达快车。不过，这种海陆协作的多式联运方式尽管节约了运输时间，但海陆双方尚无全程运输、统一经营的意图。从起运港到目的地的全程运输中签发了两份独立的运输合同，所以从本质上讲并没有打破传统运输的分割式格局，没有实现整体运输的最优化效益。可以说，国际多式联运是集装箱运输的产物。在集装箱运输问世以前，要开展国际多式联运几乎是不可能的。因为在传统的件杂货运输条件下，如果联运经营人与托运人签订运输合同，并对其负责，则他所承担的风险是十分巨大的。但是，当使用集装箱运输货物后，由于货物自始至终都被装在紧固、密封的集装箱里，损坏与被窃的可能性很小，因而在全程运输中的责任风险大大降低，使联运经营人敢于对全程运输负责。追溯集装箱运输的发展历史，我们可以发现，世界各国对集装箱的使用，首先都是从铁路、公路运输开始的。早在 19 世纪，美国已在铁路上用集装箱运输木材，到了 20 世纪 50 年代，受到公路运输冲击的美国铁路开始采用“驮背运输”，即把汽车拖带的挂车或带轮式集装箱接装在铁路车辆上，运至中转地后，再用汽车拉走。这种方式既节约了装卸和保管费用，又减少了货损，实现了“门到门”运输。这是公路和铁路联运的开始。在短短的 10 年时间里，使用该种运输方式的货运量增加了 6 倍，充分显示出其优越性。

随着第二次世界大战后各国经济的恢复和繁荣，国际贸易量大幅度提高，集装箱运输方式迅速被应用到海运、空运上。1958 年 4 月，美国的泛大西洋船公司首先利用船舶运输集装箱。在充分认识到集装箱运输的优越性以后，泛大西洋公司为了更明确集装箱具有联运的优点，在 1960 年 4 月将公司改名为海陆公司（Sea—land）。海陆公司的成功吸引了越来越多的公司开始从事集装箱运输业，海上集装箱运输迅速成长起来。20 世纪 70 年代末，世界集装箱海运量约为 2 000 万 TEU，但到 20 世纪 80 年代末，已超过 4 000 万 TEU，年平均增长率为 9%。

随着海上集装箱运输的发展，其组织形式也发生了变化，从港到港的单一运输方式逐步过渡到与铁路、公路、水路、航空等多种运输发生联合，开展多式联运，充分利用各种运输方式的优点，为货主提供一票到底，全程负责的优质运输服务。目前，发达国家之间的集装箱运输已基本上实现了多式联运。以美国为例，早在 1993 年，班轮公会船舶全年承运到美国西海岸的 1 000 多万吨货物中（占东西岸总运量的 90%）50% 为多式联运，如果再加上

20%由货主安排内陆运输的内陆公共点运输（Overland Common Points，OCP）货物与转运货物，则联运货物的比例多达70%。随着集装箱运输软硬件成套技术臻于成熟，从20世纪80年代开始集装箱运输已进入了国际多式联运时代。我国随着集装箱运输的快速发展，在1997年颁布了第一部多式联运的法规——《国际集装箱多式联运管理规则》，为我国的集装箱多式联运提供了良好的发展基础。

国际集装箱多式联运在短短几十年中迅猛发展，究其原因可以归结为两个方面，首先是客观条件的具备，即：

第一，集装箱运输的发展是开展国际多式联运的先决条件。

集装箱运输的出现改变了传统件杂货运输效率低、成本高、货损货差严重的弊端，使各运输工具之间的衔接配合有了保证，符合现代运输系统专业化、标准化的要求。集装箱运输为件杂货运输和装卸的机械化和自动化创造了条件，使“门到门”运输成为可能，为现代多式联运的发展打下了良好的基础。

第二，贸易结构的变化成为开展国际多式联运的物流条件。

第二次石油危机后，世界经济贸易结构发生了很大的变化。制成品在世界贸易中的比例由20世纪60年代末的64.5%提高到90年代初的75%。发达国家的工业品出口更趋高级化，产业结构重心由重、化工业转向以电子技术为代表的高、精、尖产品；而发展中国家也努力发展本国经济，从单纯的原材料出口变为成品或半成品出口。制成品贸易的发展使适箱货源不断增加，为开展国际多式联运提供了广阔的市场。

第三，科技的发展成为开展国际多式联运的技术条件。

发展国际集装箱多式联运涉及集装箱的调运、设备管理、跟踪管理等业务，同时又包括码头、堆场和支线运输等业务。因此，在经营管理上所涉及的问题远比单一的运输方式复杂。当今世界科学技术突飞猛进，以电子计算机和网络通信为基础的信息技术广泛应用于运输的各个领域。电子数据交换系统（EDI）、设备自动识别系统（AEI）和条形码技术的应用使单证管理、集装箱技术和盘存管理、海上和内陆运输控制的一体化管理等的效率大幅度提高。与此同时，双层集装箱货车、节能型船舶等新技术的大量采用，也降低了运输成本，提高了经济效益。这些都成为推动国际多式联运发展的技术条件。

知识卡

EDI基本概念

EDI是英文名Electronic Data Interchange的缩写，中文译为电子数据交换，是一种利用计算机进行商务处理的新方法。它是将贸易、运输、保险、银行和海关等行业的信息，如国际集装箱运输中的船图、舱单等单证，按国际通用的标准格式编制报文，以机器可读的方式将结构化的数据信息通过计算机通信网络进行数据交换和处理，使各有关部门、公司与企业之间借此完成以贸易为中心的全部业务过程。由于EDI的使用可以完全取代传统的纸张文件的交换，因此也被称为无纸贸易或电子贸易。通俗地讲，EDI就是指按照协议，对具有一定结构特征的标准数据信息经过电子数据通信网络，在交易伙伴的计算机应用系统之间进行数据交换和自动处理。采用EDI之后，一些公章和纸面单证将会被取消，管理方式将从计划管理型向进程管理型转变。所有这些都将引起一系列社会变革，故人们又把EDI称之为一场结构性的商业革命。

国际集装箱多式联运迅速发展的另一大原因可以归结为货主与运输经营人对运输服务的要求。由于国际多式联运是一种高效益的运输方式，具有安全迅速、手续简便、运价合理等优点，能为货主带来巨大的经济效益，货主对多式联运的要求日益高涨；再者随着集装箱航运市场竞争日益加剧，各运输经营人不得不竞相改善服务质量来稳定货源，增强自己的竞争力。而改善传统的经营方式，向铁路、航空领域发展，开展国际多式联运成为运输经营人向货主提供优质服务的一个重要手段。

三、集装箱多式联运的优点

集装箱多式联运的优点主要有：

1. 简化托运、结算及理赔手续，节省人力、物力和有关费用，大大方便货主

在国际多式联运方式下，无论货物运输距离有多远，由几种运输方式共同完成，且不论运输途中货物经过多少次转换，所有一切运输事项均由多式联运经营人负责办理。而托运人只需办理一次托运，订立一份运输合同，一次支付费用，一次保险，从而省去托运人办理托运手续的许多不便。同时，由于多式联运采用一份货运单证，统一计费，因而也可简化制单和结算手续，节省人力和物力。此外，一旦运输过程中发生货损货差，而不论事故发生在哪一运输区段，均由多式联运经营人对全程运输负责统一理赔，直接向货主进行赔偿，从而可简化理赔手续，减少理赔费用，大大方便了货主。

同时，由于多式联运可实现“门到门”运输，因此对货主来说，在将货物交由第一承运人后，即可取得货运单证，并据以结汇。这不仅有利于加速货物资金的周转，还可以因为结汇时间的提早而减少利息的支出。此外，由于开展多式联运可以选择最佳运输路线，组织“门到门”运输，在减少库存费和一般管理费的同时，还可以获得经营人提供的优惠运价。

2. 缩短货物运输时间，减少库存，降低货损货差事故，提高货运质量

在国际多式联运方式下，单件杂货成组装入箱内，采用大型机械和自动化作业，可以发挥多式联运系统的长处，各个运输环节和各种运输工具之间配合密切，衔接紧凑，货物所到之处中转迅速及时，大大减少货物的在途停留时间，从而从根本上保证了货物安全、迅速、准确、及时地运抵目的地，因而也相应地降低了货物的库存量和库存成本。同时，多式联运通过集装箱为运输单元进行直达运输，集装箱实际上起着一个强度较大的外包装作用，所以货物不容易被盗，另外尽管货运途中须经多次转换，但由于使用专业机械装卸，且不涉及箱内货物，因而货损货差事故大为减少，从而在很大程度上提高了货物的运输质量。因此，从根本上讲，多式联运提高了货物运输的及时性、安全性、准确性和便利性。

3. 降低运输成本，节省各种支出

由于多式联运可实行“门到门”运输，因此对货主来说，在货物交由第一承运人以后即可取得货运单证，并据以结汇，从而提前了结汇时间。这不仅有利于加速货物占用资金的周转，而且可以减少利息的支出。此外，由于货物是在集装箱内进行运输的，因此从某种意义上来看，可相应地节省货物的包装、理货和保险等费用的支出。

4. 提高运输管理水平，实现运输合理化

在国际多式联运开展前，各种运输方式（区段运输）各自为政，自成体系，其经营规模、业务范围是有限的，货运量也相应有限。但开展多式联运后，由不同的运输经营人共同参与，原有的运输业界限被打破，经营的范围可以大大扩展，经营人可以选择最佳运输路线，同时可以最大限度地发挥其现有设备作用，选择最佳运输线路组织合理化运输，综合利用各种运输方式的优点，形成既有分工又有协作的有机整体，从而实现合理化综合运输，充分体现社会化大生产特点，获得了规模经济效益和良好的社会效益。

5. 其他作用

从政府的角度来看，发展国际多式联运具有以下重要意义：有利于加强政府部门对整个货物运输链的监督与管理；保证本国在整个货物运输过程中获得较大的运费收入配比；有助于引进新的先进运输技术；减少外汇支出；改善本国基础设施的利用状况；通过国家的宏观调控与指导职能保证使用对环境破坏最小的运输方式达到保护本国生态环境的目的。

训练与提高

一、填空题

1. 国际多式联运是指按照多式联运合同，以至少________种不同的运输方式，由________将货物从一国境内接管货物的地点运至另一国境内指定地点交付的货物运输。

2. 国际多式联运是________运输的产物。

二、名词解释

1. 国际多式联运。

2. EDI。

三、简答题

1. 构成国际多式联运必须具备哪些基本条件？

2. 国际集装箱多式联运迅猛发展的主要原因是什么？

3. 集装箱多式联运的主要优点有哪些？

第二节　集装箱多式联运系统中各种运输方式的合理组合

铁路、水运、公路、航空等现代化运输方式，各有不同的技术经济性能和使用范围。随着科学技术的进步，社会运输需要的变化，各种运输方式的技术装备不断更新，其技术经济性能和使用范围也在不断变化。充分发挥各种运输方式的优势，可以最大限度地节约运输建设投资和运输费用，并满足人们对交通运输安全、迅速、经济、便利的要求。

一、各种运输方式的技术经济特点

1. 铁路运输

铁路运输作为陆上的运输方式，从技术性能上看，其优点是运行速度快、货物运输能力大、运输连续性强、一般受自然条件的影响较小、能够保证全年运行、几乎可以运输各种货物。运输过程安全性能高、货物到发的准确性好。从主要经济指标上看，运输成本较低，能耗也较低。以我国铁路为例，运输成本仅高于海运，与长江运输不相上下，但比汽车运输和民航运输低得多，分别只占汽车和民航运输的1/5和1/128。我国铁路运输每千吨每公里消耗标准煤5.61kg，稍高于水运；但只有汽车能耗的1/5～1/3，因此，铁路运输主要承担中长距离、运输量大的任务。铁路运输的弱点是投资多，建造铁路工程造价高，耗用钢轨、零件等金属量大，建设周期长，并且受地理条件限制。因而，只有在运输繁忙的方向上建设铁路才是经济的。

2. 水路运输

水路运输的优点从技术性能上看，主要是运输能力大，在运输条件良好的航道通过能力几乎不受限制，船舶货舱容量大，可运输体积大的货物。从主要技术经济指标看，水运建设投资少，因为水运航道主要是利用天然的河、湖、海，除建设港口、购置船舶外，海上航道几乎不需要投资，整治河流也比铁路建设投资少，而且内河航道的建设还可以与兴修水利和修建水电站相结合，往往可收到排洪、防涝、灌溉、发电、渔业以及工业供水等综合效益。水运的另一个主要优点是运输成本低。美国沿海运输成本只占铁路运输的1/8，劳动生产率也比铁路运输高。

水路运输的主要弱点是受自然条件的影响，如冬季结冰，枯水期水位变低，难以保证全年通航。此外，水运速度慢，在途货物多，会增加货主的流动资金占用量。但是当前，许多船公司为了减少船舶投入的数量，降低营运成本，缩短运输时间，向客户提供优质服务，都采取了高速营运的策略，节能型船舶的使用，更使燃油成本得到了控制。因此，集装箱船舶的航速在总体上明显高于传统班轮，一般可达20节以上。

3. 公路运输

公路运输的主要优点是机动灵活、货物损耗少、速度快、可以深入到工矿企业、实现“门到门”运输。和铁路、水运相比，公路运输的主要缺点是运输能力较小、能耗和运输成本较高、劳动生产率低、不适宜运输大宗而长途的货物。公路运输不仅为铁路和水运干线集疏运货物，在一些缺乏铁路和水运干线的地区，它还负担着干线运输的任务。近几年来，随着高速公路的发展，公路货物运输正逐步向中、长距离发展，汽车运输的范围正在扩大。

4. 航空运输

航空运输是一种现代化的运输方式，它的优点是运输速度快，安全性能高，货物破损少，节省包装费、保险费和储存费，航行便利，不受地面条件的限制，可通往世界各地将货物运送至收货人所在地。缺点是运费高，运量小。它担负着政治、经济、文化中心及国际交往的快速旅客运输和报刊邮件、急迫物资的运输。随着我国国民经济的发展和对外联系的增加，新机场的建设和新航线的开辟，其重要性日趋明显。

二、运输方式的合理组合

在社会信息化、生产自动化、各产业之间差距日益缩小的今天，企业经营的重点已逐步由生产领域转向流通领域。改善货物流通环节，降低流通成本，成为企业提高竞争力的关键。同样，多式联运经营人也必须根据用户的综合物流战略，选择符合其成本及进口要求的运输组合方式。

如何选择适当的运输组合方式是物流合理化的重要问题。首先应对各种运输方式的技术经济特点有详尽的了解，其次要按照用户需求，认真考虑以下5个因素：

（1）运输距离　各种运输方式都有自己的经济运距。一般认为，在300 km以下用汽车运输，300～500km用铁路运输，500km以上用水运是经济的。在经济运距内的运输方式的优点会表现得更为突出，而在经济运距以外的运输方式，其缺点则会更加明显。以上海口岸为例，在上海—南京、上海—合肥的短途运输中，采用的是海运—公路组合运输，而上海—成都线，则开辟为海铁长距离联运线，这样做既发挥了各种运输方式的优点，又取得了成本优势。

（2）运量　水路运输在几种运输方式中的运量最大，铁路运输次之，航空运输受飞机载重量限制，运量较小。公路运输的运输能力也较小，但由于其灵活机动的优点，在综合运输网中多用于小批量短途集疏运。

（3）送达速度和运输期限　技术速度决定运载工具在途运行时间，而运达速度除在运行时间外，还包括途中的停留时间和始发、终到两端的作业时间。运输期限与货物的交货期相联系，要求将货物及时送达。飞机运输速度最快，期限最短，其次是铁路、公路，水路运输速度最慢，所需的运输期限也最长。在评价各种运输方式的速度指标时，还应适当考虑运输的频率（或间隔时间）和运输经常性对送达速度的影响。

（4）运输成本　在几种运输方式中，飞机的运输成本最高，其次是公路和铁路运输，水路运输成本在几种运输方式中最为低廉。但是各种运输方式的成本水平受各种因素影响。例如与运量有关的固定成本，如果在运输成本中所占的比重较大，则成本水平受运输密度的影响也较大。在这方面，铁路运输最为明显。又如运输距离对运输成本也有很大的影响。铁路近距离运输成本高，而远距离运输成本则较为经济。公路则是近距离运输成本低，远距离运输成本高。再如运载工具的载重对运输成本也有相当的影响，载重量较大的运输工具一般来说其单位运输成本较低。在这方面，水路运输表现得较为明显。

（5）货物对运费的负担能力　虽然集装箱货物相对于一般的散杂货来说对运费的负担能力都较大，但这一点对不同运输方式的选择仍有较大的影响。货物对运费的负担能力与运输费用紧密相关；运输费用越大的运输方式要求货物对运费的负担能力也越大。例如，航空运输由于运费最高，它所适合运输的货物对运费的负担能力也就最高。

值得注意的是，以上5项因素存在着互为利弊（Trade—off）关系，如选择航空运输时，虽然运输时间最省，运费却会大大提高。因此，在选择合理的运输组合方式时，要根据货主要求综合考虑以上因素。例如，空中货运速度虽快却运价不菲，而海上运输则运价低廉却速度太慢，当货主需要一种将以上两种优点结合起来的运输方式时，则可以采取海空联运的方式。以远东经阿联酋的舍尔杰至法兰克福的海空联运为例，运费比常规空运的运费减少了40%，运输时间则比全部海运减少了2/3。因此，较适合那些货价高、对运输时间要求不太高的货物的运输。

三、国际多式联运的种类

国际多式联运严格规定必须采用两种和两种以上的运输方式进行联运，因此这种运输组织形式可综合利用各种运输方式的优点，充分体现社会化大生产大交通的特点。国际多式联运所采用的运输组合方式主要可分为海陆联运、海空联运以及江（河）海联运3种。

1. 国际海陆联运

国际海陆联运是国际多式联运的主要方式，又可分为船舶与汽车、船舶与火车两种。由于汽车的运费较高，经济运距较短，竞争力不如铁路。所以，海陆联运主要是指海铁运输。这种组织形式以航运公司为主体，签发联运提单，与航线两端的内陆运输部门开展联运业务，与大陆桥运输展开竞争。目前组织和经营远东/欧洲海陆联运业务的主要有班轮公会的三联集团、北荷、冠航和丹麦的马士基等国际航运公司，以及非班轮公会的中国远洋运输公司、中国台湾长荣航运公司和德国那亚航运公司等。严格地讲，陆桥运输（Land Bridge Service）也是一种海陆联运形式。只是因为其在国际多式联运中的独特地位，故又可以将其单独作为一种运输组织形式。所谓陆桥运输是指采用集装箱专用列车或货车，把横贯大陆的铁路或公路作为中间“桥梁”，使大陆两端的集装箱海运航线与专用列车或货车连接起来的一种连贯运输方式。人们形象地把这种跨接大陆两端连接海运的铁路，称为大陆桥（Land Bridge）。利用大陆桥进行海—铁—海多式联运，比单一海运可缩短运输距离，节省运输时间和运输成本。例如从日本至鹿特丹利用西伯利亚大陆桥的海—铁多式联运，比经苏伊士运河的全海承运缩短距离约7 000km，节省时间和运费20%左右，经济效益十分显著。当今世界主要有三座大陆桥，即位于北美大陆的北美大陆桥（主要为美国大陆桥）、位于欧亚大陆的第一欧亚大陆桥（即西伯利亚大陆桥）、第二欧亚大陆桥（即新欧亚大陆桥）。

（1）北美大陆桥（North American Landbridge）　北美大陆桥是指利用北美的大铁路从远东到欧洲的“海陆海”联运。该陆桥运输包括美国大陆桥运输和加拿大大陆桥运输。美国大陆桥有两条运输线路：一条是从西部太平洋沿岸至东部大西洋沿岸的铁路和公路运输线；另一条是从西部太平洋沿岸至东南部墨西哥湾沿岸的铁路和公路运输线。美国大陆桥于1971年底由经营远东/欧洲航线的船公司和铁路承运人联合开办“海陆海”多式联运线，后来美国几家班轮公司也投入营运。目前，主要有四个集团经营远东经美国大陆桥至欧洲的国际多式联运业务。这些集团均以经营人的身份，签发多式联运单证，对全程运输负责。加拿大大陆桥与美国大陆桥相似，由船公司把货物海运至温哥华，经铁路运到蒙特利尔或哈利法克斯，再与大西洋海运相接。

北美大陆桥是世界上历史最悠久、影响最大、服务范围最广的陆桥运输线。据统计，从远东到北美东海岸的货物有大约50%以上是采用双层列车进行运输的，因为采用这种陆桥运输方式比采用全程水运方式通常要快1~2周。例如，集装箱货从日本东京到欧洲鹿特丹港，采用全程水运（经巴拿马运河或苏伊士运河）通常约需5~6周时间，而采用北美陆桥运输仅需3周左右的时间。

随着美国和加拿大大陆桥运输的成功营运，北美其他地区也开展了大陆桥运输。墨西哥大陆桥（Mexican Land bridge）就是其中之一。该大陆桥横跨特万特佩克地峡，连接太平洋沿岸的萨利纳克鲁斯港和墨西哥湾沿岸的夸察夸尔科斯港，陆上距离182 n mile。墨西哥大陆桥于1982年开始营运，目前其服务范围还很有限，对其他港口和大陆桥运输的影响还很小。

在北美大陆桥强大的竞争面前，巴拿马运河可以说是最大的输家之一。随着北美西海岸陆桥运输服务的开展，众多承运人开始建造不受巴拿马运河尺寸限制的超巴拿马型船（Post-Panamax Ship），从而放弃使用巴拿马运河。可以预见，随着陆桥运输的效率与经济性的不断提高，巴拿马运河将处于更为不利的地位。

（2）西伯利亚大陆桥（Siberian Landbridge）　西伯利亚大陆桥（SLB）是指使用国际标准集装箱，将货物由远东海运到俄罗斯东部港口，再经跨越欧亚大陆的西伯利亚铁路运至波罗的海沿岸，如爱沙尼亚的塔林或拉脱维亚的里加等港口，然后再采用铁路、公路或海运运到欧洲各地的国际多式联运的运输线路。

西伯利亚大陆桥于1971年由原全苏对外贸易运输公司正式建立。使用这条陆桥运输线的经营者主要是日本、中国和欧洲各国的货运代理公司，它在沟通亚欧大陆，促进国际贸易中有着重要地位。

西伯利亚大陆桥运输包括“海铁铁”、“海铁海”、“海铁公”和“海公空”等四种运输方式。由俄罗斯的过境运输总公司（SOJUZTRANSIT）担当总经营人，它拥有签发货物过境许可证的权利，并签发统一的全程联运提单，承担全程运输责任。至于参加联运的各运输区段，则采用“互为托、承运”的接力方式完成全程联运任务。可以说，西伯利亚大陆桥是较为典型的一条过境多式联运线路。

西伯利亚大陆桥是目前世界上最长的一条陆桥运输线。它大大缩短了从日本、远东、东南亚及大洋洲到欧洲的运输距离，并因此而节省了运输时间。从远东经俄罗斯太平洋沿岸港口去欧洲的陆桥运输线全长13 000km。而相应的全程水路运输距离（经苏伊士运河）约为20 000km。从日本横滨到欧洲鹿特丹，采用陆桥运输不仅可使运距缩短1/3，运输时间也可节省1/2。此外，在一般情况下，运输费用还可节省20% ~30%左右，因而对货主有很大的吸引力。

由于西伯利亚大陆桥所具有的优势，因而随着它的声望与日俱增，也吸引了不少远东、东南亚以及大洋洲地区到欧洲的运输，使西伯利亚大陆桥在短短的几年时间中就有了迅速发展。但是，西伯利亚大陆桥运输在经营管理上存在的问题如港口装卸能力不足、铁路集装箱车辆的不足、箱流的严重不平衡以及严寒气候的影响等在一定程度上阻碍了它的发展。尤其是随着新欧亚大陆桥的形成，为远东至欧洲的国际集装箱多式联运提供了又一条便捷路线，使西伯利亚大陆桥面临严峻的竞争形势。

（3）新欧亚大陆桥　欧亚两大陆约占世界陆地总面积的1/3，人口占世界的2/3。欧亚两大陆是世界市场的重点、投资的热点、经济活动最活跃的地区。当今世界经济的显著特征是区域化、集团化、一体化，由此推动国际贸易以惊人的速度增长。发展大陆桥运输，正是国际贸易急速增长的必然要求。有鉴于此，我国政府早在20世纪80年代就考虑建立一条新的“丝绸之路”，以促进沿桥经济的发展与繁荣。在有关部委特别是铁道部和连云港市的大力支持下，经过充分调查、科学研究、论证比较，制订了切实可行的方案，并从多方面创造条件，做了大量的物质和组织准备工作，包括修建了连云港国际集装箱专用码头，强化了陇海线、兰新线的通过能力，建成了阿拉山口国境换装站，提高了大陆桥的整体运输和过境中转换装能力，在过境箱源的组织上进行了多方面的调查分析，所有这一切，为开办新欧亚大陆桥运输打下了良好的基础。

1992年12月1日，首趟过境集装箱专列从连云港港口开出，标志着新欧亚大陆桥全线贯通。这条新欧亚大陆桥东起中国连云港，西至荷兰鹿特丹，是实现海—陆—海联运的国际大通道。

与西伯利亚大陆桥相比，新欧亚大陆桥具有明显的优势：

第一，地理位置和气候条件优越。整个陆桥避开了高寒地区，港口无封冻期，自然条件好，吞吐能力大，可以常年作业。

第二，运输距离短。新亚欧大陆桥比西伯利亚大陆桥缩短运距1 040 km，到中亚、西亚各国优势更为突出。一般情况下，陆桥运输比海上运输节省运费20% ~25%，而时间也有不同程度的缩短。

第三，辐射面广。新亚欧大陆桥辐射亚欧大陆30多个国家和地区，总面积达5 071万km^2，居住人口占世界总人口的75%左右。

第四，对亚太地区吸引力大，除中国、日本、韩国以外，还有东南亚一些国家，均可利用此线开展集装箱运输。

新欧亚大陆桥运输开展以来，内外条件日趋改善，过境集装箱运量逐步提高，吸引过境运量的范围正在拓宽，很多客户已认识到它的优越性。特别是对中亚各国的国际贸易运输尤为有利，为其提供了最便捷的出海口，缩短了运输时间，节省了运输费用，简化了运输手续，为商品贸易成交额的增长创造了极好的条件。从发展趋势看，新欧亚大陆桥运输前景广阔。

2. 海—空多式联运

海空联运始于20世纪60年代，创始者是加拿大航空公司。海—空多式联运结合海运运量大、成本低和空运速度快、时间要求紧的特点，能对不同运量和不同运输时间要求的货物进行有机结合。随着世界商品技术含量的不断提高，并向轻、小、精、薄方向发展以及跨国公司对及时运输的需求，发达国家已出现采用大型飞机进行国际标准集装箱（空—水—陆联运集装箱）的海—空多式联运方式。目前世界上海—空多式联运主要线路是远东至欧洲的联运，约占海—空联运总运量的50%以上。该运输线路的西行线是远东通过海运至美西港口，如温哥华、西雅图、洛杉矶等，再通过空运至欧洲的目的地，东行线主要通过海参崴、香港等港口，再通过空运中转至欧洲目的地。另一条主要海—空联运线是远东至中南美，即远东海运至美西的温哥华、洛杉矶等港口，再转空运至中南美内陆目的地。随着世界范围内物流业的兴起，一些大型国际配送中心根据资料预测用户的货物需求量，通过运输成本低廉的海运事先取得货物，然后根据用户的订单采取空运，可在24h内完成交货。

3. 江—海多式联运

江海联运或河海联运，是指利用发达的内陆水系进行的集装箱运输。江—海多式联运把海运和内河运输连接起来，既可充分发挥海运量大、成本低的优点，又可发挥内河运输价廉、灵活的优点，能方便地把货物运至内河水系的广大地区。目前世界范围最典型的江—海联运是利用欧洲国际内河水道莱茵河，在数千公里的沿岸，一些重要的工商业中心都通水路，建设了设备设施先进的高效率的内河集装箱码头，开辟了各内陆工商业中心到鹿特丹、安特卫普等海港频繁的定班船，一方面保证了运输时间，另一方面大大缩短了货物在海港的滞留时间，方便而又高效。例如，从杜塞尔多夫到鹿特丹，安排下午6点发船，于次日晚11点港口开始作业前到达鹿特丹。如果安排得当，集装箱随即可被装上大洋航线的集装箱船。由于河运运输时间长的劣势通过合理的安排而被减轻，而水运运价又比较低，所以莱茵河的集装箱驳运已成为欧洲多式联运的重要环节。我国也利用长江、珠江开展了不同形式的江—海联运，取得了明显的经济效益。

训练与提高

一、填空题

1. 选择适当的运输组合方式首先应对________________有详尽的了解，其次要按照用户需求，认真考虑以下5个因素：________、________、________、________、货物对运费的负担能力。

2. 国际多式联运所采用的运输组合方式主要可分为________、________以及江（河）海联运3种。

3. 当今世界主要有三座大陆桥，即位于北美大陆的__________（主要为美国大陆桥）、位于欧亚大陆的第一欧亚大陆桥（即__________）、第二欧亚大陆桥（即__________）。

4. 新欧亚大陆桥东起中国________，西至荷兰________，是实现海—陆—海联运的国际大通道。

二、选择题

1. 从各种运输的技术经济特点上看，运量最大、运输成本最小的是________。

A. 铁路运输　　B. 水路运输　　C. 公路运输　　D. 航空运输

2. 各种运输方式都有自己的经济运距，一般认为，在300km以下用________运输，300 ~ 500km用________，500km以上用________是经济的。(　　)

A. 铁路运输　水路运输　航空运输　　B. 水路运输　公路运输　铁路运输

C. 公路运输　铁路运输　航空运输　　D. 公路运输　铁路运输　水路运输

3. ________是国际多式联运的主要方式。

A. 国际海陆联运　B. 国际海空多式联运　C. 国际江海多式联运

4. ________是世界上历史最悠久、影响最大、服务范围最广的陆桥运输线。

A. 北美大陆桥　B. 第一欧亚大陆桥　C. 第二欧亚大陆桥

三、名词解释

1. 陆桥运输：

2. 北美大陆桥：

第三节　多式联运经营人及其赔偿责任

一、多式联运经营人

1. 多式联运经营人的定义

多式联运经营人是指经营多式联运的企业或机构。《联合国国际货物多式联运公约》对多式联运经营人所下的定义是："多式联运经营人是指其本人或通过其代表订立多式联运合同的任何人，他是事主，而不是发货人的代理人或代表，或参加多式联运承运人的代理人或代表，并且负有履行合同的责任。"

从上述定义可以看出，多式联运经营人是订立多式联运合同并负有履行合同责任的人。由于多式联运是在国际间使用多种不同运输工具共同完成，不可能有一个多式联运经营人拥有全部运输工具，承担全部运输，因此在订立合同后，多式联运经营人往往把部分运输区段或全部运输区段的运输任务委托各区段实际承运人去完成，自己并不参加某区段实际的运输或不参加任何区段的实际运输。这种多式联运经营人与各区段实际承运人订立的分运输合同，不能改变多式联运经营人在多式联运合同中当事人的身份，各区段承运人只对多式联运经营人负责，而多式联运经营人必须对多式联运合同负责。

2. 多式联运经营人的分类

按是否拥有运输工具并实际完成多式联运货物全程运输部分运输活动，多式联运经营人可分为两种类型：承运人型和无船承运人型。

（1）承运人型的多式联运经营人　这类多式联运经营人拥有（或掌握）一种或一种以上的运输工具，直接承担并完成全程运输中一个或一个区段以上的货物运输。因此，不仅是多式联运的契约承运人对货物全程运输负责，同时也是实际承运人对自己承担区段货物运输负责。这类经营人一般是由各种单一运输方式的承运人发展而来。

（2）无船承运人型的多式联运经营人　该类经营人不拥有（或掌握）任何一种运输工具，因此只是组织完成合同规定货物的全程运输，仅是多式联运的契约承运人，对货物全程运输负责。这类经营人一般由传统意义上的运输代理人或无船承运人或其他行业企业或机构发展而成。

在我国主管部门发布的有关规定中要求各种方式的运输企业开展多式联运业务时，经营的多式联运部分应从原企业中分离出来成为独立法人，因此我国的多式联运经营人均属于第二类，这也是我国规定联运企业属于代理企业的原因。

3. 多式联运经营人应具备的条件

当多式联运经营人从发货人那里接管货物时起，其对多式联运合同的责任即开始，他必须按照合同，把货物从一国境内的接货地安全、完好、及时地运至另一国境内指定的交货地，如果货物在全程运输过程任何区段发生的过失、损害或延误交付，多式联运经营人均以本人身份直接向货主进行赔偿，即使货物的灭失、损害是某区段实际承运人灭失所致。因此，作为多式联运主体的多式联运经营人，应具备以下一些必要条件：

1）多式联运经营人（即开展多式联运业务的企业、机构）必须具有经营管理的组织机构、业务章程和具有企业法人资格的负责人，以使之能够与发货人或其代表订立多式联运合同。而且该合同至少要使用两种运输方式完成全程运输，合同中的货物应是国际间的货物。

2）从发货人或其代表手中接收货物后，即能签发自己的多式联运单证以证明合同的订立并开始对货物负责任。为确保该单证作为有价证券的流通性，多式联运经营人必须在国际运输中具有一定的资信或令人信服的担保。

3）必须具有与经营业务相适应的自有资金。多式联运经营人要完成或组织完成全程运输，并对运输全过程中的货物灭失、损害和延误运输负责，因此必须具有开展业务所需的流动资金和足够的赔偿能力。

4）多式联运经营人必须能承担多式联运合同中规定的与运输和其他服务有关的责任，并保证把货物交给多式联运单证的持有人或单证中指定的收货人。因此，必须具备与合同要求相适应的，能承担上述责任的技术能力。包括多式联运必须的业务网点和专业技术人员，并保证对自己签发的多式联运单据的流通性，并作为有价证券在经济上有令人信服的担保程度。

二、多式联运经营人的赔偿责任

1. 赔偿责任期间

多式联运经营人的赔偿责任期间一般为自接管货物开始至交付货物为止。

2. 赔偿责任基础

《国际多式联运公约》中规定“多式联运经营人对于发生在其掌管货物期间货物的灭失损害和延误交货的损失应负赔偿责任。除非多式联运经营人能证明其本人、受雇人或其代理人或其他人为避免事故发生和其后果已采取了一切符合要求的措施。”

这种规定实际上与汉堡规则中的完全过失责任制类似，与国际上目前铁路等运输方式的规定有很大差别。

3. 多式联运经营人的赔偿责任形式

目前，多式联运经营人的责任制主要有三种形式：

（1）统一（同一）责任制　所谓统一责任制是指多式联运经营人在全程运输中使用统一的赔偿标准向货主负责。也说明，多式联运经营人在全程运输中无论货运事故发生在哪一区段，也无论事故是明显的还是隐藏的，都按统一的标准负责向货主赔偿。统一责任制的最大优点是理赔手续十分简便，只要有货损，都按一个标准进行赔偿，但在实际业务中统一责任制应用较少，主要原因是统一赔偿标准难以被多式联运经营人所接受。

（2）经修正后的统一责任制　《联合国国际货物多式联运公约》所规定的多式联运经营人的责任制为经修正后的统一责任制，即在统一责任制的基础上作了一些修正。所谓经修正后的统一责任制，是指多式联运经营人在全程运输中对货损事故按统一赔偿标准负责向货主赔偿，但同时又规定，如果该统一赔偿标准低于于实际货运事故发生区段的适用法律法规所规定的赔偿标准时，按该区段高于统一赔偿标准的标准，由多式联运经营人负责向货主赔偿。经修正后的统一责任制与统一责任制相比，更加大了多式联运经营人的赔偿责任，故实际应用更少。

（3）网状（混合）责任制　所谓网状责任制，是指多式联运经营人对全程运输的货物责任，局限在各个运输区段的责任范围内，如果能确定货运事故区段的，则按该区段适用法律法规，由多式联运经营人负责向货主直接赔偿，如果对隐藏损害等不能确定货运事故区段的，则推定发生在海运区段，按海运区段的适用法律法规，由多式联运经营人负责向货主直接赔偿。相比较，网状责任制对多式联运经营人的赔偿责任最低，同时这种责任制无论对于多式联运经营人还是对于实际区段承运人来说，其赔偿标准却是一致的，不存在同一运输区段有两种赔偿标准的矛盾。

（4）多式联运经营人的赔偿标准　目前绝大多数国家的多式联运经营人采用网状责任制，与网状责任制有关的各运输区段国际货运公约以及国际多式联运公约所规定的赔偿标准（即责任限额）如表10-1所示。

维斯比规则、汉堡规则以及国际多式联运公约均规定了两种责任限额，这是因为这三个国际公约的通过均在出现集装箱运输以后，而在集装箱运输方式下，如果仍以每件或每单位责任限额，可能会对货主造成很大不利，特别是在未列出箱内货物件数的情况下，集装箱内所有的货物只视为一件，采用两种责任限额并择大赔偿，有利于在集装箱运输方式下保护货主的利益。

表10-1　各运输区段国际货运公约赔偿标准与国际多式联运公约责任限额

（单位：SDR）

公约名称	每件或每单位责任限额	毛重每千克责任限额	备　注
海牙规则	161		
维斯比规则	680	2.04	
汉堡规则	835	2.50	
国际公路货运公约		8.33	
国际铁路货运公约		16.67	
华沙公约		17.00	
多式联运公约	920	2.75/8.33	2.75SDR包括海上或内河运输，8.33SDR不包括海上或内河运输

注：SDR（Special Drawing Rights）是国际货币基金组织特别提款权。

训练与提高

一、填空题

1. 按是否拥有运输工具并实际完成多式联运货物全程运输部分运输活动，多式联运经营人可分为两种类型：__________型和__________型。

2. 多式联运经营人的责任期间从__________起至__________止。

3. 目前多式联运经营人普遍使用的赔偿责任制是__________。

4. 按国际多式联运公约规定，多式联运经营人在赔偿时从按件赔偿和按毛重每千克赔偿这两种责任赔偿中选择较___________的进行赔偿。

5. 国际多式联运经营人赔偿责任制分为___________、___________、___________三种。

二、选择题

1. 多式联运经营人对全程运输的货物责任，局限在各个运输区段的责任范围内，如果能确定货运事故区段的，则按该区段适用法律法规，由多式联运经营人负责向货主直接赔偿，这种多式联运经营人的赔偿责任形式是________。

A. 统一责任制　　B. 同一责任制　　C. 经修正后的统一责任制　　D. 网状责任制

2. 在采用网状责任制的赔偿责任下，如果对隐藏损害等不能确定货运事故区段的，则推定发生在海运区段，按________区段的适用法律法规，由多式联运经营人负责向货主直接赔偿。

A. 海运　　B. 航空　　C. 公路　　D. 铁路

3. 在几种多式联运经营人的赔偿责任形式中，________对多式联运经营人的赔偿责任最低。

A. 统一责任制　　B. 同一责任制　　C. 经修正后的统一责任制　　D. 网状责任制

第四节　多式联运的一般业务流程

多式联运是一种现代化的综合运输，涉及面广，环节众多，环境繁杂，因此其业务流程也十分繁杂，下面简要介绍多式联运的一般业务流程。

一、多式联运合同的订立

多式联运必须订立合同，合同是规范托承双方权利、义务以及解决争议的基本法律文件。多式联运合同主要内容有：托运人，收货人，多式联运经营人，货物的名称、包装、件数、重量、尺寸等情况，接货的地点和时间，交货的地点和约定的时间，不同运输方式的组成和运输线路，货物交接方式以及托承双方的责任和义务，解决争议的途径和方法等。

二、多式联运计划的编制

多式联运计划总的要求是：

（1）合理性　要求运输线路短、各区段运输工具安全可靠、运输时间能保证、不同运输方式之间良好衔接，从而保证货物从一国境内接货地安全及时地运到另一国境内的交货地。

（2）经济性　在保证货运质量的前提下，尽可能节省总成本费用，以提高经济效益。

（3）不可变性　在计划中应充分考虑各种因素，留有必要的余地，除不可抗力外，计划一般不能随意改变。

在完成多式联运计划编制后，多式联运经营人还应及时将计划发给沿线各环节的代理人，使之提前做好接货、运输、转关或交货等准备工作。

三、接货装运

按照多式联运合同，在约定的时间、地点，由多式联运经营人或其代理人从发货人手中接管货物，并按合同要求装上第一程运输工具发运。按托承双方议定的交接方式，凡在DOOR或CY交接的，由发货人负责装箱计数施封和办理出口清关手续，在箱体外表状况良好、封志完整状态下，将货物整箱交多式联运经营人或其代理人；凡在CFS交接的，由发货人负责办理出口清关手续，将货物散件交多式联运经营人或其代理人，由后者负责拼箱计数施封后装运发送。

四、多式联运单据的签发

多式联运经营人接管货物在运费预付情况下收取全程运费后，即签发多式联运单据，表明多式联运对全程联运负有责任的开始。对多式联运合同当事人来说，多式联运单据是多式联运经营人收到货物的证据，是合同的证明，也是货物的物权凭证。多式联运经营人按多式联运单据指明的收货人或被指示的收货人交付货物，收货人凭多式联运单据提领货物。在货物装运发送后，多式联运经营人还应将多式联运单据副本以及一程运输的有关运输单证及时寄往第一程目的地（港）的代理人，以便做好接货、转关和转运的准备。

五、运输保险

由于多式联运运距长、环节多、风险大，为避免可能发生的货运事故，多式联运经营人可以向保险公司投保。尽管多式联运经营人有责任限额保护条款，但对多式联运经营人的疏忽、过失、侵权将丧失责任限额保护的权利，承担很大的赔偿金额的风险，为避免较大的损失，多式联运经营人通常向保险公司投保货物责任险和集装箱险，以防范巨额赔偿风险。

六、转关手续

多式联运若在全程运输中经由第三国，应由多式联运经营人或其代理人负责办理过境转关手续。对“国际集装箱海关公约”缔约国之间，转关手续已相当简化，通常只提交相应的转关文件，如过境货物申报单、多式联运单据、过境国运输区段单证等，并提交必要的担保和费用。过境国海关可不开箱检查，只作记录而予以放行。

七、全程运输的协调管理

1. 不同运输方式之间的转运

国际多式联运是以至少两种不同运输方式组成的连贯运输，不同运输方式之间的转运衔接，是保证运输连贯性、及时性的关键。由于运输工具不同、装卸设备设施不同、转运点的选择不同以及各国的规定和标准不同，因此多式联运经营人或其代理人事前应有充分的了解，以便根据各种不同具体情况和要求实现快速顺利的转运。

2. 各运输区段的单证传递

多式联运经营人作为全程运输的总负责人，通常要与各运输区段实际承运人订立分运输合同，在运输区段发送地以托运人的身份托运货物，在运输区段的目的地又以收货人的身份提领货物。为了保证各运输区段货物运输的顺利进行，多式联运经营人或其代理人在托运货物后要将有关运输单证及时寄给区段目的地代理人。同时，如该实际运输区段不是最后一程运输，多式联运经营人的代理人在做好接货准备的同时，还要做好下一程运输的托运准备。

3. 货物的跟踪

为了保证货物在多式联运全程运输中的安全，多式联运经营人要及时跟踪货物的运输状况，例如通过电报、电传、EDI、Internet 网在各结点的代理人之间传递货物信息，必要时还可通过 GPS 进行实时控制。

八、交付货物

按多式联运合同规定，货物到达指定交货地后，由多式联运经营人或其代理人将货物交多式联运单据指明的收货人或按指示交指定的收货人，即告完成全程运输任务。交货地代理人应在货物到达前向收货人发出到货通知，以便收货人及时做好提货准备。对于 FCL 交货的，如 CY 条款，货物卸船、收货人办妥进口清关手续后，委托集装箱码头整箱交货；如以 DOOR 交货的，则由公路运输至收货人的工厂或仓库交货，交接双方以箱体外表状况良好、封志完整为条件。对于以 LCL 交货的，交货地为合同指定的集装箱货运站，由集装箱货运站代表多式联运经营人拆箱、分票、堆存于仓库，收货人办妥进口清关手续后，以散件方式提运。

训练与提高

一、判断题

1. 多式联运提单属于已装船提单。(　　)
2. 在国际多式联运中，托运人只与多式联运经营人有业务和法律上的关系。(　　)
3. 多式联运经营人是发货人的代理人。(　　)
4. 国际多式联运经营人通常向保险公司投保货物运输责任险和集装箱险。(　　)
5. 实行单一运费率是国际多式联运的特征之一。(　　)
6. 货物装船后，多式联运经营人方可签发多式联运单据。(　　)

二、名词解释

多式联运单据：

三、简答题

1. 多式联运单据的作用与性质有哪些？
2. 简述多式联运的一般业务流程。

第五节　国际集装箱多式联运的发展趋势及经营策略

世界经贸的发展以及结构的变化，对运输的概念提出了新的要求，尤其是给集装箱多式联运的发展带来了勃勃的生机。集装箱运力的迅速增长，世界集装箱船队的急剧增加，船队结构向高速化、大型化发展，船舶更新速度的加快，EDI 技术、双层集卡等技术的迅速普及，这一切都对多式联运的发展起到了巨大的推动作用，使其呈现出许多新的特点。

一、国际多式联运的发展趋势

1. 经营多式联运的企业向国际化、多元化、集团化方向发展

最早的多式联运经营人出自代理单一运输方式的代理企业，并以无船公共承运人（NVOCC）的特点出现。这类代理企业与货主和各类运输公司都有密切的业务联系，具有承办多式联运的有利条件。在长期的经营过程中，代理企业与运输企业互相渗透与融合，逐步形成了办理代理、运输、贸易等多种业务的联合体，并向国外扩张成立跨国公司或设立分支机构，向国际化、多元化、集体化方向发展。国际上著名的多式联运经营人多为综合性的集团化公司。如总部设在奥克兰的美国总统公司，属下有轮船公司（APL）、多式联运公司、陆运服务公司；又如以经营多式联运为主要业务的日本大和运输公司（宅急便），仅汽车的拥有量就达一万多辆，是一个大型的跨国集团公司。

2. 多式联运网点在国际上不断延伸扩展，而国内联运基地设施则向枢纽中心集中或归并

多式联运经营人不断把触角延伸至世界各物流聚散地，需要以设立分支机构或与国外公司联营等形式扩充其在国外的联运网点，在立足国内，面向世界的经营策略中，国外联运网点逐步扩展和完善。例如，日本在本土外的联运网点（包括经营联运业务的分公司、合营

公司等)，从1968年的14个增长到1988年的291个，在20年间增长了近21倍。而与此同时，随着短途运输条件特别是公路运输条件的改善，在发达国家由分散运输向规模运输的货运集中化趋势明显加快，多式联运网点也随之向运输枢纽中心集中或归并。如美国1978年时有1 176个多式联运设施基地，至1994年已减少到不足200个，分布于106个城市。这种趋势在其他国家也有充分的体现。

3. 各种运输方式由竞争转向合作，使多式联运在“联”的方面出现了质的飞跃

多式联运所要求的真正快速、准确、安全、简便和低成本的全方位服务，决定了经营人的巨大资金投入，即使是一些航运巨头也感到相当的困难。此外，各种运输方式在运输市场的角逐中已表现出各自的优劣之势，运输企业越来越认识到单靠一种运输方式已难以满足货物运输在多方面的要求，尤其是长距离国际货物“门到门”运输的要求。这些因素促进了运输企业逐渐从单纯的竞争转向在竞争中寻求合作，通过资源共享来降低成本，降低高额投资的巨大风险，增强市场竞争能力，共同配合以满足货物全程运输的要求。这种由经营人牵线的被动联运转向不同运输企业之间主动联合联运的质的飞跃，使得多式联运在运输的连贯性上结合得更为紧密，所具有的优越性得到了进一步的体现。例如，美国最大的一家汽车运输公司——亨特公司，主动改善同铁路的关系，在1990年同圣菲等铁路公司合作，结果1992年的联运量竟为1990年的20倍。1993年又同加拿大铁路公司合作，开辟了美国北部五大湖区通往加拿大多伦多、蒙特利尔等地的多式联运线路。

4. 通信技术上的更新

随着多式联运服务范围和业务量的不断增大，仅依赖手工来为每一票货物作记录或是传递信息，已经变得越来越困难，电脑联网管理，EDI等通信技术的广泛应用成为扩张多式联运不可缺少的基础设施。美国是世界上制定第一批EDI标准和应用发展最快的国家。在多式联运中应用EDI技术也处于国际前列。以APL为例，在西雅图、芝加哥、纽约三个场站实现了用EDI处理由本公司船舶承运的国际集装箱的全过程。在这里，各运输环节（包括海关、港口，船代、动植检、装卸公司、汽车运输公司和铁路运输公司等）都可以通过联网的计算机进行信息的获取、传递和处理，货主也可以通过EDI系统了解货物动态及提货时间。由于计算机取代了纸、笔和电话，传统的程序和做法为EDI所替代，使集装箱多式联运真正达到了快速、准确、安全、简便和低成本。

5. 运输工具的突破

经营多式联运的企业为使自身的业务得到巩固与发展，提高经济效益和社会效益，在激烈的市场竞争中保持长盛不衰，不断地利用先进的运输技术和管理手段，以求得在多种运输方式组合的可选方案中，优选出迅速、安全、经济、便利和富有竞争力的经营方式，从而在客观上推动了先进技术在多式联运中的推广使用。例如，滚装技术在世界各地的广泛应用，使水陆联运更为便捷；原美国总统轮船公司在多式联运中推出的运行于美国、加拿大、墨西哥的双层叠载列车既节省了单位运输成本，又提高了运输能力；在英吉利海峡隧道的多式联运中，装卸更为方便的可换箱体，正以压倒ISO集装箱的优势发展，最近出现的公铁两用拖挂车在美国、加拿大和欧洲等地的推广使用，更使多式联运这种高级运输组织形式的推广应用如虎添翼。

6. 物流业的兴起

所谓物流（Logistics）是指实物从供给者向需求者的物理性移动，是创造空间、时间效

用的经济活动。具体来说，即是指包装、运输、仓储保管、装卸、流通加工以及有关物流情报等的诸种活动。国外的物流服务已经兴起多年，以美国飞驰集团（FRITZ）为例，它在全球100多个国家设置了450个分公司或办公室，拥有近20个面积在10 000m^2以上的物流中心，巨大的规模使得飞驰能有效地做到“使用户在适当的时候，化最小的费用获得他们所需要的产品和服务”。现代企业已抛弃了大而全的模式，将除具体生产和贸易洽谈以外的原材料或产成品的运输工作抛向社会的专业化公司，这些运输工作不仅包括单纯的海运、陆运、空运或多式联运，更要求增加仓储、信用证、结汇、保险等多项业务，对多式联运经营人来说，这将是一个有巨大潜力的广阔市场。

二、多式联运经营战略

随着世界贸易量的逐年递增，全球性的货物流动也更多更频繁，多式联运的优越性使其在吸引货源上有着特殊的优势，这也促使众多的企业进入多式联运市场，整个市场竞争越来越激烈。为了维持市场份额以求生存，多式联运企业必须努力提高自己的经营能力，制定正确的经营策略，一般可从以下几个方面着手：

1. 降低成本

在严酷的竞争中，企业必须想方设法降低成本，既要努力将成本控制在运价以下，也要将自己的成本控制在竞争对手的成本之下。这是由于在充满价格战的竞争环境中，只有那些保持最低成本水平的企业才能赢得这场战争，所以仅仅降低成本还不够，为了企业的生存还必须保持成本领导人的地位。

多式联运经营人可以通过提高管理水平和信息支持来降低成本，同时，要善于寻找铁路、公路和设备租赁公司来承担固定成本，尽可能避免自己直接投资于运输设备，如原美国总统班轮公司（APL）通过灵活的租赁合同以及同铁路公司的密切联系，极大地改善了本公司的对外签约能力，使其不必直接购买设备就能满足市场的需求。

2. 优化市场，建立双向货流体系

单向的多式联运体系是没有生命力的。多式联运一个成功的关键是建立一个双向的、均衡的货流体系。20世纪80年代，APL的一个重大举措是利用从亚洲经由美国西海岸运往东海岸的大量消费品和从美国东部运往西海岸的大量国内货流形成一个双向的、均衡的体系。APL利用这一体系，使本公司的业务有了很大的发展。

3. 提高产品差异性

加大产品差异性的主要目的就是要减少依靠价格手段吸引货源。这是保证较高的市场份额而又不致使价格过低的重要方法。在多式联运业务中，由于货物分布很广，为了扩大业务量，提高服务质量，要求多式联运经营人向货主提供多条可供选择的运输路线、可靠的运输时间、足够的发送密度和及时准确的单证管理。在此基础上，还可以通过提供不同买主或地区的拼箱、仓储、分拨及有效的跟箱服务等多种额外服务来获得产品的差异性。

4. 健全揽货网络，争取全球性客户

资本国际化和全球经济一体化促使各国之间经济合作的规模和范围越来越大，从事国际生产和国际经营的跨国公司由此得到了蓬勃发展，在国际贸易中占据了越来越重要的地位。由于这些全球性客户能提供量大而稳定的货源，使其成为多式联运经营人争夺的对象。许多经营人甚至调整经营战略，最大限度地满足跨国公司的要求，及时、可靠和完善地将原材料和产成品运往世界各地，保证这些客户的服务，以便与这些全球性大客户建立长期而稳定的战略伙伴关系。

5. 通过联营，扩大服务业务。

在多式联运中，各公司的经营情况并不相同，航线、船型、服务项目等往往存在着互补性，不同公司通过联营可以取长补短，进一步扩大业务量，降低成本，提高业绩。

训练与提高

一、名词解释

物流（Logistics）：

二、案例分析题

中国外运成功完成二滩水电站工程的货运项目

二滩水电站位于我国西南部四川省的攀枝花，是我国第一座装机容量超过300万kW的超大型水电站，1991年正式开工，全部工程到2000年建成时，年发电量达170亿kW·h，是我国电站发电量之最。

1992年，中国对外贸易运输（集团）总公司（简称中国外运）争取到该工程的一标、二标以及机电标全部设备运输权。之后，中国外运总公司与货主、工程项目业主、标商等均签订了有关协议，制订了统一的多式联运“门到门”的运输费率，对每批货物都落实详细的接运方案，确保货物安全、迅速地运到工地。二滩水电站的货运项目的成功完成，充分体现了多式联运的组织特点与优势，同时，与一般项目相比，其工作难度也是很明显的。一是运距远，进口的设备要从西欧经海运、空运到我国的港口和我国的空运口岸，再经铁路或汽车转运到偏远的内地山区工地。二是货量大，货物品种复杂。据统计货运量总计超过10万m^3。货物品种既有超大件的重件工程设备，还有外国专家生活用品的小票货物。规模繁多，运输作业难度大，技术性强。三是时间紧，货物多为工程急件，要限期运送到工地。因此，有关的外运公司必须与当地港务部门、海关、机场、铁道、交通等部门通力合作，在货物运到我国港口和机场后，立即安排铁路和汽车运输，体现了公司“优质、高效”的服务精神。

分析：

1. 中国外运成功完成二滩水电站工程的货运项目采用的运输方式是什么？
2. 现代化货物运输的一个重要发展方向是什么？

【阅读材料】

我国出口到美国的多式联运业务

目前，美国是我国第一大贸易国，从我国运往美国内地的集装箱货物很大一部分采用海—铁联运或多式联运方式，主要有：

1. OCP运输

OCP的英文全名是“Overland Common Point”，意为内陆公共点，美国中部和西部约占2/3的本土均为OCP地区。所谓OCP运输是指远东通过海运至美西港口，再转运铁路将货物运至OCP地区目的地交货的一种海—铁分段联运方式。与过巴拿马运河、绕加勒比海至美东港口再通过陆运至美国东部或中部地区交货相比，OCP运输可缩短运输距离、节省运输时间和运输成本，是一种较为合理的运输方式。

由于OCP运输不是真正的多式联运，因此托运人必须分别与海运和铁路承运人订立运输合同，通过接力方式将货物运至目的地。对我国出口企业而言，以CFR或CIF贸易术语成交的合同，其责任和费用终止于美西港口，同时在买卖合同、信用证以及运输单证中均应注明“OCP”字样，以便顺利结汇。

2. MLB运输

MLB的英文全名是“Miniland Bridge”，意为小陆桥运输。所谓MLB运输，是指远东海运至美西港口再转运铁路将货物运至美东或加勒比海沿海地区交货的一种海—铁多式联运方式。

MLB运输的前身为大陆桥运输，所不同的是，大陆桥运输是把美国横贯东西的铁路作为“桥梁”，组成海—铁—海多式联运，而小陆桥运输仅为海—铁多式联运。按照国际多式联运的要求，其适用的贸易术语应为FCA、CPT或CIP，目前我国出口企业仍沿用FOB、CFR、CIP贸易术语，但要注意使用这三个海运贸易术语时，应按照FCA、CPT、CIP买卖双方的责任、费用及其风险责任划分的要求。同时，在贸易合同、信用证以及多式联运单据中注明“MLB”字样。

3. IPI运输

IPI运输的英文全名是“Interior Point Intermodal”，意为内陆公共点多式联运。所谓IPI运输，是指远东海运至美西港口，再转运铁路将货物运至OCP地区指定目的地交货的一种海—铁多式联运。IPI运输与MLB运输都是海—铁多式联运，其主要区别是交货地有所不同；IPI运输和OPC运输的运输线路和交货地相同，其主要区别是IPI运输是海—铁多式联运，而OCP运输是海—铁分段联运。同样，对我国出口企业来说采用IPI运输时也应尽量选用FCA、CPT或CIP贸易术语，并在贸易合同、信用证和多式联运单据上注明“IPI”字样。

本章小结

✓本章在介绍国际集装箱多式联运定义与特征的基础上，讲解国际多式联运业务的相关知识，包括集装箱多式联运系统中铁路、水路、公路、航空等运输方式的技术经济特点以及各种运输方式的合理组合；国际多式联运的种类，包括大陆桥运输；多式联运经营人及其赔偿责任；多式联运的一般业务流程；最后介绍国际集装箱多式联运的发展趋势。

第十一章　集装箱运费计算

本章知识要点

◇价格术语

◇集装箱运费基本结构

◇集装箱运费计算基本方法

◇集装箱运费的计收

第一节　概　　述

承运人在进行货物的运输过程中，不可避免地要发生为营运需要而支付的各项开支和费用。另外，为维护和扩大再生产，还要计算折旧和获得一定的利润。因此，为补偿这些开支和获得一定的利润，应向货物托运人收取一定的运输费用，而运费是由承运人对所承运的货物收取的报酬，运费的单位价格又叫运价。国际运价不是一个简单的价格金额，而是包括费率标准、计收办法、承托双方责任、费用、风险划分的综合概念。

制订一个合适的运价，对促进对外贸易和其他国际经济交流，以及发展本国货物运输均起着十分重要的作用。因为，运价是对外贸易进出口商品中一个重要的组成部分。在洽订贸易合同中，不论是买方还是卖方，都将运价作为考虑成交与否，以及按什么条件成交的主要因素。如到岸价 C&F，即成本加运费，或到岸价 CIF，即成本加运费加保险，卖方在计算货价时，必须正确了解运价。离岸价 FOB 虽然没有包括运价，但由于该价格条件下系由买方负责租船订舱，为求得一个便宜的运价，则也应准确地掌握运价的行情。可见，在对外贸易中，运价水平的高低，不仅涉及商品的成本，而且，也直接影响了贸易成交率和商品在市场上的竞争力。可以这样理解，如运价订得过低，会使国家在经济上遭受不必要的损失。反之，不仅有可能直接阻碍贸易成交，而且，又会因为货载的减少，反过来又影响了运输业的发展。

运费是船公司和运输部门的根本收入。在国际货物运输业中，无须出口货物，通过运输，照样可为国家赚取外汇，因此，国际上将运费收入称之为“无形收入”。在国际航运市场激烈竞争的今天，能否揽到货载，在船期和货物具备的条件下，运价起着决定性的作用。某些航运大国大力支持本国远洋船队的发展，这些船队的发展不仅承运了本国进出口货物，还可在国际市场上大量揽载第三国货物，扩大国家外汇收入。从某种意义上说，运价订的是否恰当，对促进运输组织合理化，提高企业管理水平有着直接影响。此外，不同的船舶运输方式，不同航线、港口，不同的货种和运输条件，都规定了不同的费率和条款。这样不仅可促使货方多提供货载，也可使船公司的运力能得到充分利用，取得较大的经济效益。

国际海运运价大体分班轮运价和租船运价两种，集装箱运价实质上也属班轮运价的范畴。班轮运价的制订所依据的主要因素是运输成本和国际航运市场的竞争情况。在制订运价时，还应认识到这样的运价具有广泛的国际性，因此，作为船公司，或运输部门不仅要考虑到船舶成本，还要研究国际航运市场的竞争情况。

从目前集装箱货物运输看，随着集装箱运输，以及国际多式联运的发展，承运人的业务范围也随之有所扩大，船公司的责任由海上向陆地两端延伸。海陆联运不仅方便了货主，也扩大了船公司的货运量。然而，承运人对货物的责任也有所扩大，其费用有所增加，而增加的费用也只能从运费中收回来。这对运价的制订工作提出了新的要求，即应制定出一套适合集装箱运输的费率、规定和有关条款。

我国现行集装箱运输下的拼箱货运费计收，与普通班轮运输下的件杂货运费计收方法基本相同。所不同的是整箱货则有最高运费和最低运费的计收规定。而且，集装箱货物最低运费的计收不是某一规定的金额，而是规定了一个最低运费吨，又称计费吨。这一概念与普通船运输下最低运费的规定是完全不同的。因为，普通船运输下最低运费是以运费金额为标准计收的，也就是某一提单项下的货物运费没有达到费率本中规定的某一金额时，则仍应按规定的金额计收。

知识卡 **常见的几种贸易术语**

贸易术语（Trade Terms），又称价格术语（Price Terms），是指一个简短的概念或三个英文字母的缩写，用来说明商品的价格构成以及买卖双方的有关费用、风险和责任的划分问题，它是国际货物买卖合同中单价条款的一个重要组成部分。

常用的六种贸易术语：

1. FOB（Free on Board…named port of shipment），装运港船上交货（……指定装运港），也称离岸价。
2. CIF（Cost Insurance and Freight…named port of destination），成本加保险费、运费（……指定目的港），也称到岸价。
3. CFR（Cost and Freight…named port of destination），成本加运费（……指定目的港）。
4. FCA（Free Carrier…named Place），货交承运人（……指定地点）。
5. CIP（Carriage and Insurance Paid to…named place of destination），运费和保险费付至（…指定目的）。
6. CPT（Carriage Paid to…named place of destination），运费付至（……指定目的地）。

其中FOB、CIF、CFR仅适用于海洋运输和内河运输；而FCA、CIP、CPT适用于任何运输方式。

集装箱货物在进行门到门运输时，可通过多种运输方式完成整个运输过程。该过程可分出口国内陆运输、装船港运输、海上运输、卸船港运输、进口国内陆运输等五个组成部分。其中，船公司通常负责出口国集装箱货运站或码头堆场至进口国码头堆场或集装箱货运站的运输。这一范围通常是集装箱运输下所包括的范围。这一点与普通船仅从事海上运输的部分，并按海运运费计收则有较大区别。在以普通船运输时，其陆上运输费用和港区码头的费用（搬运费、装卸费）由货主负担。集装箱货物在多式联运下船公司作为提单的签发人，除负责自己运输区段外，还要与负责其他运输区段的承运人订立分运合同，委托他们负责公路、铁路、内河等区段的运输。船公司与各运输区段承运人之间的关系和责任划分依据是合同条款的规定，以及船公司对各合同方提供的服务所支付的费用制约的，这些费用由船公司直接交付给各分运合同的承运人。

由于船公司支付了集装箱货物在运输过程中的全部费用，所以，集装箱货物的运费构成包括海上运输费用、内陆运输费用、各种装卸费用、搬运费、手续费、服务费等。上述费用一般被定为一个计收标准，以确保船公司在整个运输过程中全部支出后，均能得到相应的补偿。

训练与提高

一、填空题

1. 国际海运运价大体分____运价和____运价两种。

2. 六种常用贸易术语是________、________、________、________、________、________。

3. FOB、CIF 与 CFR 仅适用于________运输和________运输。

4. 集装箱货物的运费构成包括________费用、________费用、________费用、搬运费、手续费、服务费等。

二、简答题

集装箱运输下的拼箱货运费与整箱货运费计收有何不同？

第二节 集装箱运费基本结构

集装箱运价是集装箱单位货物运输费用，而集装箱运费是集装箱运价的总和。集装箱货物在国际多式联运下，由于承运人对货物的风险和责任有所扩大，因此，集装箱的运价一般包括装船港承运人码头堆场或货运站至卸船港承运人码头堆场或货运站的全过程费用，如由承运人负责安排全程运输，所收取的运费中还应包括内陆运输的费用。但从总的方面来说，集装箱运费仍是海运运费加上各种集装箱运输有关的费用而形成，这是集装箱运价构成的基本概念。

一、基本结构

1. 国际集装箱海上运费

国际集装箱海上运费是指海上运输区段的国际集装箱运输费用，一般为远洋干线集装箱运输，主要采取大型和超大型集装箱船舶装运。集装箱货运量大（对集散运输而言），运输距离长，风险责任大，是国际集装箱运费收入最主要部分。根据班轮公会运价本或班轮公司运价本的规定，国际集装箱海上运费向托运人或收货人计收。

2. 国际集装箱港区服务费

港口既为船方服务又为货方服务，主要是为船舶服务，所以码头经营人收取的是他为集装箱运输提供服务的费用。集装箱港区服务费包括集装箱堆场服务费和集装箱货运站拼、装箱服务费。

（1）集装箱堆场服务费　集装箱堆场服务费也叫码头服务费。装货港集装箱堆场服务费包括：接收出口的集装箱—在堆场按规定分类堆存—搬运至码头前沿装船的费用。卸货港集装箱堆场服务费包括：从船上卸下进口集装箱—搬运在堆场按规定分类堆存—交付进口集装箱的费用。

集装箱堆场服务费一般按集装箱装卸包干费向船方计收。重箱堆存费分别向收、发货人计收。空箱堆存费向船方计收。

（2）拼箱服务费 拼箱服务费包括为完成下列服务项目而收取的费用：

1）将空箱从堆场运至货运站。

2）将装好货的实箱从货运站运至堆场（装船港）。

3）将实箱从堆场运至货运站（卸船港）。

4）理货。

5）签发场站收据、装箱单。

6）在货运站货物地正常搬运。

7）装箱、拆箱、封箱、做标记。

8）一定期限内的堆存。

9）必要的分票与积载。

10）提供箱子内部货物的积载图。

（3）集装箱货运站服务费 集装箱货运站以完成下列服务项目计收服务费：

1）出口装箱方面。将空箱从堆场运至货运站并办理集装箱设备交接手续；将货物从货方车上卸到集装箱货运站并办理货运交接手续；将出口集装箱货物分类归垛；联系海关、商检和理货等业务；货物在货运站正常搬运；对货物进行装箱并对箱内货物进行一般加固；编制《集装箱装箱单》并签发《场站收据》和《集装箱装箱单》等单证；对装好的集装箱进行封箱、做标记；把实箱运往集装箱码头堆场并办理集装箱进场交接手续等。

2）进口拆箱方面。办理集装箱进站的货运交接手续；将集装箱从车上卸到集装箱货运站；联系海关、商检和理货等业务；将进口箱进行拆箱，做好拆箱记录并分类归垛；将货物在货运站正常搬运；联系收货人交付进口货物，并收回正本提单，签署提货单；把空箱送回海上承运人或其代理人指定的集装箱堆场，并办理空箱进场设备交接手续等。

对集装箱货运站的拆、装箱服务费一般采用拆装箱包干费计收。对“提单”列明集装箱货运站交付的，拆装箱包干费向船方计收；应货方要求进行拆装箱的，拆装箱包干费向货方计收。

3. 国际集装箱集散运费

集装箱集散运输又叫支线运输（Feeder Service），相对远洋干线集装箱运输而言，是国际集装箱运输的另外一种运输组织方式。一般情况下，干线集装箱船舶停靠集装箱枢纽港，通过沿海和内河支线以及公路、铁路支线网络系统向集装箱枢纽港的干线集装箱船舶集中集装箱货物，以及通过这个支线网络系统向集装箱枢纽港疏散干线集装箱船的集装箱货物。

（1）水路支线运费 水运支线集装箱班轮运输包括沿海支线集装箱班轮运输和内河支线集装箱班轮运输。是采用固定船舶在国内港口之间按照公布的船期表或有规则地与干线船舶衔接的固定航线上从事国际集装箱集散运输。水路支线船公司根据支线运价表向托运人或收货人计收支线运费。

如水路支线由干线船公司统一经营，可由干线船公司向托运人或收货人连同干支线运费一起计收，进行内部核算和统一结算，也可以由支线船公司单独向托运人或收货人计收支线运费，进行独立核算；如果水路支线运输由支线船公司单独经营，按该支线船公司运价本计收运费，并应与干线船公司签有支线运输协议。在开展集装箱联运条件下，水路支线作为干线船公司的分包承运人，则由干线船公司向托运人或收货人收取全程运输费用，然后再由干线船公司根据包转运输合同或协议支付给水路支线承运人运费。

（2）内陆支线运费　公路支线运费的计收主要有4种情况：①由干线船公司负责运输，如中国远洋运输（集团）总公司集装箱由本集团的中国汽车运输总公司承运，根据《汽车运价规则》和《中华人民共和国交通部国际集装箱运输费收规则》以及《关于调整国际集装箱汽车运输和汽车货运站部管费收项目基本费率的通知》的规定向货方计收公路支线运费；②由干线船公司委托地方汽车运输企业承运，他们则按照各省、自治区、直辖市根据上述两个部颁文件的《实施细则》的规定向货方计收公路支线运费；③干线船公司作为多式联运经营人，公路汽车运输企业作为分包承运人，则由干线船公司向托运人或收货人一次收取全程运输费用，然后按分包运输协议支付给公路汽车运输企业；④由货主自己负责运输，干线船公司可根据事先商定的协议和有关规定，在指定的场站将集装箱及其设备出租给货主，并按规定计收费用。

内陆支线运费主要包括：

1）区域运费。所谓区域运费是指承运人按货主的要求，在所指定的地点间进行实箱或空箱运输所收取的费用。

2）无效拖运费。在承运人将集装箱空箱按货主要求运至指定地点，而货主却没有发货，且要求将箱子运回的情况，承运人将收取全区域费用以及货主宣布运输无效后可能产生的任何延迟费用。

当变更装箱地点时，如承运人应货主的要求同意改变原集装箱交付地点，货主要对承运人由此引起的全部费用给予补偿。

3）装箱时间与延迟费。装箱时间的长短与延迟费的大小主要视港口的条件、习惯、费用支付情况而定，差别非常大。如在发货人工厂、仓库装箱时，有的免费允许时限为：

20ft 箱：2h

40ft 箱：3h

上述时间均从驾驶员将箱子交货主时起算，即使是阴天、雨天或恶劣气候也不能超出规定的时限。如超出规定的时限，则对超出时间计收延迟费。

4）清扫费。使用集装箱结束后，货主有责任清扫集装箱，将清洁无味的集装箱归还给承运人。如此项工作由承运人负责，货主仍应负责其费用。

如果内陆运输由货主自己负责，承运人则可根据自己的选择和事先商定的协议，在他所指定的场所将集装箱或有关机械设备出借给货主，并按有关规定计收费用。在货主自己负责内陆运输时，其费用主要包括集装箱装卸费、超期使用费、内陆运输费。

集装箱装卸费是指货主在承运人指定的场所，如集装箱码头堆场或货运站取箱时，或按照承运人指定的地点归还箱子时，或将箱子装上车辆，或从车上卸下的费用均由货主负担。

超期使用费是指货主应在规定的用箱期届满后，将箱子归还给承运人，超出时间则为延误，延误费用计收的标准按每箱每天计收，不足一天以一天计。

总结以上分析，集装箱在整个运输中的全程费用包括以下五部分内容：

1）发货地国家内陆运输费及其有关费用。

2）发货地国家港区（码头堆场）费用。

3）海上运费。

4）收货地国家港区（码头堆场）费用。

5）收货地国家内陆运输及其有关费用。

二、不同集装箱货物交接方式下的运费组成

在国际集装箱运输实际运作过程中，国际集装箱班轮公司应按集装箱货物交接方式，与托运人、收货人商定的码头堆场、集装箱货运站、托运人或收货人的工厂、仓库或其他地点交接集装箱和集装箱货物。托运人、收货人在向船公司订舱托运时，除合同另有约定外，可选择集装箱货物不同的交接方式。经商定的集装箱货物交接方式必须列入“提单”、“舱单”和“场站收据”，以便作为办理交接、划分责任和计收运费的依据。以下按集装箱货物交接方式介绍运费结构。

1. 整箱货物—整箱货物（FCL—FCL）“门到门”交接方式的全程运费结构

集装箱货物“门到门”交接方式全过程运费包括：发货地集散运费 + 装货港集装箱码头堆场服务费 + 海运运费 + 卸货港集装箱码头堆场服务费 + 收货地集散运费。

2. 整箱货物—整箱货物（FCL—FCL）“门到场”交接方式的全程运费结构

集装箱货物“门到场”交接方式全过程运费包括：发货地集散运费 + 装货港集装箱码头堆场服务费 + 海运运费 + 卸货港集装箱码头堆场服务费。

3. 整箱货物—整箱货物（FCL—LCL）“场到场”交接方式的全程运费结构

集装箱货物“场到场”交接方式全过程运费包括：装货港集装箱码头堆场服务费 + 海运运费 + 卸货港集装箱货运站服务费。

4. 整箱货物—整箱货物（FCL—FCL）“场到门”交接方式的全程运费结构

集装箱货物“场到门”交接方式全过程运费包括：装货港集装箱码头堆场服务费 + 海运运费 + 卸货港集装箱码头堆场服务费 + 收货地集散运费。

5. 拼箱货物—整箱货物（LCL—FCL）“站到门”交接方式的全程运费结构

集装箱货物“站到门”交接方式全过程运费包括：装货港集装箱货运站服务费 + 装货港集装箱码头堆场服务费 + 海运运费 + 卸货港集装箱码头堆场服务费 + 收货地集散运费。

6. 拼箱货物—整箱货物（LCL—FCL）“站到场”交接方式的全程运费结构

集装箱货物“站到场”交接方式全过程运费包括：装货港集装箱货运站服务费 + 装货港集装箱码头堆场服务费 + 海运运费 + 卸货港集装箱码头堆场服务费。

7. 整箱货物—拼箱货物（FCL—LCL）“门到站”交接方式的全程运费结构

集装箱货物“门到站”交接方式全过程运费包括：发货地集散运费 + 装货港集装箱码头堆场服务费 + 海运运费 + 卸货港集装箱堆场服务费 + 卸货港集装箱货运站服务费。

8. 整箱货物—拼箱货物（FCL—FCL）“场到站”交接方式的全程运费结构

集装箱货物“场到站”交接方式全过程运费包括：装货港集装箱码头堆场服务费 + 海运运费 + 卸货港集装箱码头堆场服务费 + 卸货港集装箱货运站服务费。

9. 拼箱货物—拼箱货物（LCL—LCL）“站到站”交接方式的全程运费结构

集装箱货物“站到站”交接方式全过程运费包括：装货港集装箱货运站服务费 + 装货港集装箱码头堆场服务费 + 海运运费 + 卸货港集装箱码头堆场服务费 + 卸货港集装箱货运站服务费。

训练与提高

一、填空题

1. 集装箱运价的基本结构包括________、________、________。

2. 内陆支线运费包括________、________、________、________。

二、多项选择题

1. 国际集装箱港区服务费包括________。

A. 集装箱堆场服务费　　B. 拼箱服务费　　C. 集装箱货运站服务费

2. 国际集装箱集散运费包括________。

A. 水路支线运费　　B. 区域托运运费　　C. 内陆支线运费

三、简答题

集装箱在整个运输中的全程运输费包括哪五个方面的内容?

第三节　集装箱运费计算基本方法

一、国际海洋集装箱运费的计算方法

国际集装箱运费的构成，一般是由海运运价加上与集装箱运输有关的费用。在集装箱班轮公司的运价本上，对运费、费用的计算以及收费的办法与条款都有明确的规定。

1. 不同集装箱货物交接方式下的运费的计收方法

(1) 门到门交接方式运费的计收方法　在门到门交接方式情况下，集装箱班轮公司在托运人的工厂或仓库整箱交接，负责运抵收货人的工厂或仓库整箱交货。因此，集装箱班轮公司收取的运费和有关费用也包括“门到门”运输范围内的费用，接货前和交货后的费用由货主负担。

(2) 门到场交接方式运费的计收方法　在“门到场”交接方式的情况下，集装箱班轮公司在托运人的工厂或仓库整箱接货，负责运抵卸货港集装箱堆场整箱交货。因此，集装箱班轮公司收取的运费和有关费用包括“门到场”范围内的费用，对接货前和交货后的费用由货主负担。

(3) 场到场交接方式运费的计收方法　在“场到场”交接方式的情况下，集装箱班轮公司在装货港集装箱堆场整箱接货，负责运抵卸货港集装箱堆场整箱交货。因此，集装箱班轮公司收取的运费和有关费用包括“场到场”运输范围内的费用，接货前和交货后的费用均由货主负担。

(4) 场到门交接方式运费的计收方法　在“场到门”交接方式的情况下，集装箱班轮公司在装货港集装箱堆场接货，负责运抵收货人工厂或仓库整箱交货。因此，集装箱班轮公司收取的运费和有关费用包括“场到门”运输范围内的费用，对接货前和交货后的费用均由货主负担。

(5) 站到门交接方式运费的计收方法　在“站到门”交接方式的条件下，集装箱班轮公司在装货港集装箱货运站接货并装箱，负责运抵收货人的工厂或仓库整箱交货。因此，集装箱班轮公司收取的运费和有关费用，包括“站到门”运输范围内的费用，至于对接货前和交货后所发生的一切费用，均由货主自己负担。

(6) 站到场交接方式运费的计收方法　在“站到场”交接方式的条件下，集装箱班轮公司在装货港集装箱货运站按件接货并装箱，负责运抵卸货港集装箱堆场整箱交货。因此，集装箱班轮公司收取的运费和有关费用包括“站到场”运输范围内的费用，对交货前和交货后所发生的一切费用，均由货主自己负担。

(7) 门到站交接方式运费的计收方法　在“门到站”交接方式的情况下，集装箱班轮公司在托运人工厂或仓库整箱接货，负责运抵卸货港集装箱货运站拆箱按件交货。因此，集装箱班轮公司收取的运费和有关费用包括“门到站”运输范围内的费用，在接货前和交货后的费用由货主负担。

(8) 场到站交接方式运费的计收方法　在“场到站”交接方式的情况下，集装箱班轮公司在装货港集装箱堆场整箱接货，负责运抵卸货港集装箱货运站拆箱按件交货。因此，集装箱班轮公司收取的运费和有关费用包括“场到站”运输范围内的费用，对接货前和交货后所发生的一切费用，均由货方负担。

(9) 站到站交接方式运费的计收方法　在“站到站”交接方式的条件下，集装箱班轮公司在装货港集装箱货运站按件接货并装箱，负责运抵卸货港集装箱货运站拆箱按件交货。因此，集装箱班轮公司收取的运费和有关费用包括“站到站”运输范围内的费用，对交货前和交货后所发生的一切费用，均由货主负担。

2. 整箱货和拼箱货运费的计收方法

在集装箱货物交接方式船公司承担的风险责任计收的运费中，对整箱货和拼箱货运费的计算也有所区别。

(1) 对整箱货物运费的计收方法　对整箱货物运费的计收，除包箱费率外，当装箱积载达到或超过起码运费最低限额时，则根据集装箱班轮公司运价本运价表的费率和规定，按箱内实装货物的重量或尺码计收；当装箱积载达不到最低限额时，按装箱积载最低限额计收或加收亏箱运费。

(2) 对拼箱货物运费的计收方法　对拼箱货物海运运费的计收，与班轮杂货运费的计收办法基本相同，不同的是加收了同集装箱有关的费用如拼装箱服务费等，但码头不再收取杂货费。拼箱货物运费和有关费用都是根据集装箱班轮公司运价本上的运价表的规定，按每件货物的实际毛重或尺码计收。不过，在对拼箱货物计算拼装箱服务费时，是根据货物的重量或尺码按其中计费高者计收。由于拼装箱货物是一箱多票，不能选港分卸。因此，集装箱班轮公司也不会接受货主提出选港和变更目的港卸货要求，所以也没有拼箱货物选卸货港附加费和变更卸货港附加费的规定。此外，对拼箱货物的起码运费是按每张“提单”规定计收的。

3. 集装箱装载特殊货物运费及有关费用的计收方法

集装箱装载的特殊货物是指超重、超长、超宽、超高的货物，成组货物，箱内挂衣货物，搬家货物等。

(1) 集装箱超重、超长、超宽和超高货物运费及其有关费用的计收　根据运输集装箱货物风险责任和交接方式，对集装箱装载超重、超长、超宽和超高货物的运费及附加费一般有以下规定：

1) 对整箱接货和整箱交货的，只计收运费，不再计收超重、超长、超大件货物的附加费。

2）对按件接货并装箱和拆箱按件交货的，按集装箱班轮公司运价本的规定，除收取运费外，还计收超重、超长和超大件货物的附加费。

3）对整箱接货拆箱按件交货的或按件接货并装箱、整箱交货的，根据集装箱班轮公司运价本的规定，除收取运费外，还对超重、超长和超大件货物加收50%的附加费。

4）装载超重、超长和超大件的集装箱，一般为非标准集装箱。因此，托运人或集装箱班轮公司在货物订舱前应向港口提出申请，经确认后方能装运。

（2）集装箱的成组货物运费及有关费用的计算方法

1）按件接货再按件交货的交接方式，或按件接货再整箱交货的交接方式，或按整箱接货再按件交货的交接方式，均需海上承运人装拆箱，或装箱，或拆箱。而成组货物会加快装拆箱速度和减轻装拆箱劳动强度。因此，对符合集装箱班轮公司运价本和承运成组货物的规定及要求的，对按拼箱货托运的成组货物，均给予运费的优惠。

2）由于上述的原因，对按整箱托运的成组货物，不给予运费的优惠。

3）凡按成组托运的集装箱托运的货物，不论是按整箱货还是按拼箱货托运的成组货物，在计算运费时，一般都扣除货盘本身的重量或尺码，但这种扣除在习惯上不应超过货物加货盘重量或尺码的10%。对超过部分仍按货盘上货物的费率计收运费。

4）有些集装箱班轮公司运价本规定，在某些航线上，对按整箱货托运的成组货物，在计算运费时不扣除货盘的重量或尺码。

（3）挂衣集装箱运费的计收方法　集装箱装运挂在箱内的服装时，一般按以下规定计收运费：

1）集装箱班轮公司可承接“门到门”、“门到场”、“场到门”和“场到场”交接方式的整箱货物运输。

2）挂衣箱的运费一般按集装箱内容积的85%计收，但托运人必须提供衣架或其他必要的挂衣装箱的物料。

3）托运人可在同一挂衣箱内运载其他的集装箱货物。在这种情况下，其运费按集装箱内容积的85%，再加上其他货物的实际尺码计收，但总的收费尺码不得超过集装箱内容积的100%。对此，托运人应提供经集装箱班轮公司同意的公证单位出具的货物衡量证书。

（4）对搬家货物的收费

对搬家货物、家具和行李装运集装箱，除把他们组装或包装再装入集装箱按实际运费吨计收运费和有关费用外，其余均按集装箱内容积的100%计收运费及集装箱有关费用。

4. 集装箱超期使用费和滞期堆存费的计收方法

（1）集装箱超期使用费的计收方法　为了提高对集装箱的使用效率，加快集装箱的周转，降低运输成本，国际集装箱班轮公司给集装箱使用单位规定了对集装箱可以享受的免费的使用期限，如果集装箱的使用单位不能在规定的免费使用期内将装好货的重箱或拆箱后的空箱运回船公司指定的堆场，国际集装箱班轮公司则按集装箱超期使用的天数向集装箱使用单位计收集装箱超期使用费。

应该被计收集装箱超期使用费的单位：一是从集装箱码头堆场提离进口重箱超过免费使用期后归还空箱的收货人；二是从空箱堆场提取空箱后超过免费使用期将重箱运至集装箱码头堆场的发货人；三是国际集装箱班轮公司指定的集装箱货运站超期装拆箱的经营人。

国际集装箱班轮公司制订集装箱超期使用费一般采用以下原则和标准：

1）不同种类的集装箱免费使用期标准不同，一般来说，冷藏集装箱和罐式集装箱等特殊用途集装箱造价高，免费使用期比较短，一般为4天；而干货集装箱和开顶集装箱等免费使用期比较长，一般为10天，这个标准不是绝对的，必须根据港口腹地范围大小和内地运输系统完善程度等因素来确定。

2）不同种类集装箱和不同规格标准集装箱超期使用费标准也不一样，如40ft集装箱高于20ft集装箱（不是成倍数），冷藏集装箱等特种用途集装箱高于普通干货集装箱等。

3）集装箱超期使用费计算的时间可以按天数单位计算，如免费使用期为4天，则从第5天开始计算超期使用费，每天一个收费标准及5、6、7、8、9天……并采取累进计收办法；也可以按时间段作为计算单位，如果免费使用期为4天，则从第5天开始计算超期使用费，及每个时间段为5~10天、11~20天等或规定的其他时间段作为计费时间单位，同样也采取累进的计收办法。星期天和节假日也包括在内。

4）必须规定集装箱免费使用期起算时间，一般是在“提单”上列明交货地点，集装箱班轮公司将集装箱运至交货地点的次日零时起算。例如，“提单”列明班轮公司指定的集装箱中转站、货运站拆箱交货（包括门—站、场—站、站—站）的进口集装箱，其免费使用期是自集装箱卸至集装箱中转站、货运站的次日零时起算。

5）由于国际集装箱运输的国际性对集装箱超期使用费一般都收取国际通行的货币，如美元等。

（2）集装箱货物滞期保管费的计收方法　在集装箱运输中，货物运抵目的地后，承运人通常给予箱内货物一定的免费堆存期（Free Time），但如果货主未在规定的免费期内前往承运人的堆场提取货箱，或去货运站提取货物，承运人则对超出的时间向货主收取滞期费（Demurrage）。货物的免费堆存期通常从货箱卸下船时起算，其中不包括星期六、星期天和节假日。但一旦进入滞期时间，便连续计算，即在滞期时间内若有星期六、星期天或节假日，该星期六、星期天及节假日也应计入滞期时间。免费堆存期的长短以及滞期费的计收标准与集装箱箱型、尺寸以及港口的条件等有关，同时也依班轮公司而异，有时对于同一港口，不同的船公司有不同的计算方法。

如果集装箱码头堆场和货运站不是由集装箱班轮公司经营，而是公共集装箱码头堆场经营，进、出口重箱滞期保管费，应根据交货条款或合同的规定向货方计收或者向船方计收，进、出口空箱的滞期保管费一般是向船方计收。

二、铁路集装箱运费的计算方法

铁道部为增加价格透明度，规范收费行为，满足货主需要，开拓铁路集装箱运输市场，制定了《集装箱运输一口价实施办法》。

集装箱运输“一口价”是指集装箱自进发站货场至出到站货场，铁路运输全过程各项价格的总和，包括门到门运输取空箱、还空箱的站内装卸作业，专用线取送车作业，港站作业的费用和经铁道部确认的转场货场费用。集装箱运输一口价按发、到站分箱型列明于集装箱运输一口价中。车站应在集装箱营业场所公布《集装箱运输一口价实施办法》和本站的《集装箱运输一口价表》。

集装箱运输一口价中包括铁路基本运价、建设基金运费、电气化附加费、特殊运价、杂费等符合国家规定的运价和收费。但不包括以下费用：要求保价运输的保价费用；快运费；

委托铁路装掏箱的装掏箱综合作业费；专用线装卸作业的费用；集装箱在到站超过免费暂存期间产生的费用；托运人或收货人责任发生的费用。

下列运输不适用集装箱一口价，仍按一般计费规定计费：集装箱国际铁路联运；集装箱危险运输（可按普通货物条件运输的除外）；冷藏、罐式、板架等专用集装箱运输。

实行一口价运输的集装箱，不办理在货物中途站或到站提出的运输变更。

集装箱运输一口价由发站费用、到站费用和铁路运输收入三部分组成。

1）铁路运输收入。包含国铁运费、国铁临管费用、铁路建设基金、特殊加价、电气化附加费；铁道部规定核收的代收款：铁路集装箱使用费或自备集装箱管理费，印花税等。

2）发站其他费用。包括组织服务费、集装箱装卸综合作业费、护路联防费、运单表格费、货签表格费、施封材料费等。

3）到站其他费用。包括到站集装箱装卸综合作业费、铁路集装箱清扫费、护路联防费。

三、公路集装箱运费的计算方法

集装箱汽车运输收费是根据价值规律制订的。基本上与集装箱汽车运输的社会平均成本相适应。集装箱运输已经成为独立的运输形式，不仅有国际通用标准集装箱，同时还要有专用设备和专用车辆经营。只有由社会已承认了的价值，才能作为形成价格的依据。因此，集装箱汽车运价要以集装箱汽车运输社会平均成本为基础计价。公路集装箱运输是改货为箱，以箱为对象的运输。因此，公路集装箱的运价不能以被送货物的重量或被运送货物的容积计价，而应以箱计价。

1. 集装箱汽车运输的计费箱型

集装箱汽车运输收费是根据不同箱型的基本运价为基础计算的，对于超出了标重的集装箱和非标准箱，都要在规定的收费上实行加价，箱型的确定是集装箱汽车运输收费的基本要素之一。按照 ISO 标准和我国国家标准的规定，集装箱的计费箱型主要有：

1）国际集装箱的计费箱型：20ft 箱型和 40ft 箱型。

2）非标准箱型：是指外型尺寸超过标准箱型的集装箱，如超高、超宽、超长以及特殊用途的集装箱。

2. 集装箱汽车运输的计费里程

（1）计费里程的计算　计费里程的依据是各省、自治区、直辖市制订的营运路线里程图。涉及市区内的计费里程的确定，以市区交通主管部门制订的营运路线里程图为依据。未列入营运路线里程图的计费里程可由承、托运双方协商确定。计费里程包括运输里程和装卸里程。运输里程按装箱地点到卸箱地点的实际里程计算。装卸里程按发车点到装卸点往返空驶里程的 50% 计算。

（2）包干计费里程　在进行国际集装箱的批量运输或同一地区、同一线路内进行多点运输时，为简化里程计算，可以根据不同运次的运送里程差异计算综合平均运距，作为每次运输的距离，平均运距既是包干计费里程。只要是批量运输，在规定区域分布点上，均可按平均运距收费。包干计费里程一般用于港口区域至城市区域内的多点运输。每批运输量不大时，不使用包干计费里程。

（3）起码计费里程　根据我国港口国际集装箱的集疏运条件和内陆中转站的布局情况，国家规定起码计费里程为 5km，以公里（km）为单位，不足 1km 按 1km 计算。

四、航空集装箱运费的计算方法

航空货物运费的计算方法有两种，一种是常规运价计费法，型运价计费法。

1. 常规运价计费法

这种运价计算办法是以航线运距和货物体积为基础，对两个机场城市间的航线制订出经营航班的运价，并需提交国际航空协会（IATA）和有关政府，通过协议和经政府批准后才开始生效。

（1）普通货物运价　对于普通货物适用的运价标准，通常各航空公司针对所承运货物数量的不同，规定了几个计费重量分界点。最常见的是45kg分界点，将货物分为：N（Normal Rate）—45kg以下（又被称为N运价/标准普通货物运价）和Q（Quantity Rate）—45kg以上（含45kg，称为Q运价/数量货物运价）两种。另外，根据航线货运量的不同还可以规定100kg、300kg分界点，甚至1 500kg更多，运价代号仍为Q。运价的数额随运输量的增加而降低，这也是航空运价的显著特点之一。

（2）指定货物运价　航空公司对指定货物实行优惠运价。如指定纺织品的运价最低重量为200kg，机械制品的运价最低重量为100kg，化学制品的运价最低重量为500kg等。

（3）等级货物运价　对特殊货物，如私人行李、报纸、贵重货物、活动物等，实行优惠运价或加价运价。

（4）集装箱运价　按更大的重量划分运价，如Q100、Q300、Q500和Q1 000等，有利于吸引货物采用集装箱装运。由于航空公司对大件货物提供运价打折政策，所以航空货运代理人可以将其收到的多票同一目的地的货物，拼装在集装箱或成组器内，再以一票货的形式交给航空公司承运，从中赚取货物差价。航空货运代理人的利润，主要来源于“集运”。

2. 新型运价计算法

随着全球经济一体化和全球航空货运的快速发展，与之相适应的航空货物运价结构也逐步发生了变化。

（1）货舱单位运价　它是以飞机货舱为计价单位。只要将货物装在集装箱或成组器中，就可以将装在飞机货舱里的集装箱或成组器作为计价单位。这是不分货种、等级的计费办法，它有利于加强管理和促进集装箱运输的发展。

（2）协议运价　它是采用议价和市场价相结合的定价办法。对于大宗货物或大件货物，可参考当时运价，采取与货主协商的办法决定运价，并采用浮动价格办法，当货运市场货运量增加时，则运价适当上浮，如货运市场货运量减少时，则运价适当下浮。

（3）时令运价　它是根据货物对时间的敏感度进行定价的办法。对时间要求越高的货物，定价就越高。同时，对运输旺季，如每年7、8月份对运价定价较高；对运输淡季，如每年1、2月份对运价定价较低。这种根据运输时令和货物运输快慢来判定货物运价的办法，可以减少按货物种类、等级为标准进行定价的麻烦。

训练与提高

一、填空题

1. 铁路集装箱运输一口价由________、________、________三部分组成。

2. 集装箱班轮公司可承接________、________、________和________交接方式的整箱货物运输。

二、多项选择题

1. 铁路运输收入包含________。

A. 国铁运费　　B. 国铁临管费用　　C. 铁路建设基金　　D. 铁路集装箱清扫费

2. 新型运价计算法包括________。

A. 货舱单位运价　　B. 清理费用　　C. 协议运价　　D. 时令运价

三、简答题

航空货物运费常规运价计费法有哪些?

第四节　集装箱运费的计收

一、海上国际集装箱运费的计收

海上国际集装箱运输与普通船海上运输在运费的计算上是有很大差别的，其中最主要的区别是在海上国际集装箱运费的计算上有最低运费和最高运费。

1. 海上国际集装箱最低运费的计收

在普通船舶海上运输中，各船公司在规定最低运费时是以运费金额作为计费标准的。几乎在每一条国际贸易航线上，他们都各自规定了一个最低的运费金额。其目的就是要保护船公司最低限度的收益。当托运人向船公司托运任何一票货物时，若承运的货物的运费金额低于最低运费金额时，托运人也应按规定的最低运费金额支付给船公司运费。在海上国际集装箱运输中，除拼箱货物的最低运费与普通船舶海上运输计收办法基本相同外，整箱货物运费计收办法就完全不同了。在整箱货物的集装箱运输中，国际集装箱班轮公司规定的最低运费标准是规定一个最低的运费吨。运费吨的计费方法规定了体积吨和重量吨两种计费标准。每一件货物都有它自己的重量和体积，在确定按哪一种计费标准作为运费吨时，就应当选择其运费高的作为计费标准。例如，有一包件货物，它的重量为1t，而其体积为3m^3，在这种情况下，根据运费办法的规定，这件货物的运费应按3m^3 的体积吨计收。

在海上国际集装箱运输中，国际集装箱班轮公司对不同种类和不同规格标准的国际集装箱分别规定了各自的最低运费吨。由于国际集装箱运输具有广泛的国际性，尽管各国际集装箱班轮公司对最低运费的计算都有各自的规定，对不同种类和规格标准的集装箱规定的最低运费吨基本上是相同的。如远东水脚公会对不同集装箱所确定的最低费吨如表 11-1 所示。

表 11-1　不同集装箱所确定的最低运费吨

箱子种类、规格	最低运费吨		
	重量吨/t	尺码吨	运费吨（F/T）
20ft 干散货	17.5	21.5	21.5
20ft 开顶箱	17.5	21.5	21.5
20ft 散装箱	17.5	90%内容积	—
20ft 板架箱	16.5	21.5	21.5

当由托运人自行装箱时，集装箱内所装的货物若没有达到规定的最低运费吨，就出现了装箱不足而亏箱。如果只按照普通船海上运输方式采用实装数量计收运费，则出现了亏箱情况。为确保国际集装箱班轮公司的经济利益，并鼓励托运人合理装箱积载，如果集装箱装载的货物的运费吨不足时，托运人应支付亏箱费。可见，亏箱运费不足的运费吨，实际上就是

所规定的最低运费吨和实际装箱货物数量之间的差数。下面就某国际班轮公司对20ft通用集装箱的最低运费吨的规定作为例子加以说明。

例如，20ft通用集装箱最低运费吨规定为18t，而集装箱实际装载货物为15t，对该集装箱运费的计算仍按18t，得出的计收的全部运费已包括了实装的15t的运费和3t的亏箱运费。很明显，20ft通用集装箱最低运费为18t，集装箱实际装载货物15t，两者之间的差数3t为装箱不足的亏箱运费吨。据此，可以推出亏箱运费的计算公式如下：

$$亏箱运费=\frac{亏箱运费吨}{计费吨}\times 实际货运的全部费用$$

$$实际计费吨=规定的最低运费吨-亏箱运费吨$$

$$或亏箱计费吨=规定的最低运费吨-实际运费吨$$

有一些国际集装箱班轮公司对最低运费率规定的计算方法是采用百分比计算的。例如，当最低运费吨是以重量吨计算时，则按集装箱装载货物净重的95%计收；当最低运费吨是以体积计算时，20ft集装箱最低运费按箱内装载货物容积的85%计收，20ft以上的集装箱按箱内装载货物容积的75%计收。

2. 海上国际集装箱最高运费的计收

普通船舶的海运中，在运费的计算上是没有计算最高运费这一规定的。海上承运人根据托运人所托运的货物种类和数量，按对该种货物规定的费率计收海运运费。而在海上集装箱运输中，在托运整箱货物前提下，有的国际集装箱班轮公司采用最高运费计收办法。它的含义是对整箱货物的最高运费计收标准，是按不同规格尺寸的集装箱可装载货物的内容积作为最高运费计算标准的，如果在集装箱内实装的货物超出允许的内容时，对其超出部分货载是免收运费的。

很明显，实施最高运费的目的，一是为了鼓励托运人采用集装箱运输方式；二是为了鼓励托运人在装箱积载时充分利用集装箱的内容积多装载货物。但是，最高运费吨只适用于以体积吨为计算单位的货物，不适用于以重量吨为计算单位的货物，这是因为每一种规格尺寸的集装箱规定了其最大的额定重量，在运输和装载过程中是不允许超过额定载重量的，更不应当鼓励托运人在装箱积载中有超重的行为。

在一般情况下，一只20ft通用集装箱最多可装货约31m^3；一只40ft通用集装箱可装货物约67m^3。比方说，某国际集装箱班轮公司将其20ft通用集装箱和40ft通用集装箱的最高运费吨分别定为22m^3和45m^3。而对装箱超出部分货物是免收运费的。

在采用最高运费吨计算整箱货物运费的情况下，托运人和装箱人应注意以下几方面的问题：

1）20ft集装箱比较适于装载重质货物，按重量吨计算运费；40ft集装箱比较适于装载轻泡货物，按体积吨计算运费。

2）对整箱接货和整箱交货的“门到门”、“门到场”、“场到门”交接的集装箱货物以及整箱接货和拆箱按件交货的“场到站”交接的集装箱货物，其运费是根据托运人在“集装箱装箱单”上所列的不同货物品类，按照这些货物品类各自适用的费率分别计收运费。

3）在上述交接方式的整箱货物运输中，当每包或捆货物中装有不同等级的货物时，其运费则按其中等级最高的货物适用的最高费率计收运费。

4）在上述交接方式的整箱货物运输中，整箱货物的托运人如果没有按照国际集装箱班轮公司的规定申报箱内所装货物资料，其运费则按集装箱的最高运费吨计收，而且按照集装箱货物所适用的最高费率计算运费。

5）在上述交接方式的整箱货物运输中，如整箱货物托运人只申报了部分货物资料（申报资料不全），或有一部分无法衡量体积的货物，而这部分货物运费的计算量是集装箱的最高运费吨与已申报的货物计费吨之间的差数。

3. 海上国际集装箱整箱货物余额的计收

当托运人托运一票整箱货物需要3个或3个以上的集装箱时，往往装满几个实箱后剩余一部分货物，需要装载一只20ft集装箱，而且还没有装载成满箱。对装载最后一只整箱余额货物运费的计算一般有两种方法：一是对最后一只集装箱的计费标准给予降低：二是对最后一只集装箱按实际载货物的体积吨或重量吨计收运费。

二、公路集装箱运费计收

1. 现行的集装箱汽车运输的运价是全国统一的基本运价

现行的集装箱汽车运输的运价是全国统一的按每千米确定的20ft标准箱、40ft标准箱基本运价，各省、自治区、直辖市交通主管部门根据当地实际情况，可以在上述基本运价基础上，有20%的上下幅度来制订本地区基本运价。非标准箱的汽车运价可参照同类箱型的基本运价，由承托双方议定。

2. 以重箱为计价基础的运价计算

（1）单程重箱　按各省、自治区、直辖市制订的国际集装箱汽车运输基本运价计算。

（2）双程重箱　同一托运人托运去程和回程重箱，回程对流运输的重箱运价，按基本运价减少20%计算；提供不属同一托运人的回程重箱，对各托运人均按对流运输部分的基本运价减少10%计算。

（3）一程重（空）箱、一程空（重）箱　同一托运人托运重箱去同时空箱回，或空箱去同时重箱回的，按一程重箱计费，遇有空箱运输里程超过重箱，运输里程的非对流运输部分按重箱运价计算。

（4）单程空箱　按基本运价收费。

（5）双程空箱　同一托运人托运的双程空箱，其中较长一程的空箱按单程重箱计算，另一程捎运的空箱免收运费。

训练与提高

一、填空题

1. 亏箱运费＝____________________。

2. 对整箱接货和整箱交货的门到门、门到场、场到门交接的集装箱货物以及整箱接货和拆箱按件交货的“场到站”交接的集装箱货物，其运费是根据托运人在__________上所列的不同货物品类，按照________________分别计收运费。

二、选择题

实施最高运费的目的是为了_______。

A. 鼓励托运人采用集装箱运输方式

B. 鼓励托运人在装箱积载时充分利用集装箱的内容积，多装载货物

C. A、B都对

三、简答题

海上国际集装箱运输与普通船海上运输在运费计算上的主要差别是什么？

【阅读材料】

国际集装箱多式联运运价

虽然目前在有些国际班轮航线上，如泛太平洋航线及泛大西洋航线，班轮公会实际上实行的是“点到点”运费率，但是，大多数国际集装箱海上承运人还没有真正采用这种门到门运费率形式。然而，随着国际集装箱运输及多式联运的迅速发展，采用门到门运价正变得越来越普遍，这种费率形式的大规模应用只是个时间问题。因此，有必要在此就制定国际集装箱多式联运运价的基本原则及运费计收方式等方面的问题进行讨论。

一、国际集装箱多式联运运价的制订

作为国际集装箱多式联运经营人的两种主要类型，无船承运人和有船承运人在很多方面具有不同的特征。然而，从多式联运运价表的内容与结构来讲，这两种多式联运经营人却并无大的区别。任何一个多式联运经营人，在制订多式联运运价表之前，首先必须确定出具体的经营线路，并就有关各运输区段的各单一运输方式作好安排，在此基础上，依据各单一运输方式的运输成本及其他有关运杂费，估算出各条营运线路的实际成本，从而制订出一个真正合理的多式联运运价表。

国际集装箱多式联运运价表从结构上讲，可采用以下两种形式。一种是城市间的门到门费率。这种费率结构可以是以整箱货或拼箱货为计费单位的货物等级费率，也可以是按TEU或FEU计费的包箱费率。这是一种真正意义上的多式联运运价。另一种形式与海运运价表相似，是港到港间费率加上内陆运费率。这种费率结构形式较为灵活，但从竞争的角度来看，由于这种形式将海运运价与内陆运价分开，因而于竞争不利。

在多式联运运价分为海运运价和内陆运价两部分的情况下，应注意运价表的内陆运价部分必须包括这样一些内容：

1）一般性条款，如关税及清关费用、货物的包装、无效运输以及更改运输线路与方向等。

2）公路、铁路及内河运输的装箱时间及延滞费。

3）额外服务及附加费的计收，如因货主原因而使用有关设备等。

内陆运价应真实反映各种运输方式的成本状况及因采用集装箱运输而增加的成本项目。同时，在确定内陆运价时，既要考虑集装箱的装载能力，也要考虑运输工具的承载能力。这在有些时候会发生货主利益与承运人利益相互冲突的情况。例如，由于集装箱载重能力或内容积的限制，承运人在运输集装箱货物时不能达到运输工具的允许最大承载能力，进而给承运人造成一定的亏载损失。

由于目前国际集装箱多式联运运价的制订倾向于只限定在特定的一些运输线路上，即从海港到内陆消费中心或生产中心，因此在制订内陆运价时可以考虑在不影响整个费率结构及其水平的情况下，采用较为优惠的内陆集装箱运输费率，对处于区位劣势的港口给予一定的补偿，从而提高这些港口的竞争力，促进这些港口腹地的国际集装箱多式联运的发展。

根据国际集装箱运输市场运价的变化及时调整费率水平，确保国际集装箱多式联运运价始终处于一种最新的状态，是多式联运经营人的一项十分重要的任务。通常，内陆运费率及有关费用的变化，相比海上运费率要频繁得多。因此，当内陆运费率及有关费用发生变化时，多式联运运价必须尽快作出相应的变化。如果内陆运输成本上升而多式联运运价仍保持在原有的水平，那么，多式联运经营人的盈利就会减少。相反，如果内陆运输费用降低，而多式联运运价不相应降低，多式联运经营人的竞争地位就会受影响。

为充分发挥国际集装箱多式联运的优越性，国际多式联运运价应该比分段运输的运价对货主更具吸引力，而绝对不能是各单一运输方式运费率的简单相加，因为这将使得多式联运经营人毫无竞争力可言。众所周知，运输时间和运输成本是与多式联运经营人竞争力密切相关的两个因素。对于组织、管理水平较高的多式联运经营人来说，运输时间是比较容易控制的。在此，重要的是如何降低运输成本。目前，多式联运经营人，主要是无船承运人大多采用所谓的集并运输（Consolidation）方式来减少运输成本。集并运输有时也称为组装化运输（Groupage），它是指作为货运代理人的无船承运人将起运地几个发货人运往同一目的地几个收货人的小批量、不足一箱的货物汇集起来，拼装成整箱货托运。货物运往目的地后，由当地集并运输代理人将它们分别交付各个收货人。其主要目的是从海上承运人较低的整箱货运费率中获益，从而降低海上运输成本。多式联运经营人降低海上运输成本的另一个途径是采用前述的运量折扣费率（TVC）形式，通过与海上承运人签订 TVC 合同，获取较低的海运运费率。此外，多式联运经营人还可以通过向非班轮公会会员船公司托运货物的方式来降低海运成本，因为相比之下，非会员船公司的费率水平通常要比会员船公司的低。

除海上运输外，国际集装箱多式联运经营人也可采用类似的方法来降低内陆运输（包括航空运输）成本，如采用运量折扣费率。此外，还可以通过加强与公路、铁路等内陆运输承运人之间的相互合作，获得较低的优惠费率。实际上，这种有效的合作对双方都是有利的。对于公路或铁路运输承运人来说，由于采用集装箱运输，车辆在一定时期内完成的周转次数比散件运输要多得多。或者说，运输同样数量的货物，采用集装箱运输所需的车辆数量要少得多，因而可以减少公路或铁路运输承运人的资本成本。

二、国际集装箱多式联运的计费方式

如前所述，国际集装箱多式联运全程运费是由多式联运经营人向货主一次计收。目前，多式联运运费的计收方式主要有单一运费制和分段运费制两种。

1. 按单一运费制计算运费

单一运费制是指集装箱从托运到交付，所有运输区段均按照一个相同的运费率计算全程运费。在西伯利亚大陆桥（SLB）运输中采用的就是这种计费方式。原苏联从 1986 年起修订了原来的 7 级费率，采用了不分货种的以箱为计费单位的 FAK 统一费率。陆桥运输开办初期，从日本任何一个港口到布列斯特（原苏联西部边境站）的费率为：385 卢布/TEU，陆桥运输的运费比班轮公会的海运运费低 20% ~30%。

2. 按分段运费制计算运费

分段运费制是按照组成多式联运的各运输区段，分别计算海运、陆运（铁路、汽车）、空运及港站等各项费用，然后合计为多式联运的全程运费，由多式联运经营人向货主一次计收。各运输区段的费用，再由多式联运经营人与各区段的实际承运人分别结算。目前大部分多式联运的全程运费均采用这种计费方式，例如欧洲到澳大利亚的国际集装箱多式联运，日本到欧洲内陆或北美内陆的国际集装箱多式联运等。

来源：www. examda. com

本章小结

✓集装箱运费是集装箱运输实务的一项重要组成部分。本章主要介绍了集装箱运费的基础知识，集装箱运费基本结构，海洋运输、铁路、公路、航空等不同运输方式下集装箱运费计算基本方法，集装箱运费的计收等内容。

第十二章　集装箱货运事故处理

本章知识要点

◇集装箱货运事故及其产生的主要原因

◇索赔

◇理赔

◇防止集装箱货运事故发生的基本措施

第一节　集装箱货运事故发生的主要原因

货损货差事故是货物运输中经常发生的。随着国际集装箱化的进一步开展，集装箱运输对提高货运质量有明显的成效，但并不能完全消除运输过程中的货损货差事故。集装箱货物运输中产生的货损事故，其原因主要在以下几个方面：

一、装箱、封箱不当

货物在集装箱内的安全积载与适当的封箱问题，主要取决于有关作业人员的知识和技术。集装箱货物在运输过程中，其集装箱如一只被“密闭的货舱”，这个“舱”在接货地点装箱、封箱后，经过多种运输方式，运至目的地。在整个运输过程中，不论是哪一种运输方式都会使箱子摇摆、震动，特别是在海上运输过程中遇到大风浪，箱内货物有可能摆动倾斜至40°角，这就是说其左右摇摆的角度在80°角，而且持续时间颇久。可见，在如此恶劣的条件下进行货物运输，集装箱货物在箱内的正确积载与堆装是非常重要的。

然而在实际上，由于集装箱运输的迅速发展，从事其运输、管理，以及实际操作人员大量增加，经常会发生由一些毫无经验和不熟悉集装箱运输的人装箱、封箱的现象。可以想象，由这些人员从事这项工作，其货损事故的发生就很难避免。如性质互抵的货物混装或该加衬垫的未加衬垫；货箱内装载鼓形桶包装的毒品类危险品，因采用横向装载，且只用木撑条固定，因运输途中摇摆使桶破损造成毒品泄露等。

集装箱运输必须做到安全积载、堆装，适当封箱，操作不当会造成货损，如货物在箱内应均匀分布，不同性质货物应避免混装等。如果是CY交付或整箱交付的，装、封箱不当应由发货人或货运代理人负责；如果是CFS交付的，装、封箱不当应由集装箱运输经营人或其代理人指定的货运站负责（当然，如果发货人委托代理人办理CFS交付的除外）。

从目前集装箱货物运输中出现的货损事故调查表明，主要原因多为货物装箱积载不当。货物除装箱、积载不当会造成货运事故外，还会给集装箱、运输工具、装卸机械、第三者等造成损害。所以，做好箱内货物的安全积载，妥善、适当地封箱工作，对避免和减少货损事故的发生有着密切的关系。

二、装卸、搬运过程中操作不当或疏忽大意

在集装箱运输的整个过程中，货物从装箱地至拆箱地要经过多次装卸、搬运，而每次操作又都有触及箱子和货物的可能。所以，经常发生箱子的严重损伤或无需立即修理的轻伤，而箱子的修理又必然会影响到箱内的货物。特别是将这种受损的箱子装在甲板运输时，由于往往不能抵御恶劣环境和海上风浪的侵袭，以致最后不适于继续运输。

而因为司机技术不熟练，装卸操作不当，拖拉货箱以及与各种装卸设备或货箱与货箱之间发生碰撞而破损等等都是产生货运事故的原因。因此，对箱子的装卸、搬运操作必须小心谨慎，才有可能防止或减少此类事故的发生。若违章操作，粗暴搬运，使用工具不当等原因造成箱内货物残损的，属“工残”，其货损责任由装卸部门承担。

三、使用不适合货运的箱子

使用不适合货运的箱子造成货运事故有两种情况，一种情况是在集装箱运抵目的地后，不加以检验便在回程中使用，从而造成该回程货物的损害。另一种情况是集装箱所有人没有对箱子进行全面、正确的修理，因集装箱本身状态不佳，如箱顶有孔，箱体连接处变形、裂缝等而继续使用造成货运事故。曾发生过这样的情况，在修理集装箱的账单中，包括了那些应在上航次中本应修理的项目，然而，上航次对此箱未经修理又交付使用，造成又一次物损事故。曾有这样一个案例，国内某一进出口公司出口一批纸箱装载的男士羽绒滑雪衫到日本。该批货物装入集装箱通过 S 远洋运输公司所属船舶运抵目的港神户，同日，集装箱驳卸到岸。而日方收货人在港口开箱，在“拆箱报告”称集装箱中的 11 只纸箱中，5 箱严重湿损，5 箱轻微湿损。后经日本商检协会检验，商检报告称：11 只纸箱有不同程度的湿损，湿损系集装箱里档左侧顶部破损有裂痕，雨水进入箱内造成纸箱内衣服损坏。

从近年来发生的集装箱货损事故看，由于集装箱本身的原因，如自身不水密、箱子老龄化等而造成货物污损、污染、泄漏等有上升趋势。在集装箱多式联运过程中，尽管最终承运人交付给收货人的是一个外表状态良好、铅封完整的集装箱，但有时却发现箱内货物已经受损，且难以确定货损区段及货损原因。因此，在箱子交接方面，交接的箱子应保证完整无损，清洁干燥，并且要有合格的检验证书，以避免货损事故的发生。

四、箱内货物被盗

集装箱箱内货物被盗是多方面的，如封箱铅封有多种，只要盗窃者有足够的时间和适当的场合，是可以拆开后再复原而不留痕迹。在这种情况下，由于提不出货物被盗窃的有力证据，受到损害的人往往不能得以赔偿。有时这样的盗窃是由收货人制造的骗局。曾有这样一个案例，有一收货人声言货物不合格并要求退货，发货人收到退货后发现货物短少，通过侦破，发现竟是收货人的不法行为。

另外，有的盗窃分子在集装箱运输过程中或其他场所，使用切割工具在箱子顶部将其割开后进入箱内盗窃。所以，利用一切可能手段检查箱子顶部很有必要。

五、船方积载不当

集装箱船舶结构要求是将大量的箱子装在甲板运输，装在甲板上运输的箱子受风险较大，若承运人没有牢固的装置设备或没有科学的积载，或者在航行中船方未对载运货物谨慎处理，使集装箱被海浪打入大海或打破造成货物灭失、损害的事故，属“船残”，由船方负责赔偿。因此，对甲板装载集装箱时应考虑：

1）甲板强度如何，能承受几层集装箱的重量，如将箱子载于舱面时，则应考虑舱面的

强度。

2）如船舶的上层建筑设在船舶尾部时，应考虑到在甲板上装载过高的集装箱层数，是否会造成视线不良，影响船舶操纵。

3）在甲板上装载过高的箱子层数，船舶的稳性是否合适。

4）为保证甲板上数层箱子在船舶摇摆时不致发生移位、倒落，则要采取绑扎、紧固等有效措施。

5）应考虑箱子的特性，装载时应避免把结构弱的货箱装在舱底、20ft 集装箱堆装在 40ft 箱子下面、重箱压轻箱等情况。

6）货箱在运输工具上绑扎要牢固，特别是当集装箱装在甲板运输时，集装箱被海浪打入大海或打破、造成货箱移位，甚至甩入海中而致货物灭失、损害的事故也时有发生。经事故调查证明，造成这类事故的主要原因是船方在积载时经验不足，又缺乏谨慎处理，没有牢固的装置设备等原因所致。目前，尚无统一的有关集装箱损坏检验、维修的标准规定，各国做法不一，给集装箱的正常运输带来很多困难。

此外，在箱子交接方面，发货人还箱时，经常会发生因箱子损坏需修理，或箱子污染需清洗，而产生修理费和洗涤费等问题。另外，在实际做法中还存在这样一些问题：

1）集装箱通过多式联运，很难确定箱子发生损坏、污染的运输区段。

2）目前，在国际贸易惯例中，尚无明确的有关处理箱子损坏责任条款的规定，常常会在承、托双方之间产生争执，而最后又无法确定责任方。

3）受传统运输方式惯例的影响，有关箱子的修理、清洗又往往被理解为承运人使箱子具备装货条件理应承担的责任，因此，货主不应承担其责任和费用。

4）被使用的箱子应在什么时候、什么情况下维修、清洗，也没有明确的标准和规定。因此，常常造成有关方任意决定箱子的维修、清洗，或者互相推诿、马虎应付。

上述原因的存在，一方面使负责集装箱运输的经营人不得不支出上述费用，另一方面，由于双方争执不一，使箱子不能按规定、按时进行维修、清洗，以致进一步扩大了箱子的损坏率及货损事故。

> **动动脑**
>
> 货物事故的“原残”、“工残”、“船残”、“港残”有何区别，请举例。

当然，在造成集装箱货物事故的原因中，也存在货物本身或包装上的缺陷，如货物含水量超过标准，质量不符合要求，包装材料强度不足等，如提单上已有注明的残损，属“原残”，由发货人负责；也有卸货港的码头、仓库（场/站）对集装箱及拆箱后箱内货物的堆放、保管不善，造成货损，属“港残”，是港方责任范围；还有因风浪及恶劣天气造成的货运事故。

训练与提高

一、填空题

1. 在集装箱运输中，如果是整箱货交付的，装、封箱不当应由________或__________负责；如果是拼箱货交付的，装、封箱不当应由________________或其代理人指定的货运站负责。

2. 从目前集装箱货物运输中出现的货损事故调查表明，主要原因多为____________不当。

二、简答题

产生集装箱货运事故发生的主要原因有哪些？

第二节 索 赔

货物的索赔与理赔是一项涉及面广、情况复杂、政策性很强的工作，须十分细心、严肃认真地研究案情，熟悉国际贸易合同条款、国际货运法规、提单条款内容、货物保险合同以及商品检验法规、国际航运惯例等，这样，才有可能把工作做好。在工作中应坚持实事求是，有根有据，合情合理，区别对待，讲究效果的做法。

实事求是就是要按照事故的实际情况，分析造成事故的原因，肯定损失的准确数量或程度。就是说，应索赔的就必须坚持进行，不该索赔的无需提出。

有根有据是处理货物索赔的基础，在向承运人或船东提出索赔时，应进行深入的调查研究，掌握造成货运事故的有效证据，依据有关合同、国际惯例办理。

合情合理就是从复杂的案件中，根据货运事故的各种因素，合理地确定承运人所应承担的责任，有时甚至要做一些让步，使案件合理地和尽早地得到解决。

区别对待就是要根据我国对外的国别政策，船东或承运人的政治态度和业务合作的情况，根据不同对象，掌握有理、有利、有节的原则，采取不同的方式，区别处理。

讲究效果是指在货物索赔中考虑实际效果，这种效果是包括多方面的，既要考虑经济利益，也要考虑政治利益；既要考虑当前利益，又要考虑长远利益，力求达到既挽回或减少国家的经济损失，也有利于对外经济往来的发展。

一、不同情况下的货物索赔

货物索赔的发生，一般有这样几种损失：货物数量的短少或货物残损、灭失，货物质量的变质或不符合合同规定的要求，承运人没有在规定的时间内，或没有在合理时间内交货则构成运输延误，货物的灭失、损害属保险人承保的责任范围内的内容等。上述不同原因发生的货物灭失、损坏，受损方提出的索赔对象也是不同的。如果货物是由于原装货物的数量不足、货物的品质与合同规定不符、包装不牢致使货物受损、未在合同规定的装运期内交货而发生的有关货物的灭失、损坏，收货人凭有关部门、机构出具的鉴定证书向发货人（卖方）提出索赔。如果货物是由于所交货物的数量少于提单中所记载的货物数量，经承运人签认并非发货人过失、收货人持有清洁提单，而货物发生残损、短少，经证明系由于承运人的过失而发生的有关索赔，则由收货人或其他有权提出索赔的人凭有关部门、机构出具的签订证书向承运人提出索赔。如果货物是由于承保责任范围内，承运人应予赔偿的损失、承保范围内，由于自然灾害，或意外原因等事故的发生使货物遭受损失而产生的索赔，则由受损方凭有关证书、文件向保险公司提出。

二、索赔的原则

不论是出于哪一种原因发生的索赔案，也不管是向谁提出索赔，一项正当的索赔必须具备这样一些原则：

1. 提赔人要有正当提赔权

提出货物索赔的人原则上是货物所有人，是提单上记载的收货人或提单的持有人，除货物所有人外，还有其代理人、保险公司。在集装箱货物运输中，如船公司不负责内陆运输，而由其他承运人充当时，提单的收货人也许是内陆承运人，在这种情况下，要求索赔的人可能是内陆承运人，这与传统的索赔案中的提赔人不同，即提赔人要根据运输合同的对象和条件来确定。

2. 责任方必须具有实际赔偿责任

并不是所有的索赔都能得到赔偿，如属于承运人的免责范围，或属于保险人承保责任范围外的货损，则不能得以赔偿。

通常证明责任方负有实际赔偿责任的证件有：

1）卸货记录。

2）检验报告。

3）交货记录。

4）残损报告等。

在集装箱运输中，无论是整箱货，还是拼箱货，交货后即表示承运人的责任业已终止。因此，如在交货记录上没有任何批注，货物则作为是按提单记载的内容交付的。

3. 索赔时应具备的单证

（1）索赔申请书　该申请书表示受损方向责任方提出的索赔要求，主要内容有：

1）索赔人名称、地址。

2）船名、抵港日期、装船港及接货地点名称。

3）箱号、提单号、货名。

4）短卸或残损损失情况。

5）索赔日期、索赔金额、索赔理由。

（2）提单　正本或其影印本，是货物索赔的主要单证。

（3）货物残损检验证书　该证书是当收货人和船方对发生货运事故的原因不明或不易区别时，申请检验机构对货物进行检验的单证。

（4）货物残损单　该单是对卸货过程中的货物残损所作的记录。经船方签署后，作为向船方索赔的单证。

（5）索赔清单　主要说明货损的金额，通常按到岸价计算。次外，还有商业发票、短卸单、修理单等。

4. 赔偿的金额必须合理

合理的赔偿金额是以货损实际程度为基础。但是，在实际中责任方则往往受赔偿责任限额的保护，如：承运人的赔偿可享受提单中的赔偿责任限额，保险人的赔偿以保险金额为基础。

有关货物的损失赔偿，提单条款也有明确规定，如《海牙规则》每一件，或每一货损单位为 100 英镑。《维斯比规则》每一件或每一货损单位则赔偿 10 000 金法郎，或毛重每 1kg 为 30 金法郎，两者以较高者计。

5. 索赔时效

在规定的期限内提出索赔。一项有效的索赔必须在规定的期限内提出，这就是通常所说“索赔时效”。否则，货物的损害即使是由责任方的过失所致，索赔人提出的索赔在时效过后也很难得到赔偿。

集装箱货物运输中，拼箱货物的索赔处理与普通班轮运输中的索赔处理方法相同，而整箱货有所不同。因为整箱货在卸船港交货时一般不拆箱，只按表面状况交货，如箱子外表状况良好，承运人的责任即告终止。如货物存在表面不能发现的损害，考虑到集装箱的特殊情况，有的提单规定为3天内，也有的规定在收到货7天之内以书面通知承运人。对货物损害提出的诉讼时效也规定不一，大的规定为1年，有的规定为9个月。如果是全损，有的规定仅为2个月。超过规定期限，承运人将解除一切赔偿责任。

训练与提高

一、填空题

1. 如果货物是由于原装货物的数量不足、包装不牢致使货物受损等原因引起的有关货物的灭失、损坏，收货人凭有关部门、机构出具的鉴定证书向__________提出索赔。

2. 在规定的期限内提出索赔，一项有效的索赔必须在规定的期限内提出，这就是通常所说的__________。

二、选择题

收货人持有清洁提单，而货物发生残损、短少，经证明是由于承运人的过失，则由于上述原因发生的有关索赔，则由收货人或其他有权提出索赔的人凭有关部门、机构出具的签定证书向________提出索赔。

A. 卖方　　B. 买方　　C. 生产厂家　　D. 承运人

三、简答题

一项正当的索赔必须具备哪些基本原则？

第三节　理　　赔

在集装箱货物运输全过程中，众多关系人之间的关系是十分复杂的，如货物托运人与承运人之间的关系，实际承运人与契约承运人之间的关系，发货人与收货人之间的关系，投保人与承保人之间的关系。因此，无论是索赔方提出的索赔，还是责任方的理赔，首先都要分清责任。

一、贸易合同违约的法律后果

贸易合同是确定买卖双方权利和义务的法律依据，如买卖双方中的任何一方不能履行或不能履行合同中规定的义务，则在法律上构成违约行为，并承担相应的责任。根据各国法律的规定，不同的违约行为所引起的法律后果是不同的，承担的责任也不同。

有的国家法律以货物买卖合同中的交易条件来区分违约的性质和补偿方法，如违反合同中带有实质性的重要条件，例如交货品质不符合合同规定，或不按合同中规定的期限交货，均作为“违约事件”（BREACH OF CONDITION）。受损方有权解除合同，并可要求损害赔偿。如违反的是合同中的次要条件，称为违反担保或违反随附条件（BREACH OF WARRANTY），在这种情况下，受到损害的一方不能解除合同，但有权要求违约方给予损害赔偿。但关键是这些国家的法律对于货物买卖合同中哪些属于“要件”，哪些又属于“担保”，则未作任何规定，而是由法官在审理案件时根据合同的内容和推定双方当事人的意思作出决定，因此有较大的任意性。

也有的国家以违反合同的轻重程度来区分违约的性质和决定补救的方法。如双方当事人中任何一方违约，以致另一方无法取得该交易的主要利益，则是重大违约，在这种情况下，受到损害的一方有权解除合同，并要求损害赔偿。如果一方违约，情况较为轻微，并没有影响对方在该交易中取得的主要利益，则为“轻微违约”，在这种情况下，受到损害的一方只能要求损害赔偿，不能无故解除合同。

《联合国国际货物销售合同公约》第二十五条规定：“一方当事人违反合同的结果，如致使另一方当事人蒙受损害，以致于实际上剥夺了他根据合同规定有权期待得到的东西，即为根本违反合同……”。此时，受到损害的一方可以宣告合同无效，同时有权向违约方提出损害赔偿的要求，如违约的情况尚未达到根本违反合同的程度，受损方只能要求损害赔偿而不能宣告合同无效。

我国涉外经济合同法第二十九条规定：“另一方违反合同，以致严重影响订立合同所期望的经济利益”，“……当事人一方有权通知另一方解除合同”。第三十四条又规定：“合同的变更、解除或者终止，不影响当事人要求赔偿损失的权利。”

由于世界各国的法律和国际惯例对于违反合同的情形和所导致的后果有不同的解释和规定。因此，我们必须了解和熟悉国际上有关法规和惯例，这有助于我们在贸易合同中比较恰当地订立索赔条款。

二、运输合同中承运人的货运责任

当承运人在处理索赔时，第一项工作是要分清发生货运事故的原因和造成货运事故的责任方。当受损方向承运人提出索赔要求时，承运人可以提单中有关承运人的免责条款解除其责任，而受损方也会想尽办法将责任往承运人身上推。而承运人又不想承担责任，这样就有一个举证、反举证的过程。在举证过程中，会涉及一些国际公约和有关国家的法律规定，还会涉及一些有关的货运单证和证书文件，而且，这些单证、证书文件必须齐全。举证是分清货损和责任的重要手段，这样的举证和反举证在受损方和责任方之间有时会进行多次，直到责任分清为止。

如果货物是由海上承运人运输货物过失所致，如管理货物有过失，承运人对此自然负有赔偿责任。但对货物受损人来说，首先有必要分清提单是班轮提单还是租船合同下的提单，因为，这两种提单格式不一样，内容上也有很大差别。

提单是运输合同的证明，又是货物的物权凭证，且可以自由转让买卖，不论谁持有提单，承运人和提单持有人之间的权利和义务都按提单条款保项记载，以及附加的批注为依据来处理。由于海上运输的国际性，各国有关提单的法律规定差别甚大，为解决这一问题，大多数国家的法律采用了《海牙规则》相关规定，即使有的国家没有批准或参加《海牙规则》，但其国内有关提单的法律或货运法，大体上与《海牙规则》差不多。也有的国家虽然还没有关于提单的法律或货运法，但其提单条款内容和处理上也是参照《海牙规则》和有关航运惯例的。

《海牙规则》仅适用于提单或海上货物运输有关的类似物权凭证中所包含的运输契约。如果提单是根据租船合同而签发给租船人，在租船人又是货主的情况下，这种提单仅仅起货物收据的作用，提单不是运输合同，租船合同才是运输契约。因此，承运人和租船人之间有关权利、义务以租船合同为准。但如果提单持有人并非租船人，而转让给第三者所有，那么，该提单就是提单持有人和承运人之间的运输文据，有关货损按提单所规定的海上货运法处理。集装箱运输过程中，由于使用多种运输方式，由几个不同的承运人共同完成整个运输过程，因此，对运输全过程负有责任的人（契约承运人）有可能与其他承运人（实际承运人）之间订立分运契约，以明确各自承担的责任。虽然签发提单的人对货物所有人负有整个运输过程的责任，但他的责任仅限于自己运输区段。因此，一旦在运输过程中发生货运事故，则由各运输区段的承运人与提单签发人在内部解决。

三、保险合同中的保险索赔

1. 保险合同中的保险索赔的基础知识

目前，保险人与被保险人之间的保险合同是以保单来体现的，保单具有法律上的效力，对双方当事人均有约束力，但它必须载明下列基本内容才有效：

1）当事人的姓名和地址。

2）保险标的。

3）保险风险和事故的种类。

4）保险金额。

5）保险费率。

6）保险责任开始的日期、时间和保险期限。

7）订约的日期。

除上述事项外，其他事项可由保险人和被保险人在进行协商后加注在保险单上。

对外贸易的进出口货物，如在保单规定的责任范围内所发生的有关货损，被保险人可向保险公司提出赔偿要求，如FOB价格条件中的买方，CIF价格条件中的卖方。在提出保险索赔时，被保险人应做好下列一些工作，反之，保险人在理赔时也应要求被保险人做到这一点。

（1）损失通知　在被保险人得知保险的货物已发生损害，应立即通知保险人。保险人在接到损害通知后即采取相应的措施，如损害检验，提出施救办法，确定保险责任，追查第三方责任等。检验完毕后应取得检验报告，作为向保险人提出索赔的重要证件。

（2）向承运人等有关方面提出索赔　被保险人或其代理人在提货时发现货物的包装有明显的受损痕迹，或整件短少，除向保险人报损外，还应立即通知承运人，以及海关、港务当局等索取有关货损的证明，应及时向有关责任方提出索赔，并保留追偿权利，必要时还要申请延长索赔时效。

（3）采取合理的施救措施　被保险的货物受损后，被保险人应对受损货物采取相应的施救、整理措施，以防损失的进一步扩大。因抢救、阻止或减少货损进一步扩大的措施而支付的合理费用，可由保险人负责，但以不超过该批被救货物的保险金额为限。

（4）备妥索赔单证　被保险的货物经过检验，并办妥向承运人或第三者的赔偿手续后，应即向保险人或其代理人提出赔偿要求，在提出索赔时，通常应提供下列单证：

1）保险单或保险凭证正本。

2）运输合同，包括海运提单，陆上或航空运输运单、邮包收据、联合运输单证等。

3）发票。

4）装箱单、箱号单、重量单。

5）检验报告。

6）货损、货差证明。

7）向承运人或第三者责任方请求赔偿的函电，或其他有关单证和文件。

8）索赔清单，主要列明索赔金额及计算依据，以及有关费用的项目和用途。

总之，在理赔处理中，审核索赔方提出的索赔内容是一项仔细、重要的工作，归纳起来，审核的主要内容有：

1）索赔的提出是否在规定的期限内，如已超出期限，索赔方有无提出延期申请。

2）索赔的证书、文件、单证是否齐全。

3）有关单证的日期、船名、提单号、箱号、货名、唛头、检验日期等是否相符。

4）货运事故的发生是否在自己责任范围内、责任期限内。

5）提单上有无批注。

6）装箱单与拆箱单记载的数字是否准确。

7）设备交接单有无批注。

8）有无海事声明或海事报告。

2. 保险损害赔偿原则的确定

保险合同是保险人对承保责任范围内的保险标的发生损害时负责赔偿的合同。根据保险合同确定损害赔偿的基本原则是：

1）被保险人对保险标的必须具有保险权益，否则不能依据保险合同提出赔偿。

2）保险合同内的标的必须具有损害发生的事实，而且，所发生的损害与运输风险有关。

3）赔偿不是保险标的归还，而是在经济上给予补偿。

4）同一标的不能向两家以上不同的保险公司投保，否则属重复保险，保单无效。如果投保人在不了解具体做法的情况下，同时在两家以上保险公司投保，则应在从其中一家得到赔偿后作出声明，否则会构成欺骗行为。

在保险理赔中，很多货损事故索赔均涉及第三者的责任，此种索赔的原则应遵循：

1）凡属发货人的过失所致，如：货物残损、数量短缺、包装不牢等，则由收货人直接申请检验出证，并及时将商检证书和有关单证备妥，在规定的期限内向发货人提出索赔。

2）如货物的损害是由于承运人过失所致，收货人根据承运人的签证，申请检验出证，连同有关货运单证交卸货口岸的保险公司或船公司代理。

3）涉及国内装卸和运输部门责任的货损事故，收货人应立即向有关责任方取得货运记录，直接向其提出索赔，或向保险人提出索赔。

4）因在国内负责中转由于运输安排过失造成的货损货差事故，收货人应向责任方提出索赔，保险人不负责任。

3. 损害赔偿保险责任范围

货物赔偿责任范围主要根据保险人与被保险人订立的保险合同中的条款来确定，一般有三种情况：

（1）平安险的责任范围

1）被保险的货物在运输途中因恶劣气候、雷电、海啸、地震、洪水等自然灾害造成货物全部损失或推定全损。

2）由于运输工具遭受搁浅、触礁、沉没、碰撞、火灾、爆炸等意外事故造成货物全部或部分损失。

3）在货物装卸或转运时由于一件或数件货物落海造成的全部或部分损失。

4）被保险人对承保责任内的货物遭受危险时采取抢救，或为防止或减少货损的措施而支付的合理费用，但以不超过该批货物的保险金额为限。

5）运输工具遇难后，在避难港由于卸货所引起的损失，以及在中途港、避难港由于卸货、储存、运送所产生的特殊费用。

6）共同海损分摊和救助费用。

7）运输合同或提单上订有“船舶互碰责任”条款，根据该条款应由货方偿还船方的损失。

（2）水渍险的责任范围　除包括上述平安险的各项责任外，还负责被保险货物由于恶劣气候、雷电、海啸、地震、洪水等自然灾害造成的部分损失。

（3）一切险的责任范围　除包括上述平安险、水渍险的各项责任外，还负责被保险货物在运输途中由于外来原因所致的全部或部分损失。

（4）除外责任　对由于下列原因造成的货损，保险人不予赔偿：

1）被保险人的故意行为或过失造成的货损。

2）属于发货人的过失责任。

3）在保险责任开始前，被保险货物已存在品质不良或货物数量短缺。

4）被保险货物的自然损耗、自然特性、内在缺陷、市价跌落、运输延误等引起的损失或费用。

5）附加险条款规定的责任范围和除外责任。

训练与提高

一、判断题

1. 在货物买卖过程中，如果发生交货品质不符合合同规定，或不按合同中规定的期限交货等事件，受损方有权解除合同，并可要求损害赔偿。（　　）

2. 在货物买卖合同的履行过程中，如发生了“违反担保”则受到损害的一方不能解除合同，但有权要求违约方给予损害赔偿。（　　）

3. 目前，保险人与被保险人之间的保险合同是以保单来体现的。（　　）

二、填空题

1. 索赔与理赔中都要分清责任，在集装箱货物运输中主要存在的法律责任有：________的法律责任、__________的货运责任、__________的保险索赔。

2. 货物保险主要有________、________、________三种。

第四节　防止集装箱货运事故的基本措施

集装箱运输全过程中，货物在装箱、装载、运输、搬运、拆箱等环节中，如不加以谨慎处理，都有可能发生货运事故。虽然集装箱的结构有一定的强度，但在多种运输方式运输的过程中，受震动、颠簸的影响，箱内货物很难避免因外力的作用而产生撞击或摩擦等原因而产生货损。所以，应充分注意和考虑运输过程中货物、箱子、运输工具之间的关系和应采取相应的措施，将各种外力对货物的影响减少到最低程度，从而保证货物和箱子的安全。一般来说，防止集装箱运输过程中货损货差的基本措施有以下几种。

一、货物在箱内的安全积载

货物在集装箱内的积载、堆装、绑扎看起来似乎并不复杂，但由于集装箱运输涉及各种运输方式，所以，认真做好箱内货物的积载工作十分重要。

1. 选用合适的集装箱

货物在采用集装箱运输时，选用的箱子应符合国际统一标准的要求，并经过严格的检查，具有检验部门发给的合格证书。否则，任何有缺陷的集装箱，轻则会导致货损，重则在装卸过程中有可能导致人身伤亡，或箱、货毁损。同时，对不同的货物种类，应根据其不同性质，选用不同规格、种类的箱子，具体见表 12-1 所示。

表 12-1　不同种类货物选用不同集装箱

不同的货物种类	适用的集装箱
清洁货物	干货集装箱、通风集装箱
不洁货物	敞顶集装箱、侧开式集装箱
易碎货物	密闭式集装箱
冷藏货物、冷冻货物	冷藏集装箱
重件货物	敞顶集装箱、平台集装箱、台式集装箱
贵重货物	干货集装箱
危险货物	干货集装箱、台架集装箱、冷藏集装箱
散装货物	罐式集装箱、散装集装箱、汽车集装箱

集装箱运输的各有关业务环节应依法行事，把好供箱关。各有关方在进行集装箱交接手续时应严格注意以下几点：①重箱：箱体完好，箱号清晰，关封完整无误；②空箱：进行装卸前应选择合适的集装箱，符合 ISO 国际标准，四柱、六面、八角完好无损，箱子各焊接部位牢固，箱子内部清洁、干燥、无味、无尘，不漏水、不漏光，具有合格的检验证书，箱号及装载规范清晰；③箱号及装载规范不明、不全、标志破损、脱落、丢失、无法辨认或进出口文件记载不符，箱体结构不符合 ISO 标准，擦伤、割伤、破洞、漏光、不水密、箱门无法开启等，均应在《进出场集装箱设备交接单》上注明。只要业务人员依据规范操作，是能减少、避免集装箱货运事故发生的。

2. 货物在箱内的积载必须合理、均匀

适合集装箱运输的货物种类繁多，且性质不同，并不是所有货物都适合装载于同一箱运输。所以，应仔细配装，避免因货物性质不同混装一箱而造成货损，并应按其特性和有关货物运输规则选择不同货物，以便适应同箱积载。货物在箱内分布也应均匀，否则，如大部分货物重量集中在箱子某一端，在拖运时，则有可能使拖车翘起，而将箱子从低的一端向外倾出。在将该种货箱装载船上运输时，如船稍有一点倾斜、摇晃，由于其重量不均衡也会造成箱子和货物的损坏。

3. 装载必须牢固

货物在箱内的装载必须牢固、稳定，以便当装运箱子的运输工具震动、摇晃时能保证不发生货物在箱内发生移动、翻倒等事故。曾发生过这样的事故，在德国铁路上因一列集装箱专用列车急刹车，又由于急剧震动所产生的外力作用使一捆钢筋松动而冲击箱子，致使箱子破损无法修复，钢筋也因雨淋发生锈损而导致索赔。

4. 其他因素的影响

集装箱货物在其运输全过程中，一般要经过内陆、海洋运输，气候变化多端，各种自然因素也时刻影响箱内的温度、湿度，如不谨慎处理，难于避免箱内货物变质损坏。

二、做好绑扎系固工作

在运输过程中，集装箱会受到各种外力的影响，因此，集装箱必须要有足够的强度，以及牢固的绑扎，从而抵抗这些外力的冲击。

1. 公路运输

在公路运输中，集装箱运输习惯上采用货车或拖挂车，集装箱和货物在加速或减速时都会受到作用力，在转弯时会受到离心力。由于公路条件的不同，集装箱会受到振动，特别是拴固部位所受的影响较大，如货物装载不好，支撑力不适合，有时会引起倒塌。

2. 铁路运输

当集装箱由铁路车辆运输时，采用底角件拴固，集装箱和货物都受到作用力，特别是在紧急起动和制动时。

3. 海上运输

由于海上情况有时难以预测，船舶在航行过程中可能承受各种各样的外力而产生横摇、纵摇和垂荡等多种运动，这些运动对船上集装箱、货物产生较大影响。海上运输中，由于对装载甲板运输的箱子系固不足，箱子落入大海的事故也并不鲜见。

4. 空运

集装箱货物在空运过程中，在飞机起飞、着陆以及在空气湍流中发生振动时都会产生冲击。

三、安全装卸操作

集装箱的装卸工作是使用集装箱装卸工具与装箱索具配合进行的。由于它是将大重量的集装箱安全迅速地进行装卸，因此，不论是采用单头悬吊、四头悬吊、八头悬吊，在起吊与操作时都应细心谨慎。通过自动平衡机械，或固定平衡机械进行平衡调节，使箱子保持水平状态，以便安全装卸。

另外，在使用叉车堆装或搬动时，应调整好叉车准确的高度，避免箱子因叉铲刀没有调整好高度而被插穿。

四、拖车的负荷能力应与箱货重量相适应

在集装箱货运站与码头堆场之间，或在短途运输中经常使用拖车拖运箱子，如拖车的负荷与货箱的重量不相适应，也会发生货损事故。曾发生过将轻泡货箱装载只有一个轴轮的拖车上拖运，由于重心不稳，造成恶性事故，箱毁人亡。

此外，防止集装箱货物的被盗窃等问题也日显迫切、重要。

训练与提高

简答题

防止集装箱货运事故的基本措施有哪些？

【阅读材料】

集装箱货损的主要形式

在利用集装箱进行门到门多式联运方式时，尽管最终承运人交付给收货人的是一个外表

状况良好、铅封完整的集装箱，但有时在掏箱时却发现箱内货物业已受损，且难以确定货损区段、货损原因。根据国际海上保险联合会发表的有关集装箱货损种类看，集装箱内货损的主要形式有以下几种：

1）破损、擦损。

2）水渍损。

3）汗渍损。

4）盗窃货物。

5）装箱过失。

以上五种约占全部货损的70%～80%。其次，从损失金额上看，除上述五种外，还有两种，一是海难事故引起的货损；二是由于冷藏箱和冷冻机发生故障，造成解冻的损失。这两种损失金额约占全部损失的50%～60%。从近年所发生的货损事故看，箱内货物的污损、污染、泄漏损等有上升趋势。上述货损事故有的是由于集装箱自身不水密、箱子老龄化，也有的是由于货物在箱内配载不当、加固不牢所致。

1. 因雨水、海水而造成的水渍损

虽然集装箱有水密性的特点，但是从货损例子看，主要是从集装箱箱门及其箱顶进水较为常见。此外，由于遭受野蛮装卸也会在箱顶和侧壁造成针尖大小的洞孔，从而成为进水的原因。安装在集装箱门上的各种开关器具，如箱门把手、门锁、门锁杆、门钓、门铰链等，从集装箱箱体中突出来，在与其他物品接触时，容易产生破损。这给箱门部分保持完全的水密性带来困难。此外，通常情况下集装箱箱底的破损比箱顶和侧壁的破损更难以被发现。

现在制造的集装箱都带有排水装置，这种装置不仅能排出渗透的海水和雨水，而且也能使内部产生的汗渍水滴随之流入集装箱底部而排出箱外。但是要保证箱内货物的安全，防止水渍损害是集装箱检查的关键。

2. 撞击损

集装箱在运输过程中，常常会受到各种各样的撞击。箱内货物不仅需要货物自身捆包、包装适当，同时，正确的集装箱配载也是必不可少的。集装箱本身对于外部的压力，一般没有缓冲的能力。因此，必须通过箱内的货物包装和配载得当，才能确保一定程度的缓冲力，因此，集装箱配载是十分重要的。在内陆运输过程中，由于急刹车和急转弯造成集装箱前后左右摇动，给箱内货物带来严重危害。例如，集装箱在底盘车上，由于没有进行坚固的绑扎，在急刹车时，集装箱突然向驾驶室移动，造成驾驶员伤亡。还有在急转弯时集装箱从拖车上甩下来的事故时有发生。以上可以看出撞击所造成的严重后果。

在海上运输过程中，遇到恶劣天气不必说，在一般情况下，船体摇动也是相当剧烈。为此，适应海上运输的包装和配载显得尤为重要。从集装箱的作用来说，集装箱在堆场以及其他内陆中转、装卸，和一般杂货船装载的货物相比，虽然撞击事故次数大大减少，但是在装卸作业过程中，所受到的撞击是不可忽视的。具备集装箱装卸专用机械的地方，危险性较小，但如果用一般装卸机械装卸集装箱，危险则很大。再说，即使使用集装箱装卸专用机械，如果遇到野蛮作业，对于箱内货物的撞击，也不可避免地会发生破损或弯曲损。由此可见，为能经受得起一定程度的撞击，必须十分重视货物本身的包装，提高集装箱配载的技术，这是防止破损的关键。

3. 汗渍损

在集装箱运输开创阶段，人们往往认为，箱内货物汗渍是受外部浸水造成的。随着集装箱运输的普及，人们通过对集装箱运输的科学研究，才清楚地认识到，集装箱内部的气温、湿度等与装在一般杂货船舱内的货物一样，箱内货物会受物理、化学反应。集装箱遭到异常寒冷的气候，在它的金属箱侧壁和箱顶内侧就会产生水滴，水滴打落在货物上和箱底造成汗渍损，这种现象与杂货船产生的现象相同。相反，气温上升时，集装箱内的水分变成蒸汽在箱内循环，气温急剧下降，再次成为水滴。集装箱内货物配载时用的铺垫、充填物以及包装材料包含的水分，会给集装箱内带来湿气，这是汗渍损的主要原因。

在利用集装箱运输时，可以大大防止和减少在一般杂货船运输过程中经常发生的货损，但是，汗渍损害却经常发生。如使用集装箱集运的玻璃板，破损大为减少，但汗渍造成的变色污损频频发生。又如对罐头类物品的凹损解决了，但罐头表面出现的锈蚀、霉变、污脏和变色却常难以避免。

4. 污损

在同一集装箱内，把性质完全不同的货物装在一起，或者集装箱内的污物在尚未清除而又装进其他货物，使其在运输过程中受到污损。这在发货人自己装箱或租用集装箱的情况下，对于箱内货物的污损，集装箱所有人和承运人往往以不负任何责任的条款签署集装箱租赁合同。此外，发货人对于集装箱所装的货物，常常没有充足时间进行检查，同时缺乏现有的专门技术。如他们对前一航次所装货物残留在集装箱接缝处的残渣来不及彻底清除，便装进了其他货物。由于集装箱在运输途中的摇动，造成了货物污损。又如将水果与一般杂货装在一起，结果果汁泄流在货物上造成污损。此外，冷藏集装箱的内壁安装的隔热材料上的粘着剂，因溶化使箱内货物产生污损的事件，也时有发生。

5. 气温变化

需要通风和湿度调节设备的货物，不宜装入密闭式集装箱。即使是一般杂货船，装载具有特殊性质的货物时，也有“禁止装载在机舱附近”的要求。因此，容易发热的货物以及在高温下容易腐烂变质的货物，禁止装入密闭式集装箱。装在甲板上的集装箱货物，更易受到外部气温变化的影响。在寒冷冬季的北大西洋航线上，装在甲板上的集装箱货物容易遭受冻害。一次从欧洲运往加拿大的啤酒，当运抵目的地后，啤酒全部冻结。

为了适应气温变化，配置内装各种设备的集装箱不断问世，目前有以下几种：自然通风式集装箱、配装排风器集装箱、内装隔热材料集装箱、干冰保冷式集装箱、冷藏集装箱、保持箱内一定温度的保暖式集装箱等。其中保冷式集装箱内的干冰有效时间较短，一般在国内运输时使用。冷藏集装箱，箱内装有冷冻机，也有冷冻机与集装箱分体式的，箱内装有冷冻机的冷藏集装箱，其原理和一般电冰箱相同。

在现有集装箱专用船内，已出现了安装舱内冷藏设备的冷藏方法，即用管道从集装箱船的冷藏间向单元结构式的船舱内注入冷气，从外部将集装箱冷却。这种方法一次可冷却数量可观的集装箱，而且冷藏设备可以在一个部位集中管理，做到既合理又经济。

6. 盗窃

集装箱运输过程中，把集装箱砸开或者把集装箱端门打开，或伪造铅封盗走箱内货物的事件屡有发生。现在，在一些先进国家的集装箱堆场，都具有齐全的管理体制。所以，集装箱堆场一般不会发生盗窃事件。与此相反，集装箱在内陆运输时，被盗事件经常发生。例如，美国、意大利等国家在集装箱的内陆运输过程中，常常发生类似盗窃事件，特别是装有贵重物品的大型集装箱。

本章小结

✓在集装箱运输中存在货运事故，如何处理这些货运事故以及在工作中力求避免这些事故是本章介绍的主要内容，包括产生集装箱货运事故的主要原因，货物的索赔与理赔，防止集装箱货运事故的基本措施等。

第十三章　国际国内集装箱货物运输相关法规

本章知识要点

◇约束提单的国际货运公约

◇其他运输形式下的国际货运公约

◇多式联运法律法规

第一节　约束提单的国际货运公约

在世界贸易量运输中，约80%是经由海运完成，其中采用班轮承运的件杂货运输占有很大比重。件杂货运输合同大多通过海运提单（Marine Bill of Lading—B/L）形式表现出来，租船货物运输中也广泛使用提单，提单仍是使用最为广泛的一种运输单证。尽管海运中产生了一些新的运输单证，尽管提单机制本身面临许多困扰，但提单在长期运用中被赋予的法律功能稳定了它在外贸与海运中重要的贸易单证与运输单证的法律地位。

由于提单的利害关系人常分属于不同国籍，提单的签发地或起运港和目的港又分处于不同的国家，而提单又是由各船公司根据本国有关法规定自行制订的，其格式、内容和词句并不完全相同，一旦发生争议或涉及诉讼，就会产生提单的法律效力和适用法规的问题。因此，统一各国有关提单的法规，一直是各国追求的目标。当前在统一各国有关提单的法规方面起着重要作用或有关国际货物运输的国际公约有三个：

一、海牙规则

《海牙规则》，全称为《统一提单的若干法律规定的国际公约》。也是关于提单法律规定的第一部国际公约。目前已有80多个国家和地区已通过法令采用和使之实际生效。许多国家的航运公司在其制订的海洋运输提单中均列明采用《海牙规则》，以确定承运人在货物装船、收受、配载、承运、保管、照料及卸载过程中所应承担的责任和义务以及应事的权利和豁免。我国虽未在该公约上签字，但目前中国远洋运输公司和中国对外贸易运输总公司制订的提单中，有关承运人义务、赔偿责任、权利及豁免均适用《海牙规则》。以下简介公约制定的历史背景和主要过程。

19世纪末，英国已拥有强大的海上商船队，航运资本家在议会里也拥有很大的势力。根据英国所主张的“契约自由”原则，船舶所有人为维护其本身的权益在提单中规定了许多免责条款，有的多达六七十项，以致货主承担货物在海上运输过程中的一切风险。船方除了向货主收取运费，几乎无其他责任可言。影响所及，提单的自由转让也遭受阻碍，使提单不能充分发挥“物权凭证”的作用。于是，引起了货主的强烈不满。

当时在美国进出口商人的势力较大，但本国的航运资本势力较小，因此美国的出口货物运输大部分为英国轮船公司所控制和垄断。英国轮船公司提单中的许多免责条款，都侵犯了美国进出口商人的利益。美国联邦法院和部分州法院便以违反公众行为准则为理由否认上述提单中有关船舶所有人或其受雇人过失责任可以豁免的条款，而只承认“合理的”免责条款。至于哪些条款是合理的，则取决于法院的判断，普通商人很难根据提单条款确定提单持有人的实际权利。这种情况是不利于贸易发展的。为打开这一僵局，国际法协会草拟了一些标准提单，但结果并未得到广泛应用。

为了打击英国船舶所有人任意规定免责条款的行为，维护美国进出口商人的利益，美国政府在1893年通过了《哈特法》（The Harter Act 1893）。其主要内容是：如果船舶所有人已经恪尽职责使船舶适航，则他对其在船舶航行或管理方面的过失所造成的损害或灭失都不负责，但对货物的装载、照料和交付等方面的过失则不能免除责任。上述划分过失责任的原则，基本上为日后的《海牙规则》所接受。

在英国方面，由于不愿对其“契约自由”原则加以限制，在第一次世界大战前后，提单条款更趋复杂化，贸易界迫切要求提单能规范化。为此，国际法协会所属的“海上法委员会”于1921年5月17日至20日召开会议，制定了《海牙规则》，建议普遍采用。后在1922年和1923年又经修订，最终于1924年8月25日在布鲁塞尔正式签订，称为《统一提单的若干法律规则的国际公约》，简称《海牙规则》（The Hague Rules 1924）。

《海牙规则》共16条。其中第1~8条是有关提单部分，第9条是确定条文中涉及的货币单位，第10条是赋予签字国在提单上引用公约条款的权利，第11~16条订明各国批准、承认、加入、退出或修改等程序的规定。这一规则的主要内容可归纳为：

1. 承运人的责任与义务

1）承运人须在航次开始前和开始时恪尽职责，使船舶处于适航（seaworthiness）状态；适当地配备船员，装备船舶和配备供应品；使货舱、冷藏舱、冷气舱和船上装载货物的其他部分均适于并能安全地收受、承运和保管货物。

2）承运人应适当而谨慎地装载、搬运，积载、运输、保管、照料和卸载所运货物。

①装载（Load）：承运人的责任由装货时开始，一经吊杆把货物吊起，货物的损失即由船方负担。如货物是由工人搬运入舱，则船方责任由工人开始搬运货物时起负责。此外，船方要负责装卸设备因发生故障而造成的货物损坏，并应提供适于工人和其他工作人员安全操作的作业场所。

②搬运（Handle）：货物运入船舱，承运人收受货物应按货物的品质和性质，给予适当的处理，以防止货物在运输途中发生损坏。

③积载（Stow）：承运人收妥货物后，应按照货物种类不同的特性，使用不同的积载方法，将货物按其状态、轻重、价格和禁忌等，安放在舱内的适当部位。如轻货应放在重货上，易碎品应放于不致受压的部位，有异味品要分隔堆放，以履行承运人要把货物安全运达目的地交与收货人的责任。

④运输（Carry）：承运人承运货物，一般应尽快地、直接地和安全地把船舶开往目的港交货以完成承运任务。在正常情况下，不得脱离习惯上或地理上的航线而绕道航行，也不得无故延迟开航，延长运送时间，使货物受到因时间延长而产生的损失。

⑤保管、照料（Keep，Care for）：承运人应恪尽职责，注意保管和照料货物。对由于注

意不够，保管不善或采取的措施不当造成的货物损失，要负担赔偿责任，但由于货物本身的特性或潜在缺陷而造成的则例外。

⑥卸载（Discharge）：承运人应负责在目的港将货物交与收货人，承运人的责任由卸载时起终止。如货物短缺或残损，应签发证明，作为日后收货人索赔的依据。

2. 托运人的责任与义务

（1）提供运输的货物　货物要按照其性质包装完好，能经受长途运输。在包装外，要以不小于5cm长的字体刷好有关货物品种、编号、重量、数量、体积和装卸港口等的明显标记，使在航次终了时仍能辨认。由于包装和标记的不足或不适当所产生的一切费用和罚款，应由托运人负担。对危险货物，托运人应向承运人声明性质，必要时需提供防灾措施。

（2）支付运费　承运人提供运输服务，托运人有支付运费的责任。运费可在装运港预付，也可在承运人同意下在目的港支付。如果装运的货物是易腐货物、低值货物、动物、舱面货等，则运费必须在起运时全部付清。承运人可因托运人未付运费或其他费用而对货物行使留置权。

（3）在目的港接受货物　托运人（或收货人）应在提单规定的目的港，按照承运人发出的卸货通知接受货物，但承运人也可以不事先通知而开始卸货。如无人接货或拒绝接货，承运人有权先卸岸入库保管，一定时期后仍未提货，则可将货物拍卖以抵偿一切费用。

3. 诉讼时效

公约规定收货人提出货损赔偿的起诉权，从货物交付之日或应交付之日起一年以内提出。收货人在卸货时对货物的灭失或损害的情况，应在货物接受前或当时用书面通知承运人或其代理人。灭失和损害不显著，当时未能发现，则应于卸货后三天内提出，如果货物状态在收受时已经双方联合检验或检查，则无须书面通知。如果发生任何实际的或预料的灭失或损害，则双方应相互提供一切便利。

4. 承运人应享受的豁免

海牙规则规定了承运人对船长、船员、引水员或承运人的受雇人，在航行或管理船舶上的行为疏忽或违约活动；火灾，但由于承运人的实际过失或私谋所引起的除外；海上或其他通航水域的灾难、危险和意外事故；天灾；战争行为；公敌行为；君主、当权者或人民的扣留或管制，或依法扣押；检疫限制；托运人或货主、其代理人或代表的行为或不行为；罢工、关厂、停工或劳动力受到限制；暴动和骚乱；救助或企图救助海上人命或财产；货物的固有缺点等17项的免责事项。

知识卡　　**海牙规则**

《海牙规则》于1931年6月2日正式生效。欧美许多国家都加入了这个公约。有的国家仿效英国的做法，通过国内立法使之国内法比；有的国家根据这一公约的基本精神，另行制定相应的国内法；还有些国家虽然没有加入这一公约，但他们的一些船公司的提单条款也采用了这一公约的精神。所以，这一公约是海上货物运输中有关提单的最重要的和目前仍普遍被采用的国际公约。我国虽然没有加入该公约，但却把它作为制定我国《海商法》的重要参考依据；我国不少船公司的提单条款也采纳了这一公约的精神。所以，《海牙规则》堪称现今海上货物运输方面最重要的国际公约。

二、维斯比规则

在第三世界国家的强烈要求下，修改海牙规则的意见已为北欧国家和英国等航运发达国家所接受，但他们认为不能急于求成，以免引起混乱，主张折中各方意见，只对海牙规则中明显不合理或不明确的条款做局部的修订和补充，《维斯比规则》（Visby Rules）就是在此基础上产生的。所以维斯比规则也称为海牙—维斯比规则（Hague-Visby Rules），它的全称是《关于修订统一提单若干法律规定的国际公约的议定书》（Protocol to Amend the International Convention for the Unification of Certain Rules of Law Relating to Bill of Lading），或简称为“1968 年布鲁塞尔议定书”（The 1968 Brussels Protocol），1968 年 2 月 23 日在布鲁塞尔通过，于 1977 年 6 月生效。目前已有英、法、丹麦、挪威、新加坡、瑞典等 20 多个国家和地区参加了这一公约。

维斯比规则对海牙规则修改的主要内容有：

1）扩大了公约的适用范围。

2）提高了承运人的赔偿责任限制。

3）对侵权行为的请求。

4）提单的最终证据。

三、汉堡规则

《汉堡规则》（Hamburg Rules）即《1978 年联合国海上货物运输公约》（United Nations Convention of the Carriage of Goods by Sea，1978），1976 年由联合国贸易法律委员会草拟，1978 年经联合国在汉堡主持召开有 71 个国家参加的全权代表会议上审议通过。汉堡规则可以说是在第三世界国家的反复斗争下，经过各国代表多次磋商，并在某些方面作出妥协后通过的。汉堡规则全面修改了海牙规则，其内容在较大程度上加重了承运人的责任，保护了货方的利益，代表了第三世界发展中国家意愿，这个公约已于 1992 年生效。但因签字国为埃及，尼日利亚等非主要航运货运国，因此目前汉堡规则对国际海运业影响不是很大。

训练与提高

一、填空题

1. 当前在统一各国有关提单的法规方面起着重要作用或有关国际货物运输的国际公约有三个，即________、________和________。

2. 美国政府在 1893 年通过了《哈特法》的最大特点是________________，并为《海牙规则》所接受。

3.《海牙规则》规定收货人提出货损赔偿的起诉权，从货物交付之日或应交付之日起____年以内提出。

二、简答题

1.《海牙规则》规定承运人的责任与义务主要有哪些？

2.《海牙规则》规定托运人的责任与义务主要有哪些？

第二节　其他运输形式下的国际货运公约

一、国际航空货运公约

现行的国际航空货运公约主要有三个，即 1929 年于华沙签订的《关于统一国际航空运输某些规则的公约》，又称《华沙公约》，《海牙议定书》和 1999 年《蒙特利尔公约》。

《华沙公约》规定了航空运输承运人为一方，旅客、货物托运人和收货人为另一方的法律关系和相互义务，是国际空运方面一个最基本的公约。至今已有 130 多个国家和地区参加了该公约，我国于 1955 年正式加入该公约。

华沙公约订立后，在实际使用中发现该公约某些内容已不适用航空运输的要求，特别是对旅客伤亡的赔偿定得太低，应加以修改。于是，各国代表在 1955 年于海牙召开会议，在责任限制、运输单证、航空过失责任、索赔期限等方面对华沙公约作了修改。因为这次修改是在海牙进行的，因此，将修改后的华沙公约的文件称为《海牙议定书》，也有的叫《华沙公约修改本》。至今已有 100 个国家和地区参加了海牙议定书，我国在 1975 年正式加入了该议定书。

然而，1929 年的华沙公约和 1955 年的海牙议定书都没有对某些内容作明确规定，如“承运人”是指与旅客的货物托运人订有运输合同的人，还是包括受契约承运人的委托完成实际运输的人。为了解决这一问题，各国在 1961 年于墨西哥的瓜达拉哈拉签订了一个公约，就“承运人”这一问题对华沙公约作了规定，该公约称 1961 年的《瓜达拉哈拉公约》，至今已有近 60 个国家和地区加入了该公约，我国尚未加入该公约。

1999 年在加拿大蒙特利尔外交会议上通过的《统一国际航空运输某些规则的公约》（以下简称 1999 年《蒙特利尔公约》），从 2005 年 7 月 31 日起对我国正式生效。公约的生效，将取代已适用 70 多年的华沙公约及修正的系列公约、议定书，从而使规范国际航空运输的法律制度走向完整、统一，展现在我们面前的是一个全新的法律框架。目前，已有 32 个国家批准或加入了公约，包括航空运输大国美国等。我国已于 1999 年签署了公约，但尚未批准公约。1999 年《蒙特利尔公约》最主要的变化是体现在责任制度和责任限额方面，具体有以下几方面：

1）由过错责任制走向严格责任制。

2）提高对旅客的赔偿责任限额。

3）增加了第五管辖权。

4）恢复了运输凭证的正常功能。

目前，就航空来说，与其他运输方式（陆运、海运、水运）相接送的机会很少。这是因为空运接箱有两种类型：其一为接送、转运业务。在这一类型中，运程两端都用货车接送业务，并用货车从一个机场运到另一机场。其二是陆运和空运的衔接。这种类型实际上是：“短程货车接送业务”，即用货车在机场两端四周接送业务，而且，这种货物仅限于“适宜空运”的货物，具有一定的价值与重量比率，因而接受较高的空运费用的货物。同时，由于空运货物的包装比陆运、海运轻。因此，就箱子本身来说，也不能进行接送和交换使用。在“短程接送业务”中，货车接送是航空运程的一个附带部份，整个航程都包括在空运单内，空运承运人对全程运输负责，并受华沙公约严格的赔偿责任制和相当高的赔偿责任限额。

此外，就华沙公约有关适用的范围、单据、赔偿责任限制、通知的期限、诉讼时效、管辖等方面的规定，与集装箱多式联运也有不同。根据华沙公约的规定，华沙制度对所有国际空运都强制适用，任何违背公约条款的合同均无效。华沙公约关于联合运输的规定是：本公约的规定仅适用于航空运输，在整个运输过程中，某一区段涉及其他方式的多式联运时，其中空运区段应遵守华沙公约的制度。

二、国际公路货运公约

为了统一公路运输所使用的单证和承运人的责任，联合国所属欧洲经济委员会负责草拟了《国际公路货物运输合同公约》（CMR），并于1956年5月19日在日内瓦由欧洲17个国家参加的会议上一致通过并签订。该公约适用于以营运车辆的公路货物运输的每一合同，不管缔约方住地和国籍，凡合同中规定的接管和交付货物的地点位于两个不同国家，其中至少有一个是缔约国者，本公约均适用。公约共有12章，就公约的适用范围、承运人责任、合同的签订与履行、索赔与诉讼，以及连续承运人履行合同等作了较详细的规定。

为了满足集装箱的运输，联合国所属欧洲经济委会成员国之间于1956年缔结了关于集装箱的关税协定。参加这个协定签字国有欧洲20个国家和欧洲以外的7个国家。协定的宗旨是相互允许集装箱免税过境，在这个协定的基础上，根据欧洲经济委员会的倡议，还缔结了《国际公路车辆运输协定》（TIR），根据协定规定，对装运集装箱的公路承运人，如持有TIR手册，允许由发运地至目的地，在海关封志下途中不受检查，不支付税收，也可不付押金。这种TIR手册是由有关国家政府批准的运输团体发行，这些团体大多是参加国际公路联合会的成员，他们必须保证监督其所属运输企业遵守海关法则和其他规则。协定的正式名称为《根据TIR手册进行国际货物运输的有关关税决定》。该协定有23个欧洲国家参加，并从1960年开始实施。从某种意义上说尽管上述公约或协定有地区性限制，但仍不失为当前国际公路运输的重要公约和协定，并对今后国际公路运输的发展具有一定的影响。

三、国际铁路货运公约

在集装箱货物的国际多式联运中，利用铁路进行多式联运的方式是比较方便的。当然，在铁路之间的联运与在多式联运中铁路作为运输过程中某一区段的运输方式是有区别的。前者是指同一种运输工具间的运输，如铁路与铁路联运，而后者是指铁海、铁公、铁空等运输方式间的联合运输。对国际铁路联运中一般概念的理解是："根据两国以上的国家协议，按有关规定，利用各自的铁路共同完成一票货物的全程运输"。

19世纪中期，有关国家签订协约开展国际铁路客货联运，1890年欧洲国家在瑞士首都伯尔尼签订了《国际铁路运送规则》并于1893年开始生效。1934年该公约修改后称为《国际铁路货物运送公约》（简称《国际货约》），并于1938年9月开始施行。现在参加该公约的国家以达到30多个，在国际铁路货物运输的影响也日益扩大。

1951年在北大西洋公约组织欧洲各国部长运输会议上，由苏联代表提议，起草并通过了《国际铁路货物联运协定》（简称《国际货协》），最初有8个国家参加，1954年中国、朝鲜、蒙古正式参加，随后越南也参加进来。从此，国际铁路联运成为连接亚欧各国客货运输的重要纽带。

长久以来，参加国际铁路联运的国家分两个集团，一个是有32个国家参加并签有《国际铁路货物运送公约》的"货约"集团，另一个是曾有12个国家参加并签有《国际铁路货物联运协定》的"货协"集团。"货协"现已解体但联运业务并未终止。在我国大陆凡可办理铁路货运的车站都可以接受国际铁路货物联运。

1.《国际铁路货物联运协定》

《国际铁路货物联运协定》是参加国际货物联运协定各国铁路和发货人、收货人办理货物联运者必须遵守的基本条件，主要内容是有关货物运输组织、运输条件、运输费用计算，以及铁路承运人与发货人、收货人之间的权利、义务等。

2.《国际铁路货物统一运价规程》

《国际铁路货物统一运价规程》，简称统一运价，是规定参加国际铁路货物各承运人之间办理货物运输的手续、过境运输费用和各项费用的计算、过境铁路里程表、货物品目分类表、货物运费计算表等内容。

3.《国际铁路货物运输协定》

《国际铁路货物运输协定》是由相邻两国铁路签订。其主要内容规定了办理联运货物交换的国境站、运输车辆及货物的交接条件和方法、交接车辆运输办法服务方法等。根据国际铁路货物运输协定的规定，相邻两国铁路定期召开铁路过境会议，对执行过程中出现的问题进行协商，签订《国际铁路会议议定书》。

4. 国际铁路货物运输协定中的有关规则

国际铁路货物运输决定有关规则主要有：

1）国际铁路联运危险货物运输特定条件，它是根据货物的危险性质规定了危险货物的名称、包装办法、重量限制、使用车种、装货限制等内容。

2）敞车类货车货物装载和加固规则号，主要规定了参加国铁路使用敞车类货车装运联运货物时，在装载和加固方面应遵守的技术条件。

除上述两个主要附件外，还有：

1）各种轨距铁路的装载限制。

2）运输方式。

3）货件、车辆、运输单证上有关表示牌、标记。

4）铁路集装箱货物运输规则。

5）国际铁路联运易腐货物运输规则。

6）国际铁路联运托盘货物运输规则。

7）非铁路车辆运输规则。

8）货物运输规则等。

在办理国际铁路货物联运时，上述规章未包括因运输所需要的内容时均适用国内规章。如国际联运和国内规章均有规定时，则适用国际联运规章。

训练与提高

一、填空题

1. 现行的国际航空货运公约主要有三个，即 1929 年于华沙签订的《关于统一国际航空运输某些规则的公约》，又简称________，________和 1999 年________。

2. 参加国际铁路联运的国家分两个集团，一个参加并签有《国际铁路货物运送公约》的________集团；另一个是参加并签有《国际铁路货物联运协定》的________集团。

二、名词解释

1. 国际铁路联运：

2.《蒙特利尔公约》：

第三节　多式联运的法律法规

目前，关于国际货物多式联运的国际公约主要有《联合国国际货物多式联运公约》和《联合国国际贸易和发展会议/国际商会多式联运单证规则》等。国内法规主要有《国际集装箱多式联运管理规则》等。下面分别介绍这几个法规的主要内容。

一、1980年联合国国际货物多式联运公约

《1980年联合国国际货物多式联运公约》（United Nations Convention on International Multimodal Transport of Goods, 1980）起草于1965年，1969年3月在东京召开的国际海事委员会第28届大会上通过公约草案，称为"东京规则"。1973年10月起，联合国贸易与发展会议设立政府间筹备组，负责重新起草联运公约草案，其中特别强调对发展中国家的照顾及对联运方式内涵的修改。1979年3月完成公约起草工作，1980年5月24日在联合国贸易与发展会议上获得通过。我国于1979年第五届政府间筹备组会议起开始派代表小组参加公约的起草工作，并在公约的最后文件上签了字。公约共8章40条。公约的主要内容有。

1. 关于公约的适用范围与管理

公约的各项规定适用于两国境内各地之间的所有多式联运合同，但多式联运合同规定的多式联运经营人接管货物或交付货物的地点必须位于缔约国境内。并规定公约不得影响任何有关运输业务管理的国际公约或国家法律的适用，或与之相抵触。同时，公约不得影响各缔约国在国家一级对管理多式联运业务和多式联运经营人的权利，包括就下列事项采取措施的权利：多式联运经营人、托运人、托运人组织以及各国主管当局之间就运输条件进行协商特别是在引用新技术开始新的运输业务之前进行协商；颁发多式联运经营人的许可证；参加运输；为了本国的经济和商业利益而采取一切其他措施。公约还明确规定，多式联运经营人除了应遵守本公约的规定外，还应遵守其业务所在国的法律。

2. 关于多式联运经营人的责任

（1）多式联运经营人的责任期间　公约规定多式联运经营人的责任期间自接管货物之日时起到交付货物时止。

（2）多式联运经营人的赔偿责任原则　公约实行完全推定过错责任原则，多式联运经营人对于在责任期间所发生的货物灭失、损坏或延迟交付引起的损失应负赔偿责任，包括他的受雇人、代理人或为履行多式联运合同而使用其服务的任何其他人。除非多式联运经营人证明其本人、受雇人或代理人为避免事故的发生及其后果已采取一切所能合理要求的措施。否则，便推定损坏是由于其本人、受雇人或代理人的过错行为所致，并由其负赔偿责任。

（3）多式联运经营人的赔偿责任限制　多式联运经营人对货物的灭失或损坏造成的损失负赔偿责任，按灭失或损坏的货物的每包或其他货运单位计不得超过920特别提款权（SDR），或按毛重每千克计不得超过2.75特别提款权，以较高者为准。

1）如果货物是用集装箱、货盘或类似的装运工具集装，经多式联运单据列明装在这种装运工具中的包数或货运单位数应视为计算限额的包数或货运单位数。否则，这种装运工具中的货物应视为一个货运单位。

2）如果装运工具本身灭失或损坏，而该装运工具并非为多式联运经营人所有或提供，则应视为一个单独的货运单位。

3）多式联运合同如果不包括海上或内河运输，则多式联运经营人的赔偿责任按灭失或损坏货物毛重每千克计不得超过 8.33 特别提款权。

4）延迟交付货物造成损失所负的赔偿责任限额为该货物应付运费的 2.5 倍，但不得超过多式联运合同规定的应付运费的总额。

5）多式联运经营人赔偿责任的总和（同时发生货损和延迟交付）不得超过按货物全部灭失所计算的赔偿责任限额。

6）如果多式联运经营人和发货人之间订有协议，则多式联运单据中可规定超过上述各款规定的赔偿限额。

7）如果货物的灭失或损坏发生于多式联运的某一特定阶段，而对这一阶段适用的一项国际公约或强制性国家法律规定的赔偿限额高于上述各款所得出的赔偿限额，则应按照该公约或强制性国家法律予以确定赔偿限额。

（4）多式联运经营人赔偿责任限制权利的丧失　如经证明，货物的灭失、损坏或延迟交付是由于多式联运经营人或其代理人、受雇人有意造成或明知可能造成而毫不在意的行为或不行为所引起，则多式联运经营人丧失享受本公约所规定的赔偿责任限制的权利。

3. 关于发货人的义务与责任

发货人是指其本人或以其名义或其代表同多式联运经营人订立多式联运合同的任何人，或指其本人或以其名义或其代表按照多式联运合同将货物实际交给多式联运经营人的任何人。

1）发货人应保证在多式联运单据中所提供的货物品类、标志、件数、重量和数量，如属危险货物，其危险性等事项，概属准确无误。

2）发货人必须赔偿多式联运经营人因第 1 款所指各事项的不准确或不当而造成的损失。即使发货人已将多式联运单据转让，仍须负赔偿责任。

3）由于发货人的过失或疏忽或者发货人的受雇人或代理人在其受雇范围内行事时的过失或疏忽造成货物损害，发货人应负赔偿责任。

4）发货人应以合适的方式在危险货物上加明危险标志或标签。发货人将危险货物交给多式联运经营人或其任何代表时，应告知货物的危险特性，必要时并告知应采取的预防措施。否则，发货人对多式联运经营人由于载运这类货物而遭受的一切损失应负赔偿责任。如果未经发货人告知而多式联运经营人又无从得知货物的危险特性，多式联运经营人视情况需要，可随时将货物卸下、销毁或使其无害而无须给予赔偿。

4. 关于收货人的义务与责任

收货人是指有权提取货物的人。公约规定，货物运到合同规定的交货地点后，收货人应及时提取货物。如果收货人不向多式联运经营人提取货物，则按照多式联运合同或按照交货地点适用的法律或特定行业惯例，多式联运经营人可以将货物置于收货人支配之下；或者将货物交给根据交货地点适用的法律或规章必须向其交付的当局或其他第三方，这时，多式联运经营人即已履行其交货义务。

5. 关于多式联运单据

1）公约对多式联运单据的内容及填写作了规定。

2）如果多式联运经营人或其代表知道或有合理的根据怀疑多式联运单据所列货物的品类、主要标志、包数或件数、重量或数量等事项没有准确地表明实际接管货物的状况，或无适当方法进行核对，则该多式联运经营人或其代表应在多式联运单据上作出保留，注明不符之处、怀疑的根据或无适当核对方法。如果多式联运经营人或其代表未在多式联运单据上对货物的外表状况加以批注，则应视为该单据注明货物的外表状况良好。

3）公约对多式联运单据的签发作了规定。

①多式联运经营人接管货物时，应签发一项多式联运单据，该单据应发货人的选择或为可转让单据或为不可转让单据。

②多式联运单据应由多式联运经营人或经他授权的人签字。

③多式联运单据上的签字如不违背签发多式联运单据所在国的法律，可以是手签、手签笔迹的复印、盖章、符号或用任何其他机械或电子仪器打出。

④多式联运单据以可转让的方式签发时，应列明按指示或向持票人交付；如列明按指示交付，须经背书后转让；如列明向持票人交付，无须背书即可转让；如签发一套一份以上的正本，应注明正本份数；如签发任何副本，每份副本均应注明“不可转让副本”字样。

只有交出可转让多式联运单据，并在必要时经正式背书，才能向多式联运经营人或其代表提取货物。

如签发一套一份以上的可转让多式联运单据正本，而多式联运经营人或其代表已正当地按照其中一份正本交货，该多式联运经营人便已履行其交货责任。

⑤多式联运单据以不可转让的方式签发时，应指明记名的收货人。多式联运经营人将货物交给此种不可转让的多式联运单据所指明的记名收货人或经收货人通常以书面正式指定的其他人后，该多式联运经营人即已履行其交货责任。

4）多式联运单据的证据效力。除对单据准许保留的事项作出保留的部分之外，多式联运单据应是该单据所载明的货物由多式联运经营人接管的初步证据；如果多式联运单据以可转让方式签发，而且已转让给正当地信赖该单据所载明的货物状况的、包括收货人在内的第三方，则多式联运经营人提出的反证不予接受。如果多式联运经营人意图诈骗，在多式联运单据上列入有关货物的不实资料，或漏列按规定应载明的任何资料，则该联运人不得享有本公约规定的赔偿责任限制，而须负责赔偿包括收货人在内的第三方因信赖该多式联运单据所载明的货物状况行事而遭受的任何损失、损坏或费用。

6. 关于索赔与诉讼

（1）灭失、损坏或延迟交货的通知

1）如果货物存在着明显的灭失或损坏，收货人应不迟于在货物交给他的次一工作日，将说明此种灭失或损坏的一般性质的书面通知送交多式联运经营人。如果货物灭失或损坏不明显，收货人应在收到货物之日后连续6 日内提出书面通知。在上述规定时间内若未提出书面通知，则此种货物的交付即为多式联运经营人交付多式联运单据所载明的货物的初步证据。

2）如果货物的状况在交付收货人时已经当事各方或其授权在交货地的代表进行了联合调查或检验，则无须就调查或检验所证实的灭失或损坏送交书面通知。

3）对延迟交货造成损失的索赔，收货人必须在收到货后连续 60 日内向多式联运经营人送交书面通知。否则多式联运经营人对延迟交货所造成的损失无须给予赔偿。

（2）诉讼时效

1）根据本公约有关国际多式联运的任何诉讼，如果在 2 年期间内没有提起诉讼或交付仲裁，即失去时效。但是，如果在货物交付之日或应当交付之日后 6 个月内，没有提出书面索赔通知，说明索赔的性质和主要事项，则此期限届满后即失去诉讼时效。

2）时效期间自多式联运经营人交付货物或部分货物之日的次一日起算，如货物未交付，则自货物应当交付的最后一日的次一日起算。

3）被索赔方可在时效期间内随时向索赔人提出书面声明，延长时效期间。此种期间可用另一次声明或多次声明再度延长。

4）除非一项适用的国际公约另有相反规定，根据本公约负有赔偿责任的人即使在上述各款规定的时效期间届满后，仍可在起诉地国家法律所许可的限期内提起诉讼，要求追偿，而此项所许可的限期，自提起此项追偿诉讼的人已清偿索赔要求或接到对其本人的诉讼传票之日起算，不得少于 90 日。

（3）关于仲裁　公约规定，合同双方可以达成书面协议，将争议提交仲裁。申诉方有权选择仲裁地点，但应在有管辖权的法院所在国提交仲裁。

7. 关于管辖权

公约规定，原告有权选择有管辖权的法院提起诉讼，并规定下列地点所在国有管辖权：

1）被告主要营业所，或者被告的经常居所。

2）订立多式联运合同的地点，而且合同是通过被告在该地的营业所、分支或代理机构订立。

3）货物接管地或交付地。

4）多式联运合同中指定并在多式联运单据中载明的任何其他地点。

二、1973 年国际商会联运单证规则

《国际商会联运单证规则》（Uniform Rules for a Combined Transportation Document，1973）是最早的关于联运单证的国际民间协议。由国际商会于 1973 年制定，1975 年进行了修改。作为民间规则，其适用不具有强制性，但被国际货物多式联运合同双方当事人经常协议采用。其主要内容如下：

1. 多式联运经营人的责任形式

规则对于多式联运经营人实行网状责任制。对于发生在多式联运经营人责任期间内的货物灭失或损坏，如果知道这种灭失或损坏发生的运输区段，多式联运经营人的赔偿责任依据适用于该区段的国际公约或国内法予以确定；在不能确定货物发生灭失或损坏的区段时，即对于隐藏的货物损失，其赔偿责任按完全的过错责任原则予以确定。赔偿责任限额为，按灭失或损坏的货物毛重每千克 30 金法郎计算。如果发货人事先征得多式联运经营人的同意，已申报超过此限额的货物价值，并在多式联运单据上注明，则赔偿责任限额应为所申报的货物价值。

2. 多式联运经营人的责任期间

规则规定，为从接管货物时起，至交付货物时止的整个运输期间。

3. 多式联运经营人对货物运输延迟的责任

只有在确知发生延迟的运输区段时，多式联运经营人才有责任支付延迟赔偿金。赔偿金的限额为该运输区段的运费。但适用于该区段的国际公约或国内法另有规定时除外。

4. 货物灭失或损坏的通知与诉讼时效

收货人应在收货之前或当时，将货物灭失或损坏的一般性质书面通知多式联运经营人。如果货物灭失或损坏不明显，应在7日内提交通加，否则，便视为多式联运经营人按多式联运单据所述情况交付货物的初步证据。就货物灭失、损坏或运输延迟而向多式联运经营人提出索赔诉讼的时效期间为9个月，自货物交付之日或本应交付之日，或自收货人有权认为货物已灭失之日起计算。

三、1991年联合国国际贸易和发展会议/国际商会多式联运单证规则

《1991年联合国国际贸易和发展会议/国际商会多式联运单证规则》（UNCTAD/ICC Rules for Multimodal Transport Documents，1991）是1991年由联合国国际贸易和发展会议与国际商会共同制定，是一项民间规则，供当事人自愿采纳。主要内容有：

（1）超越当事人订立的条款　本规则经当事人选择后适用，一经适用就超越当事人订立的条款，除非这些条款增加多式联运经营人的义务。

（2）载入多式联运单证的资料的证据效力　载入多式联运单证的资料应当是多式联运经营人按照此种资料接管货物的初步证据，除非已有相反的注明，例如“托运人的重量、装载和计数”、“托运人装载的集装箱”或类似表述已在单证上以印就文本或批注作出。

在多式联运单证已经转让或者等同的电子数据交换信息已经传输给收货人并经其接受，收货人又是善意信赖并据以行动的情况下，多式联运经营人提出的反证不予接受。

（3）多式联运经营人的责任

1）多式联运经营人责任期间。多式联运经营人责任期间自其接管货物之时起到交付货物之时为止。

2）多式联运经营人应当对其受雇人或代理人在其受雇范围内行事时的行为或不为负赔偿责任，或对其为履行多式联运合同而使用其服务的任何其他人的行为或不为负赔偿责任，一如其自己的行为或不为一样。

3）多式联运经营人为保证货物的交付，负责履行或安排履行下列必要的事项：

①如多式联运单证是以可转让方式“向持单人交付”签发的，则应向提交一份正本单证的人交付货物。

②如多式联运单证是以可转让方式“按指示交付”签发的，则应向提交一份经背书的单证的人交付货物。

③如多式联运单证是以可转让方式“向记名人交付”签发的，则应向提交一份正本单证和本人身份证明的人交付货物；如果此种单证已以“按指示交付”或空白背书转让的，②项规定应予适用。

④如多式联运单证以不可转让方式签发的，向单证上记名的收货人凭其身份证明交付货物。

⑤没有签发单证的，应向托运人所指示的人交付，或者向按多式联运合同已获得托运人或收货人的权利的人所作出的此种指示的人交付货物。

4）多式联运经营人的赔偿责任基础是完全责任制。如果造成货物的灭失、损坏或延迟交付的事故发生在多式联运经营人掌管的期间，多式联运经营人应当对货物的灭失、损坏和延迟交付负赔偿责任，除非多式联运经营人证明，其本人、受雇人、代理人对造成此种灭失或损坏或延迟交付没有过失或疏忽。

（4）多式联运经营人的免责条款　多式联运经营人对在海上或内河运输中由于下列原

因造成的货物灭失或损坏以及延迟交付不负赔偿责任：

1）承运人的船长、船员、引航员或受雇人在驾驶和管理船舶中的行为、疏忽或过失。

2）火灾，除非由于承运人的实际过失或私谋所造成。

但是，只要货物的灭失或损坏是由于船舶不适航所造成的，多式联运经营人就要证明，他已经谨慎处理使船舶在航次开始时适航。

（5）多式联运经营人的赔偿责任限制

1）多式联运经营人的责任限制为每件或每单位666.67SDR，或者毛重每千克2SDR，以其高者为准。如果一个集装箱、货盘或类似运载工具载有一件或一个单位以上的货物，则在多式联运单证上列明的装载在此类运载工具中的件数或货运单位数即视为计算限额的件数或货运单位数。未按上述要求列明者，此种运载工具应作为该件或单位。

2）尽管有上述规则，如果按照多式联运合同，多式联运不涉及海上或内河运输的，多式联运经营人的赔偿责任以不超过灭失或损坏货物毛重每千克8.33SDR为限。

3）如果货物的灭失或损坏发生在多式联运中的某一特定区段，而适用于该区段的国际公约或强制性的国家法律规定了另一项责任限额，如同对这一特定区段订有单独的运输合同一样，则多式联运经营人对此种灭失或损坏的赔偿责任限制应当按照此种公约或强制性国家法律的规定计算。

4）如果多式联运经营人对于延迟交付引起的损失或者非属货物灭失或损坏的间接损失负有赔偿责任，则其赔偿责任应当以不超过根据多式联运合同计收的多式联运运费为限。

5）多式联运经营人的赔偿责任总额不超过货物全部灭失的责任限额。

（6）多式联运经营人责任限制权利的丧失　如经证明货物的灭失或损坏或延迟交付是由于多式联运经营人本人故意造成，或者知道可能造成而毫不在意的行为或不为所引起的，则多式联运经营人就丧失享受赔偿责任限制的权利。

（7）托运人的责任　托运人应保证在多式联运单证中所提供的货物品类、标志、件数、重量和数量以及危险货物的危险性等事项概属准确。否则，托运人应当向多式联运经营人赔偿因上述事项的不正确或不适当而引起的任何损失。即使托运人已将多式联运单证转让，托运人仍应负赔偿责任。

（8）货物灭失或损坏的通知

1）除非收货人在货物交付时将说明灭失或损坏的一般性质的货物灭失或损坏书面通知送交多式联运经营人，否则，此种货物的交付即为多式联运经营人已将多式联运单证所载明的货物交付给收货人的初步证据。

2）在货物的灭失或损坏不明显时，如果在货物交付收货人之日后连续6日内未送交书面通知，则应当适用上述初步证据的效力。

（9）诉讼时效　除另有明确协议外，除非在9个月内提起诉讼，多式联运经营人应当被解除按本规则规定的赔偿责任。上述时限从货物交付之日或货物应当交付之日起算。

（10）本规则对无论是侵权还是违约均有效，并适用于所有多式联运关系人。本规则只在不违犯适用于多式联运合同的国际公约或国家法律的强制性规定的范围内生效。

四、我国国际集装箱多式联运管理规则

现在的国际多式联运基本上都是国际集装箱多式联运。为了加强国际集装箱多式联运的管理，促进通畅、经济、高效的国际集装箱多式联运的发展，满足对外贸易的需要，根据

《中华人民共和国海商法》、《中华人民共和国铁路法》的有关规定，我国交通部和铁道部经国务院批准于1997年5月联合发布了《国际集装箱多式联运管理规则》，该规则自1997年10月1日起生效。规则共8章43条。下面介绍其中的一些主要规定。

1. 托运人责任

1）托运人将货物交给多式联运经营人，所提供货物的名称、种类、包装、件数、重量、尺寸、标志等应准确无误，如是特殊货物还应说明其性质和注意事项。

2）由于下列原因所致造成货物灭失、损坏或对多式联运经营人造成损失，托运人应自行负责或承担赔偿责任：

①箱体、封志完好，货物由托运人装箱、计数、施封或货物装载于托运人的自备箱内。

②货物品质不良或外包装完好而内装货物短损、变质。

③运输标志不清，包装不良。

④由于托运人的过失和疏忽对多式联运经营人或第三方造成损失，即使托运人已将多式联运单据转让，仍应承担赔偿责任。多式联运经营人取得这种赔偿权利，不影响其根据多式联运合同对托运人以外的任何人应负的赔偿责任。

⑤托运人托运危险货物，应当依照该种货物运输的有关规定执行，并妥善包装、粘贴或拴挂危险货物标志和标签，将其正式名称和性质以及应采取的安全防护措施书面通知多式联运经营人；由于未通知或通知有误的，多式联运经营人可以根据情况将货物卸下、销毁或者采取相应的处理手段，而不负赔偿责任。托运人对多式联运经营人因运输该种货物所受到的损失，应当负赔偿责任。

多式联运经营人知道危险货物的性质并已同意装运的，在发现该种货物对于运输工具、人员或者其他货物构成实际危险时，仍然可将货物卸下、销毁或者使之不能发生危害。多式联运经营人的责任适用于所发生区段的有关法律、法规。

2. 多式联运经营人的责任

1）多式联运经营人签发多式联运单据后，即表明多式联运经营人已收到货物，对货物承担多式联运责任，并按多式联运单据载明的交接方式，办理交接手续。

2）多式联运经营人对货物的责任期间自接收货物时起至交付货物时止。接收是指货物已交给多式联运经营人运送，并由其接管。

交付是指按多式联运合同将货物交给收货人或根据交付地适用的法律或贸易做法将货物置于收货人的支配下或必须交给的当局、第三方。

3）多式联运经营人在接收货物时已知道或有合理的根据怀疑托运人陈述或多式联运单据上所列货物内容与实际接收货物的状况不符，但无适当方法进行核对时，多式联运经营人有权在多式联运单据上作出保留、注明不符之处、怀疑的根据或无适当核对方法的说明。

多式联运经营人未在多式联运单据上对货物或集装箱的外表状况加以批注，则应视为他已收到外表状况良好的货物或集装箱。

4）除依照规定作出保留外，多式联运经营人签发的多式联运单据是多式联运经营人已经按照多式联运单据所载状况收到货物的初步证据。

5）多式联运经营人有义务按多式联运单据中收货人的地址通知收货人货物已抵达目的地。

6）收货人按多式联运单据载明的交接方式接收货物，在提货单证上签收。多式联运经营人收回正本多式联运单据后，多式联运经营人责任即告终止。

7）货物的灭失、损坏或延迟交付发生在多式联运经营人责任期间内，多式联运经营人应依法承担赔偿责任。

货物在明确约定的交货日期届满后，连续60日仍未交付，收货人则可认为该批货物已灭失。货物的灭失、损坏或延迟交付发生于多式联运的某一区段的，多式联运经营人的赔偿责任和责任限额适用该运输区段的有关法律、法规。

货物的灭失、损坏不能确定所发生的区段时，多式联运经营人承担赔偿责任的赔偿责任限制为：多式联运全程中包括海运的适用于《中华人民共和国海商法》，多式联运全程中不包括海运的适用于有关法律、法规的规定。

8）货物的延迟交付不能确定所发生的区段时，多式联运经营人对延迟交付承担的赔偿责任限制，在多式联运全程中包括海运段的，以不超过多式联运合同计收的运费数额为限。

货物的灭失或损坏和延迟交付同时发生的，多式联运经营人的赔偿责任限额按货物的灭失或损坏处理。

9）因货物灭失、损坏或延迟交付造成损失而对多式联运经营人提起的任何诉讼，不论这种诉讼是根据合同还是侵权行为或其他理由提起的，均适用第7条、第8条规定的赔偿责任限制。

10）由于货物灭失、损坏或延迟交付造成损失而对多式联运经营人的受雇人提起诉讼，该受雇人如能证明其是在受雇范围内行事，则该受雇人有权援用多式联运经营人的辩护理由和赔偿责任限制。

11）如能证明货物的灭失、损坏或延迟交付是多式联运经营人有意造成或明知有可能造成而毫不在意的行为或不行为所致，多式联运经营人则无权享受第7条和第8条所规定的赔偿责任限制。

12）多式联运经营人可以与有关各方签订协议，具体商定相互之间的责任、权利和义务及有关业务安排等事项，但不得影响多式联运经营人对多式联运全程运输承担的责任，法律、法规另有规定者除外。

五、《中华人民共和国国际海运条例》及其实施细则

为了规范国际海上运输活动，保护公平竞争，维护国际海上运输市场秩序，保障国际海上运输各方当事人的合法权益，国务院于2001年颁布了《中华人民共和国国际海运条例》，于2002年1月1日起施行。《中华人民共和国国际海运条例》适用于进出我国港口的国际海运经营活动以及与国际海运相关的辅助性经营活动。所谓与国际海运相关的辅助性经营活动，包括国际船舶代理、国际船舶管理、国际海运货物装卸、国际海运货物仓储、国际海运集装箱站和堆场等业务。

《中华人民共和国国际海运条例》共7章61条，主要内容包括总则、国际海上运输及其辅助性业务的经营者、国际海上运输及其辅助性业务经营活动、外商投资经营国际海上运输及其辅助性业务的特别规定、调查与处理、法律责任及附则等。

交通部根据《中华人民共和国国际海运条例》，制定了《中华人民共和国国际海运条例实施细则》，自2003年3月1日起施行。

训练与提高

一、填空题

1. 目前，关于国际货物多式联运的国际公约主要有______和《联合国国际贸易和发展会议/国际商会多式联运单证规则》等。

2. 目前，关于国际货物多式联运的国内法规主要有______等。

3. 《联合国国际货物多式联运公约》对多式联运经营人的赔偿责任原则实行______原则。

4. 根据我国国际集装箱多式联运管理规则规定，货物在明确约定的交货日期届满后，连续______仍未交付，收货人则可认为该批货物已灭失。

二、简答题

《1980年联合国国际货物多式联运公约》对多式联运经营人的赔偿责任限制和多式联运经营人赔偿责任限制权利的丧失条件是如何规定的?

【阅读材料】

违反运输时间之指示赔偿责任确定

国际货物运输公约中，对货物不应造成运输延误的规定首先来自于1978年制定的汉堡规则。随后又在1980年制定的国际货物多式联运公约中进一步有所规定。中华人民共和国海商法引入了汉堡规则中有关延误交货的精神，规定：“如货物未能在明确约定的时间内并在约定的卸货港交付，则构成延误交货”。事实上，无论是货主，还是承运人均希望货物的运输能安全尽快地运抵目的港地交由收货人。然而，国际货物运输途中风险多变。如一旦发生因救助人命财产必然会造成运输延误；如遇台风去附近避风也必然造成运输延误；又如因船舶在海上运输途中发生海难去避难港；又如因中转原因造成运输延误等。有的运输延误对承运人可享有免责，但有的则必须承担赔偿责任。如货主在订舱托运时对运输时间有明确指示，则对承运人能否按时在约定港口交货则构成是否违约根本要点。

一、运输时间的约定指示

为了保证货物运输质量，或为了满足收货人早日收到货物的要求，信用证中经常会订立一些运输时间方面的指示：

1）必须在圣诞节×天前在目的港交货。

2）必须在×月×日前将货交由目的港的提单持有人。

3）必须在×月×日——×月×日之间，在提单记载的港口交货。

4）不得晚于航次所需要时间后的×日在目的港交货。

5）应在合理时间内交货。

对上述运输时间指示，无论是承运人本人，还是其代理人一旦接受，便成为承托双方的约定条件，运输中一旦发生运输延误除承运人可享有的免责范围内规定的内容外，均属承运人过失责任。如多式联运公约规定：“如货物的灭失或损害，或延误交货确是由于多式联运经营人或其受雇人或代理人的行为或不行为所致，多式联运经营人应承担赔偿责任。”显然，多式联运公约中未提及不合理绕航情况下有关多式联运经营人的抗辩理由。因为，绕航的结果之根本往往是运输时间的延误，只有在运输时间没有延误的前提下才可对绕航有除外责任。事实上，多式联运公约的这一规定是有缺陷的，因为货主与多式联运经营人并没有在运输合同中约定运输时间时，即没有规定具体的交付时间，也没有在合理时间内交货时，多式联运经营人均应对延误运输承担赔偿责任。然而，对在“合理时间内交货”这一理解又极易产生不同理解，在无法调解时也只有交由法院来判定，但并不意味着法院的判定是准确的，并为当事人所认可。

那么，是什么原因致使承运人在接受运输指示后却难以做到按约定时间内交货呢，其主要原因有：

1）航行途中，因救助人命、财产或企图救助人命、财产。

2）航行途中，因船舶发生海难（碰撞、搁浅、触礁）去避难港。

3）航行途中，因所装载货物原因去附近港（如冷藏货因冷冻机发生故障）。

4）航行途中，因遇台风去附近港口避风。

5）航行途中，因船舶机械发生故障，需要修理。

6）航行途中，因船员罢工，致使船舶无法正常航行。

7）船到目的港地，因港口发生工人罢工，致使船舶无法靠泊进行卸货去附近港口。

8）货物中转因二程船舱位紧张一时难以配装。

9）货物中转因多种原因发生漏装。

10）货物中转因单证原因致使中转地海关未放行。

上述原因造成的运输延误有的属承运人方面的过失责任，有的属双方不承担的除外责任，如不可抗力，意外原因。也有属货主方面的原因。运输中一旦发生运输延误除根据双方约定的运输指示外，大多依据有关国际货运公约，各国海商法和船公司提单条款来处理。

二、本案中由谁对运输延误承担责任

广州东莞一货主与美国一家公司成交一批圣诞节礼品，美方开来的信用证中规定：“玩具必须装载集装箱，不迟于圣诞节前30天美国港口交货，运输条款CY—CY。”东莞货主将玩具出运委托一家货代公司操作，货代向香港干线船公司订舱，并安排驳船将装载玩具的集装箱拖运至香港。根据干线船期，该船可在圣诞节前32天运抵美国港口。这符合信用证不迟于圣诞节前30天美国港口交货条件，因而当货代向船公司提出这一运输时间指示时，干线船公司未提出异议。装载玩具的集装箱拖运至装船港，在装载驳船前集装箱由海关查验，查验时海关对货主说：“拿几件玩具”，但货主对海关人员说：“箱内装载的玩具数字准确，一旦拿走几件，万一收货人认为数字不符合同提出赔偿很麻烦，如喜欢玩具，明天给你带上几件”。但海关人员说：“不给玩具，不查验”。于是，货主赶紧回公司拿玩具，但因路上发生交通阻塞，等拿了玩具到查验地，海关下班了，驳船开走了，干线船也驰往美国。于是，货代赶紧向香港另一船公司订舱，但该批玩具抵运美国港口的时间是圣诞节前28天，按理说晚2天在海上运输中也属正常情况。但该批货的收货人发现玩具在美国市场不受欢迎，加之9. 11事件的影响，如收货人接受该批货物无疑是亏损。事实上，该批玩具的货主已与下家订立了销售合同，由于无法按时提货。致使收货人无法履行与下家的销售合同。因而，当该批货运抵美国港口后收货人一直不办理提货，其结果：一是箱子堆存在堆场内发生堆存费；二是船公司要求尽快提箱，并在拆箱后将空箱回运，而收货人不去银行付款买单，致使发货人无法收到货款。

东莞货主认为：收货人提出的赔偿要求似乎是发货人违反了信用证运输时间的约定，而事实上发货人并没有过失，如不是海关方面的原因货物早在32天前到达美国港口，但问题是发货人能向海关提出赔偿要求？如海关不赔，发货人能否将海关诉讼至法院？如发货人对海关提起诉讼，法院是否会受理？如法院受理又将依据什么法规处理？

谁是本案中的责任方，谁对本案造成的运输延误承担责任？

综上所述，造成货物运输延误主要有承运人方面的原因、货主方面的原因，而属于政府部门的原因尽管在实际业务中时有发生，但迄今为止法院从未受理过类似案件。事实上，无论是承运人、还是货主，从未对属于政府部门原因造成运输延误提起过诉讼。因为，一旦提起诉讼，等待他们的可能是一个无言的结局。该案责任方是海关查验人员，查验货物并放行是海关应履行的职责。个别人员利用手中权力为达到自己的私利而为难货主，不仅破坏了公职人员的形象，也给当事人造成不应有的损失。相信，随着我国各行业法规制度建设的不断完善，这类不正之风必将得到遏制。

本章小结

✓本章主要对海运、航空、公路、铁路等不同运输形式下的国际货运公约以及国际多式联运法规进行介绍，重点讲解这些公约、规则的相关内容，诸如承运人、托运人双方的义务、权利等方面的规定。

附　　录

附录 A　各类集装箱常用技术规范

(COSCON CONTAINER TECHNICAL DATA)

尺寸单位:mm　　体积单位:m^3　　重量单位:kg

(The dimensions are in millimeters. Capacity in CBM. Weight in kg.)

表 A-1　箱体内部尺寸(Internal dimensions)

	干货集装箱 Dry			冷藏箱 Reefer			开顶箱 Open Top			框架箱 Flat Rack		
	L	W	H	L	W	H	L	W	H	L	W	H
20ft	5890	2350	2390	5435	2286	2245	5900	2330	2337	5628	2178	2159
40ft	12029	2350	2390	11552	2266	2200	12025	2330	2337	11762	2178	1986
HC	12029	2352	2698	11558	2286	2505						

表 A-2　箱体内容积及载重量(Capacity and Payload)

	干货集装箱 Dry		冷藏箱 Reefer		开顶箱 Open Top		框架箱 Flat Rack	
	Cu	P	Cu	P	Cu	P	Cu	P
20ft	33.1	21740	27.5	21135	32.6	21740		27800
40ft	67.7	26630	58.7	26580	56.8	26410		40250
HC	76.3	26600	66.1	26380				

表 A-3　各类箱箱号首位数字之含义(Meaning of the first digit of container serial number)

	干货集装箱 Dry					冷藏箱 Reefer				开顶箱 Open Top	框架箱 Flat Rack
20ft	0	3	2	6	8	22	23	25	26	52	92
40ft	1		4		7	20	21	24	27	54	94
HC	96					29					

表 A-4　箱门开度尺寸(Door Opening Dimensions)

干货集装箱 Dry					
20ft		40ft		HC	
W	H	W	H	W	H
2340	2280	2340	2280	2340	2585

表 A-5 集装箱货柜尺码详解

(Container Specifications)

20ft Dry Container(20 英尺干货货柜)

Height	Tare Weight	Max Cargo Cap.	Door Opening		Interior Dimensions			Interior Cube
			Width	Height	Length	Width	Height	
8ft 6in	1630kg 3594lb	18690kg 41204lb	2343mm 7ft 8in	2303mm 7ft 7in	5933kg 19ft 6in	2336mm 7ft 8in	2399mm 7ft 10in	33. 2m 1172ft
8ft 6in	2300kg 5071lb	21700kg 47840lb	2340mm 7ft 8in	2280mm 7ft 6in	5905mm 19ft 4in	2350mm 7ft 9in	2392mm 7ft 10in	33. 2m 1172ft

20ft Flat Rack Container(20 英尺床式、平台两用货柜)

Height	Tare Weight	Max Cargo Cap.	Door Opening		Interior Dimensions			Interior Cube
			Width	Height	Length	Width	Height	
8ft 6in	2600kg 5732lb	21400 kg 47179lb			5954mm 19ft 6in	2374mm 7ft 9in	2255mm 7ft 5in	31. 9m 1126ft

20ft Open Top Container(20 英尺开顶货柜)

Height	Tare Weight	Max Cargo Cap.	Door Opening		Interior Dimensions			Interior Cube
			Width	Height	Length	Width	Height	
8ft 0in	2450kg 5401lb	21550kg 47510lb	2338mm 7ft 8in	2234mm 7ft 4in	589mm 19ft 4in	2350mm 7ft 9in	2330ft 7ft 8in	32. 2m 1137ft

20ft Refrigerated Container(20 英尺冷冻货柜)

Height	Tare Weight	Max Cargo Cap.	Door Opening		Interior Dimensions			Interior Cube
			Width	Height	Length	Width	Height	
8ft 6in	2820 kg 6217lb	21180 kg 46694lb	2252mm 7ft 5in	2212mm 7ft 3in	5545mm 18ft 2in	2252mm 7ft 5in	2259mm 7ft 5in	28. 2m 995ft

40ft Dry Container(40 英尺干货货柜)

Height	Tare Weight	Max Cargo Cap.	Door Opening		Interior Dimensions			Interior Cube
			Width	Height	Length	Width	Height	
8ft 6in	2640kg 5820lb	27840kg 61377lb	2343mm 7ft 8in	2283mm 7ft 6in	12058mm 39ft 7in	2343mm 7ft 8in	2383mm 7ft 10in	67. 3m 2376ft
8ft 6in	3860kg 8510lb	26620kg 58687lb	2340mm 7ft 8in	2280mm 7ft 6in	12039mm 39ft 6in	2350mm 7ft 9in	2392mm 7ft 10in	67. 7m 2390ft

40ft Flat Rack Container(40 英尺床式、平台两用货柜)

Height	Tare Weight	Max Cargo Cap.	Door Opening		Interior Dimensions			Interior Cube
			Width	Height	Length	Width	Height	
8ft 6in	5100kg 11244lb	25380kg 55953lb			12072mm 39ft 7in	2374mm 7ft 9in	1995mm 6ft 7in	57. 1m 2016ft

（续）

40ft Platform Container(40 英尺平台式货柜)								
Height	Tare Weight	Max Cargo Cap.	Door Opening		Interior Dimensions			Interior Cube
			Width	Height	Length	Width	Height	
—	6160kg 13580lb	50000kg 110231lb			12192mm 40ft 0in	2438mm 8ft 0in		

40ft Refrigerated Container(40 英尺冷冻货柜)								
Height	Tare Weight	Max Cargo Cap.	Door Opening		Interior Dimensions			Interior Cube
			Width	Height	Length	Width	Height	
8ft 6in	4100kg 9039lb	26380kg 58158lb	2286mm 7ft 6in	2169mm 7ft 1in	11679mm 38ft 4in	2286mm 7ft 6in	2211mm 7ft 3in	59. 0m 2083ft

40ft High Cube Container(40 英尺超高货柜)								
Height	Tare Weight	Max Cargo Cap.	Door Opening		Interior Dimensions			Interior Cube
			Width	Height	Length	Width	Height	
9ft 6in	3010kg 6636lb	27470kg 60561lb	2343mm 7ft 8in	2589 mm 8ft 6in	12060mm 39ft 7in	2340mm 7ft 8in	2679mm 8ft 9in	75. 6m 2669ft
9ft 6in	3990kg 8796lb	26490kg 58400lb	2340mm 7ft 8in	2585mm 8ft 6in	12035mm 39ft 6in	2350mm 7ft 9in	2696mm 8ft 10in	76. 3m 2693ft

40ft High Cube Refrigerated Container(40 英尺超高冷冻货柜)								
Height	Tare Weight	Max Cargo Cap.	Door Opening		Interior Dimensions			Interior Cube
			Width	Height	Length	Width	Height	
9ft 6in	4550kg 10031lb	25930kg 57166lb	2286mm 7ft 6in	2443mm 8ft 0in	11672mm 38ft 4in	2286mm 7ft 6in	2505mm 8ft 3in	66. 8m 2358ft

45ft High Cube Dry Container(45 英尺超高干货货柜)								
Height	Tare Weight	Max Cargo Cap.	Door Opening		Interior Dimensions			Interior Cube
			Width	Height	Length	Width	Height	
9ft 6in	3930kg 8664lb	29090kg 64132lb	2340mm 7ft 8in	2591mm 8ft 6in	13582mm 44ft 7in	2345mm 7ft 8in	2687mm 8ft 10in	85. 6m 3022ft

附录 B　部分国家和地区代号表

国家和地区	三字母	二字母	国家和地区	三字母	二字母
澳大利亚	AUS	AU	中国	PRC	CN
奥地利	AXX	AT	塞浦路斯	CYX	CY
比利时	BXX	BE	丹麦	DKX	DK
巴西	BBX	BR	芬兰	SFX	FI
加拿大	CDN	CA	法国	FXX	FR
智利	RCH	CL	加纳	GHX	GH

（续）

国家和地区	三字母	二字母	国家和地区	三字母	二字母
德国	DXX	DE	日本	JXX	JP
希腊	GRX	GR	韩国	ROX	KR
中国香港	HKX	HK	黎巴嫩	RLX	LB
匈牙利	HXX	HU	墨西哥	MEX	MX
秘鲁	PEX	PE	荷兰	NLX	NL
菲律宾	PIX	PH	新西兰	NZX	NZ
波兰	PLX	PL	尼日利亚	WAN	NG
葡萄牙	PXX	PT	挪威	NXX	NO
新加坡	SGP	SG	巴基斯坦	PAK	PK
西班牙	EXX	ES	巴拉圭	PYX	PY
南非共和国	ZAX	ZA	瑞士	OHX	CH
斯里兰卡	SLA	LK	台湾省	PCX	TW
瑞典	SXX	SE	土耳其	TRX	TR
印度	IND	IN	越南	VNX	VN
印度尼西亚	RIX	ID	赞比亚	RNR	ZM
伊朗	IRX	IR	英国	GBX	GB
意大利	IXX	IT	美国	USA	US
爱尔兰	IRL	IE	俄罗斯(前苏联)	SUK	SU
以色列	ILX	IL	南斯拉夫	YUK	YU

附录 C　集装箱尺寸代码

表 C-1　第一位字符

箱长		代码字符	箱长		代码字符
mm			mm		
2991	10ft	1	7430	24ft6in	D
6058	20ft	2	7800	—	E
9125	30ft	3	8100	—	F
12192	40ft	4	12500	41ft	G
备用号/未选定的		5	13106	43ft	H
备用号/未选定的		6	13600		K
备用号/未选定的		7	13716	45ft	L
备用号/未选定的		8	14630	48ft	M
备用号/未选定的		9	14935	49ft	N
7150		A	16154		P
7315	24ft	B	备用号/未选定的		R
7420		C	…	…	

表 C-2　第二位字符

箱　高		代码字符		
		箱　宽		
mm		2438mm(8ft)	>2438mm 和 2500mm	>2500mm
2 438	8ft	0		
2 591	86ft	2	C	L
2 743	9ft	4	D	M
2 895	96ft	5	E	N
>2 895	96ft	6	F	P
1 295	43ft	8		
≤1 219	≤4ft	9		

附录 D　集装箱类型代码表

代码/原代号	箱　型	箱型群组代码	主要特征	箱型代码	原代号
G/0	通用集装箱(无通风装置)	GP	——端或两端有箱门	G0	00
			—货物的上方有透气罩	G1	10/11
			——端或两端设有箱门,并且在一侧或两侧亦设"全开式"箱门	G2	01
			——端或两端设有箱门并且在一侧或两侧亦设"局部"箱门	G3	02
			—备用号	G4	05
			—备用号	G5	06
			—备用号	G6	07
			—备用号	G7	08
			—备用号	G8	09
			—备用号	G9	
V/1	通风式通用集装箱	VH	—无机械排风装置,但在上、下两侧没有自然通风窗	V0	13
			—备用号	V1	14
			—箱内设有机械式通风装置	V2	15
			—备用号	V3	16
			—外置式机械通风装置	V4	17
			—备用号	V5	18
			—备用号	V6	19
			—备用号	V7	
			—备用号	V8	
			—备用号	V9	

（续）

代码/原代号	箱　型	箱型群组代码	主要特征	箱型代码	原代号
B/2	干散货集装箱（无压力）	BU	—封闭式	B0	20
			—气密式	B1	23
			—备用号	B2	24
	干散货集装箱（承压）	BK	—水平方向卸货，试验压力 150Pa	B3	
			—水平方向卸货，试验压力 265Pa	B4	
			—倾斜卸货，试验压力 150Pa	B5	
			—倾斜卸货，试验压力 150Pa	B6	
			—备用号	B7	
			—备用号	B8	
			—备用号	B9	
S/2	以货物种类命名的集装箱	SN	—牲畜集装箱	S0	25
			—汽车集装箱	S1	26
			—活鱼集装箱	S2	27
			—备用号	S3	28
			—备用号	S4	29
			—备用号	S5	
			—备用号	S6	
			—备用号	S7	
			—备用号	S8	
R/3	保温集装箱	RE	—机械制冷	R0	31
	—机械制冷	RT	—机械制冷/加热	R1	32
	—制冷/加热集装箱	RS	—机械制冷	R2	36
			—机械制冷/加热	R3	37
	—自备电源的机械制冷/加热集装箱		—备用号	R4	39
			—备用号	R5	
			—备用号	R6	
	保温集装箱		—备用号	R7	
			—备用号	R8	
			—备用号	R9	
H/4	保温集装箱	HR	—外置式挂装制冷/加热装置 $K=0.4\mathrm{W}/(\mathrm{m}^2\cdot\mathrm{K})$	H0	40
	—带挂装式机械制冷/加热装置		—内置式挂装，制冷/加热装置	H1	41
		HI	—外置式挂装，制冷/加热装置 $K=0.7\mathrm{W}(\mathrm{m}^2\cdot\mathrm{K})$	H2	42
			—备用号	H3	43
	—隔热式集装箱		—备用号	H4	44
			—隔热层 $K=0.4\mathrm{W}(\mathrm{m}^2\cdot\mathrm{K})$	H5	45
			—隔热层 $K=0.7\mathrm{W}(\mathrm{m}^2\cdot\mathrm{K})$	H6	46
			—备用号	H7	47
			—备用号	H8	48
			—备用号	H9	49

（续）

代码/原代号	箱　型	箱型群组代码	主要特征	箱型代码	原代号
U/5	敞顶式集装箱	UT	——一端或两端开口	U0	50
			——一端或两端开口并有活动的上端梁	U1	51
			——一端或两端以及一侧或两侧开口	U2	52
			——一端或两端以及一侧或两侧开口并有活动的上梁	U3	53
			——一端或两端开口以及一侧部分开口和另一侧全部开口	U4	54
			—全部敞顶，带固定的侧壁（无开门）	U5	
			—备用号	U6	55
			—备用号	U7	56
			—备用号	U8	57
			—备用号	U9	58
P/6	平台（和台架式）集装箱	PL	—平台集装箱	P0	60
	—上部结构不完整	PF	—双固端结构	P1	61
	—固端结构		—固定角柱，活动侧柱或活动顶结构	P2	62
		PC	—可折的完整端结构	P3	63
	—折端结构		—可折角柱，活动侧柱或活动顶结构	P4	64
		PS	—散顶、敞端（骨架式）	P5	65
	—带完整的上部结构的台架式集装箱		—备用号	P6	68
			—备用号	P7	69
			—备用号	P8	
			—备用号	P9	
T/7	罐式集装箱	TN	—最低试验压力 45kPa	T0	70
	—非危险性液体货		—最低试验压力 150kPa	T1	71
		TD	—最低试验压力 265kPa	T2	72
	—非危险性液体货		—最低试验压力 150kPa	T3	73
			—最低试验压力 265kPa	T4	74
		TG	—最低试验压力 400kPa	T5	75
	—气体货物		—最低试验压力 600kPa	T6	76
			—最低试验压力 910kPa	T7	77
			—最低试验压力 2200kPa	T8	78
			—最低试验压力（未定）	T9	79
A	空/陆/水联运集装箱	AS		A0	90

注：原代号指本标准 1984 年版本规定的箱型代号。

参 考 文 献

[1] 真虹．集装箱运输学［M］．大连：大连海事大学出版社，1999.
[2] 杨志刚，吴永富．国际集装箱运输实务［M］．北京：人民交通出版社，1998.
[3] 姜宏．物流运输技术与实务［M］．北京：人民交通出版社，2001.
[4] 日本海上集装箱协会，集装箱运输业务手册编委会．集装箱运输业务手册［M］．刘鼎铭，王义源，等译．北京：人民交通出版社，1986.
[5] 杨茅甄．集装箱运输实务［M］．北京：高等教育出版社，2003.
[6] 王义源，曾凯．远洋运输业务［M］．北京：人民交通出版社，1985.
[7] 张圣翠．国际商法［M］．上海：上海财经大学出版社，1997.
[8] 黎孝先．国际贸易实务［M］．北京：对外经济贸易大学出版社，2000.
[9] 郑吉昌．进出口贸易实务［M］．北京：中国财政经济出版社，2002.
[10] 张敏．集装箱运输实务［M］．北京：人民交通出版社，1997.
[11] 姜大立．现代物流装备［M］．北京：首都经济贸易大学出版社，2004.
[12] 蒋正雄，刘鼎铭．集装箱运输学［M］．北京：人民交通出版社，1997.
[13] 李锡蔚．集装箱船舶积载［M］．北京：人民交通出版社，1997.
[14] 刘伟，王学锋．国际航运实务［M］．北京：人民交通出版社，2001.
[15] 杨志刚．国际集装箱多式联运实务与法规［M］．北京：人民交通出版社，2001.
[16] 张炳华，等．集装箱应用全书［M］．北京：人民交通出版社，2000.
[17] 刘鼎铭，曹振宇．国际标准集装箱及其应用［M］．北京：人民交通出版社，1991.
[18] 田聿新．国际集装箱货物多式联运组织与管理［M］．大连：大连海事大学出版社，1999.
[19] 李玉如．国际货运代理与业务［M］．北京：人民交通出版社，2001.
[20] 杨志刚．国际货运代理业务指南［M］．北京：人民交通出版社，1997.
[21] 武德春，武骁．集装箱运输实务［M］．北京：机械工业出版社，2004.
[22] 陈成源．集装箱码头业务管理［M］．大连：大连海事大学出版社，1998.
[23] 浦田楠雄，集装箱化与标准化［M］．刘鼎铭，译．北京：中国标准出版社，1995.
[24] 姚大伟．国际贸易运输实务［M］．北京：中国对外经济贸易出版社，2002.
[25] 沈志云．交通运输工程学［M］．北京：人民交通出版社，1999.
[26] 杨性如．国际货代与通关［M］．北京：中国财政经济出版社，2002.
[27] 周全申．现代物流技术与装备实务［M］．北京：中国物资出版社，2002.
[28] 张颖，韩丽．货运代理［M］．北京：高等教育出版社，2007.
[29] 谢东建．集装箱运输管理［M］．北京：中国物资出版社，2007.